"十四五"职业教育国家规划教材

成本会计实务

（第三版）

主　编／王永丽　张首楠　文玉兰
副主编／卢海妮　黄铧汉

西南财经大学出版社
中国・成都

图书在版编目(CIP)数据

成本会计实务/王永丽,张首楠,文玉兰主编;卢海妮,黄铧汉副主编.--3版.--成都:西南财经大学出版社,2024.11(2025.11重印).--ISBN 978-7-5504-6518-3

Ⅰ.F234.2

中国国家版本馆CIP数据核字第2024383XE6号

成本会计实务(第三版)

CHENGBEN KUAIJI SHIWU

主　编　王永丽　张首楠　文玉兰

副主编　卢海妮　黄铧汉

策划编辑:杨婧颖

责任编辑:杨婧颖

助理编辑:高小田

责任校对:雷　静

封面设计:墨创文化

责任印制:朱曼丽

出版发行	西南财经大学出版社(四川省成都市光华村街55号)
网　　址	http://cbs. swufe. edu. cn
电子邮件	bookcj@ swufe. edu. cn
邮政编码	610074
电　　话	028-87353785
照　　排	四川胜翔数码印务设计有限公司
印　　刷	郫县犀浦印刷厂
成品尺寸	185 mm×260 mm
印　　张	18. 875
字　　数	471千字
版　　次	2024年11月第3版
印　　次	2025年11月第3次印刷
印　　数	3001—4000册
书　　号	ISBN 978-7-5504-6518-3
定　　价	42. 80元

QIAN YAN 前言

本教材以党的二十大报告提出的："深化教育领域综合改革，加强教材建设和管理，完善学校管理和教育评价体系，健全学校家庭社会育人机制"为指引，以《国家职业教育改革实施方案》和《中国特色高水平高职学校和专业建设计划》（简称"双高计划"）等文件精神为指导，结合"智联万物"时代呈现出的智能化、数字化、技术化、复杂化、协同化等特点，对2023年5月出版的第二版教材进行了修订。

经济越发展，会计越重要；会计越发展，成本会计越重要。成本会计是社会主义市场经济运行中"企业经济核算与管理"的重要内容，成本预算是全面预算管理的重要组成部分，低成本战略是企业竞争的基础，成本会计对加强企业经营管理、提高企业经济效益、促进企业可持续发展具有非常重要的作用。

本教材通过"目标导向+任务驱动+课程思政+案例导入"来呈现成本会计工作过程，强调成本会计核算和管理的关键要点，本次修订版教材保持了第二版结构合理、内容新颖、实用性强、难易适中等特点，增加了"活页式综合技能实操"和"实操思维导图"等内容，在结构与内容优化等方面进行了大胆创新。

本教材具有以下特色：

1. 强化立德树人，"真实业务+思政案例"贯穿全篇

每一个任务均以真实案例导入，以贴合企业实际凭证描述经济业务，每个项目嵌入思政案例，融入职业道德与企业伦理。

2. 凸显职教特色，以工作过程系统化为导向，实现理实一体化

教材分为理论篇和实务篇。理论篇本着"理论够用为主，突出能力培养"的原则，力

求简明扼要。实务篇则突出“以工作过程为导向，用工作任务进行驱动”的思路，根据工作步骤完成工作任务，通过学中做和做中学，使学生掌握制造业的成本核算、成本分析与成本管理等知识与技能。

3. 采用活页式综合技能实操设计

在综合技能实操设计中，根据核算流程匹配活页，教材页面可拆分并灵活组合，有利于提高学生的学习兴趣和核算能力。

4. 创新应用 Excel 工具，推动成本会计数字化

在费用分配、成本计算和成本报表编制中创新性地应用 Excel 表格，大大提高了核算效率，实现了信息技术与教学内容的深度融合。

5.“纸质教材+数字资源+在线开放课程”一体化设计

本教材集结了一支优秀的校企合作团队，在超星学习通建设了开放课程，开发有教学课件、教学视频、微课视频、动画、典型案例分析、技能训练等数字资源，并在教材中加配教学资源二维码，方便学习者观看微课视频及动画，实现了纸质教材、数字资源与在线开放课程一体化设计，有利于教师开展“互联网+课堂”式教学互动。

清晰的工作过程、知识链接、特别提示、知识拓展等“小贴士”，以及每个任务配备“知识与技能训练”，体现了教材的可阅读性、指导性和技能性。

本教材由王永丽、张首楠、文玉兰担任主编，卢海妮、黄铧汉担任副主编，并邀请广西工商职业技术学院一线教师文嘉露、温馨、李洪业、厦门网中网软件有限公司胡世杰、广西机电职业技术学院伍伟光、广西经贸职业技术学院支明园、广西安全工程职业技术学院王静参与编写。本教材共有八个项目，项目一、项目二由卢海妮、王永丽编写，项目三由王永丽、黄铧汉编写，项目四由文玉兰、支明园编写，项目五由李洪业、伍伟光编写，项目六由张首楠、王静编写，项目七由温馨、张首楠编写，项目八由文嘉露、胡世杰编写。我们在教材编写过程中力求尽善尽美，但疏漏之处在所难免，恳请读者批评指正，以便我们进一步修订完善。

编者

2024 年 11 月

MU LU 目录

第一篇 理论篇

项目一 成本及成本会计概述 003

任务一 认识成本 004

任务二 成本会计的作用与职能 008

任务三 成本会计的工作组织 012

项目二 成本核算基础 017

任务一 明确产品成本核算的基本要求 018

任务二 了解费用的分类 028

任务三 掌握成本核算的账户设置 032

任务四 掌握产品成本核算的基本程序 034

第二篇 实务篇

项目三 生产费用的归集与分配——以品种法为例 041

工作总任务 运用品种法计算桂南有限公司的产品成本 042

任务一 设置相关成本费用明细账 045

任务二 材料费用的归集与分配 048

任务三　外购动力费用的归集与分配　060
任务四　薪酬费用的归集与分配　067
任务五　其他要素费用的归集与分配　077
任务六　辅助生产费用的归集与分配　084
任务七　制造费用的归集与分配　102
任务八　损失性费用的归集与分配　112
任务九　生产费用在完工产品与在产品之间的分配　125
综合技能强化实操——品种法　145

项目四　产品成本计算的分批法　173
任务一　一般分批法的应用　174
任务二　简化分批法的应用　184

项目五　产品成本计算的分步法　193
任务一　综合结转分步法的应用　195
任务二　分项结转分步法的应用　206
任务三　平行结转分步法的应用　215

项目六　产品成本计算的辅助方法　228
任务一　一般分类法的应用　230
任务二　副产品的计算与应用　236
任务三　定额法的应用　238

项目七　成本报表与分析　250
任务一　产品成本报表的编制　251
任务二　成本报表的分析　261

项目八　成本管理与控制　267
任务一　作业成本法　268
任务二　标准成本法　278

参考文献　294

第一篇　理论篇

项目一 成本及成本会计概述

学习目标

知识目标

1. 理解成本的含义与成本的作用；
2. 理解成本会计的含义与成本会计的职能；
3. 了解成本会计的工作组织形式；
4. 了解成本会计人员的配备与制度的制定。

技能目标

1. 能识别成本会计的职能；
2. 能制定成本会计的管理制度；
3. 能列举成本会计的组织形式。

素养目标

1. 引导学生认识成本会计的发展规律，培养学生辩证唯物主义思维；
2. 从成本会计制度的制定引申出整体观，培养学生站在全局看待问题、分析问题、解决问题。

导入案例

大学生吴东于202×年7月毕业应聘到北方机械有限公司担任成本会计员。财务部成本科刘科长向小吴介绍了公司的有关情况。北方机械有限公司的基本情况如下：

1. 产品生产

北方机械有限公司主要生产大型重型机械，用于矿山等企业，是国内矿山机械的龙头企业。

2. 车间设置

北方机械有限公司设有5个基本生产车间（一车间、二车间、三车间、四车间和五车间），分别生产矿山机械的各种零部件以及零部件的组装；另外，还设有3个辅助生产车间（供水车间、供电车间和运输车间），为基本生产车间及其他部门提供劳务。

3. 成本核算

北方机械有限公司现有会计人员18人，其中成本会计人员5人。

刘科长让吴东根据企业成本核算及其他方面的情况回答如下几个问题：

（1）成本会计有哪些职能？

（2）根据本公司的情况，应设置哪些成本会计核算的岗位？如何进行分工？

（3）本企业成本会计机构应采取哪种组织方式？

案例分析：

（1）成本会计的职能包括成本预测、成本决策、成本计划、成本控制、成本核算、成本分析以及成本考核。

（2）成本会计机构的内部组织分工有两种：一是按成本会计的职能进行分工，可分为成本预测组、成本计划控制组、成本核算组和成本考核组等。二是按成本会计的对象进行分工，可分为产品成本组，期间费用组和专项成本组。本例中，成本会计人员为 5 人，可以按成本会计的职能进行分工。

（3）成本会计机构的组织形式有两种：集中核算方式和分散核算方式。集中核算方式适用于中小型企业，分散核算方式适用大中型企业。本例中北方机械有限公司属于中小型企业，没有其他分支机构，因此，应采用集中核算方式进行核算。

任务一　认识成本

一、成本的含义

成本是资源的一种耗费。成本作为资源的耗费在现实生活中无处不在。作为自然人，我们在日常工作和生活中，为了生存、发展等，需要购买许多物品，如食品、衣服、书籍等，购买每件物品都要付出一定的货币，即每件物品的成本。作为会计主体，为完成一定的任务，达到特定的目的，不仅要购买大量的各种各样的物品，还会发生其他各种支出。例如，学校为完成教学任务，科研单位为取得科研成果，企业为生产产品等。既要发生必要的购买物品的支出，还要雇佣劳动者发生人力耗费支出和其他的财力支出。这些人力、物力和财力的耗费，用货币形式来表示，即成本。

微课视频
认识成本会计

（一）现代成本会计学中成本含义

现代成本会计学中成本是这样定义的：特定会计主体为达到其特定目的或目标而发生的可以用货币计量的代价。成本遍及各行各业的各项活动，但这并不意味着所有活动的成本都需要通过会计来核算和考核。成本是否需要通过会计来核算和考核，是由活动的特点和管理需要决定的。国家机关和全额预算事业单位在发挥其职能作用的过程中，虽然也发生耗费，即发生成本，但这种成本不是靠自己创造的财富来补偿，而是依靠国家财政预算拨款来补偿，因而在管理上并不要会计进行核算和考核，而是通过预算或计划来约束。物资生产经营部门以及实现企业化管理的事业单位，是独立核算、自负盈亏的经济实体，它们发生的耗费必须通过实现的收入来补偿，而且要有盈余以保证经济活动的持续进行，这就要求它们必须对发生的耗费进行成本核算和考核。本教材主要是以制造企业的生产部门为生产产品而发生的产品成本作为研究的对象。

（二）马克思的劳动价值论成本含义

马克思的劳动价值论认为，产品的成本是指产品生产中耗费的物化劳动和活劳动的货币表现，它是企业在生产产品过程中已经耗费的、用货币表现的生产资料价值（C）与相当于工资的劳动者为自己劳动所创造的价值（V）的总和，即 $C+V$。这种成本，通常称为产品的理论成本。在会计实务中，为了使各企业能够正确计算成本，我国以“理论成本”为依据规定了成本开支范围，统一产品生产成本所包含的内容，使各企业列入成本的各种支出项目和内容保持一致，以便企业进行成本比较和分析，提高成本管理水平。

由此可见，物资生产部门生产产品的过程，同时也是生产的耗费过程。企业要生产产品、提供劳务，必然发生各种生产耗费。生产耗费包括劳动手段（如机器设备）、劳动对象（如原材料）的耗费和劳动力（如人工）等方面的耗费。企业在一定时期内为生产产品、提供劳务过程中发生的各种耗费，称为生产费用。产品成本是企业为生产一定种类和数量的产品（劳务）所发生的各种生产费用的总和。产品成本也称为产品生产成本或产品制造成本。

二、产品成本的含义

产品成本，是指企业在生产产品或提供劳务过程中所发生的材料费用、职工薪酬，以及不能直接计入而按一定标准分配计入的各种间接费用。产品成本核算是对生产经营过程中实际发生的成本、费用进行计算，并进行相应账务处理。企业通过产品成本核算，一方面，企业可以审核各项生产和经营管理费用的支出，分析和考核产品成本计划的执行情况，促使企业降低成本和费用；另一方面，企业还可以为计算利润、进行成本和利润预测提供数据，有助于提高企业生产技术和经营管理水平。产品成本包括生产过程中所耗用的各种材料的费用（含外购动力）、折旧费用、人工费用（含职工福利）以及生产部门组织管理生产所发生的间接费用等，还包括不形成产品价值的损失性支出，如废品损失、停工损失等。

根据《企业产品成本核算制度（试行）》等有关财务制度的规定，制造业企业的产品成本的开支范围应包括：

（1）直接材料，是指构成产品实体的原材料以及有助于产品形成的主要材料和辅助材料。

（2）燃料和动力，是指直接用于产品生产的燃料和动力。

（3）直接人工，是指直接从事产品生产的工人的职工薪酬。

（4）制造费用，是指企业为生产产品和提供劳务而发生的各项间接费用，包括企业生产部门（如生产车间）发生的水电费、固定资产折旧、无形资产摊销、管理人员的职工薪酬、劳动保护费、国家规定的有关环保费用、季节性和修理期间的停工损失等。

三、费用的含义

费用有广义和狭义之分。广义的费用是指企业生产经营过程中发生的各项耗费，包括生产费用和经营管理费用。狭义的费用是指企业发生的经营管理费用，包括营业成本、税金及附加、期间费用等。

《企业会计准则——基本准则》规定：费用是指企业在日常活动中发生的、会导致所有者权益减少的、与所有者分配利润无关的经济利益的总流出。显然，这里的费用就是指经营管理费用，是与本期收入相配比的那部分耗费，包括主营业务成本、其他业务成本、税金及附加、销售费用、管理费用和财务费用等。

（1）主营业务成本，指企业确认销售商品、提供劳务等主营业务收入时应结转的成本。

（2）其他业务成本，指企业确认的除主营业务活动以外的其他经营活动所发生的成本，包括销售材料的成本、出租固定资产的折旧额、出租无形资产的摊销额、出租包装物的成本或摊销额等。

（3）税金及附加，指企业经营活动应负担的相关税费，包括消费税、城市维护建设税、资源税、教育费附加、印花税、车船税、房产税、城镇土地使用税等。

（4）销售费用，指企业在销售商品和材料、提供劳务过程中发生的各项费用，包括保险费、包装费、展览费和广告费、商品维修费、预计产品质量保证损失、运输费、装卸费等，以及为销售本企业商品而专设的销售机构（含销售网点、售后服务网点等）的职工薪酬、业务费、折旧费等经营费用。企业发生的与专设销售机构相关的固定资产修理费用等后续支出，应在发生时计入销售费用。

（5）管理费用，指企业为组织和管理生产经营活动而发生的各种管理费用，包括企业在筹建期间发生的开办费、董事会和行政管理部门在企业的经营管理中发生的或者应由企业统一负担的公司经费，包括行政管理部门职工薪酬、物料消耗、低值易耗品摊销、办公费和差旅费等，工会经费、董事会费（包括董事会成员津贴、会议费和差旅费等）、聘请中介机构费、咨询费（含顾问费）、诉讼费、业务招待费、房产税、车船税、城镇土地使用税、印花税、技术转让费、矿产资源补偿费、研究费用、排污费等。企业生产车间和行政管理部门等发生的固定资产修理费用等支出应在发生时计入管理费用。

（6）财务费用，指企业为筹集生产经营所需资金等发生的筹资费用，包括利息支出减利息收入、汇兑差额以及相关的手续费、企业发生或收到的现金折扣等。

【知识拓展】

产品成本与生产费用的关系

产品成本与生产费用在经济内容上是完全一致的，是两个并行使用的概念，两者之间既有联系也有区别。成本是按一定对象所归集的费用，是对象化了的费用。也就是说，产品成本是相对于一定的产品而言所发生的费用，是按照产品品种等成本计算对象对当期发生的费用进行归集而形成的。二者的区别是生产费用与一定会计期间相联系，产品成本与一定种类和数量的产品相联系。从一定会计期间看，企业的生产费用总额与完工的产品成本总额不一定相等，只有在本期会计期间的产品全部完工，二者在数值上才一致。

四、支出的含义

支出是指企业的一切开支和耗费。按其性质划分，可分为资本性支出、收益性支出、所得税支出、营业外支出、利润分配性支出等。

资本性支出是指支出的效益与几个会计年度相关的支出，如企业购买固定资产、无形资产的支出等，这种支出在以后资产使用中按收益情况分期将其价值计入各期费用。

收益性支出是指支出的效益仅与本会计年度相关的支出，如企业生产经营所发生的材料、工人工资等，这种支出直接计入当期费用，并与当期的收入相配比。

所得税支出是指对从事工商经营的企业和应纳税的个人，就其经营所得或高于计税收入所得而缴纳的税额，这种支出表现为费用。

营业外支出是指与企业的生产经营活动无直接关系的支出，如企业支付的违约金、罚款、非常损失等，这种支出不作为费用，直接计入当期损益。

【知识拓展】

图 1-1 展示了支出、成本和费用的关系。

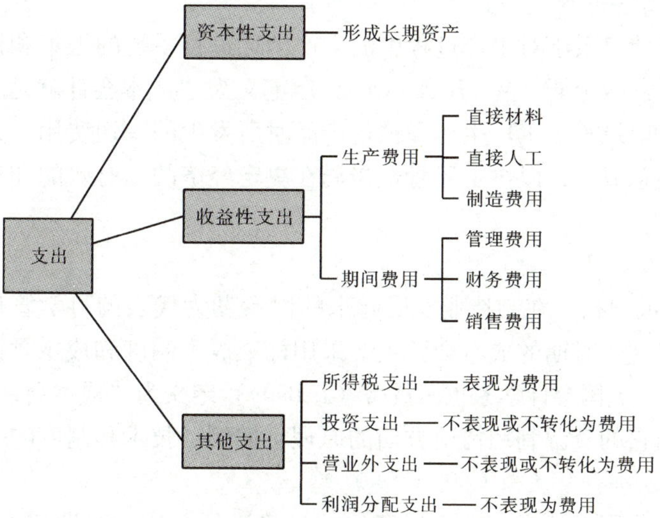

图 1-1　支出、成本和费用的关系

【知识与技能训练】

一、选择题（下列选项中有一项或多项是正确的，请将正确的选项填入括号中）

1. 成本是产品价值中的（　　）部分。

A. $C+V+M$　　B. $C+V$　　C. $V+M$　　D. $C+M$

2. 制造业企业的产品成本的开支范围应包括（　　）。

A. 直接材料　　B. 燃料和动力　　C. 直接人工　　D. 制造费用

3. 下列各项支出中，转化为费用的有（　　）。

A. 投资支出　　B. 所得税支出　　C. 营业外支出　　D. 利润分配支出

二、判断题（正确的在括号内打“√”，错误的打“×”）

1.（　　）广义的费用是指企业生产经营过程中发生的各项耗费，包括生产费用和经营管理费用。

2.（　　）支出按其性质划分，可分为资本性支出、收益性支出、所得税支出、营业外支出、利润分配性支出等。

任务二　成本会计的作用与职能

一、成本会计的产生与发展

成本会计是随着社会经济发展的需要而逐步形成、发展和完善起来的，在各个历史阶段其定义的表述也不相同。

（一）早期成本会计阶段（1880—1920 年）

当时的成本会计仅限于对生产过程中的生产消耗进行系统的汇集和计算。这一时期的成本会计被会计专家劳伦斯（W. B. Lawrence）定义为“成本会计就是应用普通的会计原理、原则，系统地记录某一工厂生产和销售产品时所发生的一切费用，并确定各种产品或服务的单位成本和总成本，以供工厂管理当局在决定经济的、有效的和有利的产销政策时参考”。

（二）近代成本会计阶段（1921—1945 年）

19 世纪末 20 世纪初，在制造业发展起来的以泰勒为代表的科学管理，对成本会计产生了深刻的影响。这一时期的成本会计主要采用标准成本制度和成本预测，为生产过程的成本控制提供条件。英国会计学家杰·贝蒂（J. Batty）定义为“成本会计是用来详细地描述企业在预算和控制它的资源利用情况方面的原理、惯例、技术和制度的一种综合术语”。

（三）现代成本会计阶段（1946—1980 年）

随着生产社会化程度的提高，市场竞争的日趋激烈。这一时期成本会计发展的重点，已由如何对成本进行事中控制、事后计算和分析转移到如何预测、决策和规划成本，并借助于现代科学技术手段或方法加以实施，也就是说，成本会计已发展为新型的、以管理为主的现代成本会计。

现代成本会计是成本会计与管理的直接结合，它根据会计资料和其他资料，利用现代科学方法和手段，对企业生产经营过程中所发生的成本，进行预测、决策、计划、核算、控制、分析和考核，促使企业生产经营实现最优化运转，以提高企业经济效益和市场竞争力。

（四）成本会计的最新发展（20 世纪 80 年代以后）

20 世纪 80 年代以后，高科技被普遍应用于生产，自动化程度显著提高，加上全面质量管理制度的实施，给中小企业成本的计量工作以猛烈的冲击，使存货制度既有需要也有可能从永续盘存制改为无盘存制（零存制）。日本丰田公司提出了适时制的管理思想，从而引发了作业成本法的产生。作业成本法是以生产自动化为基础，与适时制和全面质量管理紧密配合，以成本作业为核算对象，追踪成本的形成和积累过程的一种成本计算方法。它是成本计算和成本管理相结合的产物。

随着经济全球化的日益发展、高新技术的广泛应用、信息产业化和知识经济时代的到来，现代成本会计新的方向和方法正在出现，成本会计正处于向战略成本会计发展的新阶段。

二、成本的作用

（一）成本是补偿生产耗费的尺度

为了保证再生产的不断进行，企业必须对生产耗费进行补偿，而成本就是衡量其补偿份额大小的尺度。如果企业不能按照成本足额补偿生产耗费，就会出现资金短缺，再生产就无法按原定的规模进行，更谈不上扩大再生产。另外，成本也是判断生产经营耗费与企业获取纯利润的依据，在一定收入中，成本越低，企业的纯利润就越大。可见，成本作为补偿生产耗费的尺度，对于促进企业加强成本管理、降低劳动消耗、取得最大经济效益有着重要的意义。

（二）成本是综合反映企业工作质量的重要指标

成本是一项综合性的经济指标。企业经营管理中各方面工作的质量和业绩，如生产工艺过程合理与否、固定资产利用程度的好坏、原材料的节约与浪费、劳动生产率的高低、产品质量的优劣、供产销的衔接是否协调等，都会直接或间接地对成本费用产生影响，都可以在成本这项综合性的经济指标上体现出来。因此，企业可以通过对成本的计划、控制、监督、考核和分析，有效地促进企业各个部门加强经营管理，充分挖掘潜力，降低成本费用，提高经济效益。

（三）成本是制定产品价格的基础

产品价格是产品价值的货币表现，产品价格应符合产品价值，这是企业定价应遵循的基本规律。但企业不能直接计算产品的价值，而只能计算产品成本，通过产品成本间接地掌握产品的价值。因此，成本是制定产品价格的重要基础。

（四）成本是企业进行生产经营决策的重要依据

企业能否在激烈的市场竞争中立于不败之地，主要取决于企业管理者能否作出正确的生产经营决策。在诸多的考虑因素中，成本是一项重要因素。它可以在扩大产量、增加品种、选择加工方式、创造最佳经济效益的前提下，为企业提供有效的成本数据，从而提升企业的竞争力。

三、成本会计的职能

从成本会计的产生和发展过程可以看出，成本会计的职能也随着企业生产经营管理要求的提升逐步完善，现代成本会计与现代管理科学的结合越来越紧密，使其内涵和外延都发生了扩展。现代成本会计有七大职能，如图 1-2 所示。

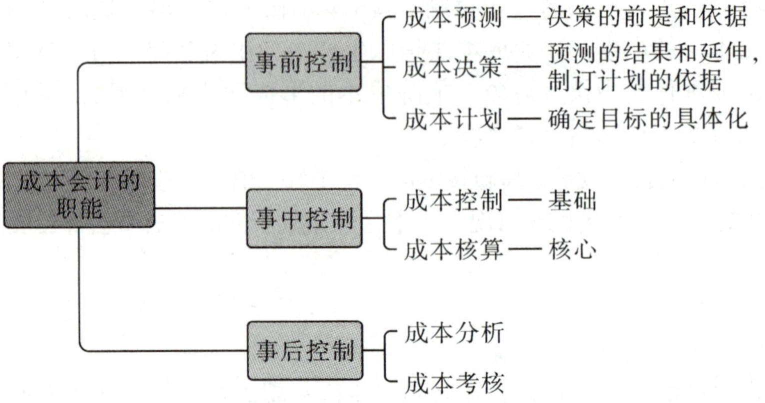

图 1-2　成本会计的职能

（一）成本预测

成本预测是依据与成本有关的数据及信息，并结合未来的发展变化情况，运用定量、定性的分析方法，对未来成本水平及变化趋势作出科学估计。成本预测，有助于选择最优方案合理组织生产，从而减少工作的盲目性。

（二）成本决策

成本决策是指以成本预测的数据为基础，运用专门的方法，对有关方案进行判断、分析，从中选择最优方案，据以确定目标成本。正确的成本决策，有助于企业编制科学、合理的成本计划，从而达到降低成本，提高经济效益的目的。

（三）成本计划

成本计划是指根据决策所确定的目标，确定计划期内为完成计划产量所应发生的耗费和各种产品的成本水平，同时也提出为完成上述成本指标应采取的措施和方法。成本计划是进行目标成本管理的基础，对于成本控制、成本分析和成本考核，都具有重要的意义。

（四）成本控制

成本控制是指按预先制定的成本标准或成本计划指标，对实际发生的费用进行审核，并将其限制在标准成本或计划内，同时揭示和反馈实际与标准或计划之间的差异，并采取措施消除不利因素，使实际成本达到预期目标。成本控制可促使企业顺利完成成本计划。

（五）成本核算

成本核算是指对生产经营过程中发生的各种生产费用进行归集和分配，采用一定的方法计算各种产品的总成本和单位成本。成本核算可以考核成本计划的完成情况，评价成本计划的控制情况，同时也为制订价格提供依据。

（六）成本分析

成本分析是指利用成本核算和其他有关资料，与计划、上年同期实际、本企业历史先进水平，以及国内外先进企业等的成本进行比较，系统研究成本变动的因素和原因，制定有效办法或措施，以便进一步改善经营管理，挖掘降低成本的潜力。成本分析可以为成本考核、未来的成本预测、决策以及下期成本计划的制订提供依据。

（七）成本考核

成本考核是指在成本分析的基础上，定期地对成本计划或成本控制任务的完成情况进行检查和评价，并对责任单位的业绩给予必要的奖惩，以充分调动广大职工执行成本计划的积极性。

【知识拓展】

成本会计七大职能的关系

成本会计七大职能是相互联系、相互补充的，它们在生产经营的各个环节、成本发生的各个阶段，互相配合地发挥作用。预测是决策的前提，决策是计划的依据，计划是决策的具体化，控制是对计划实施的监督，核算是对计划的检验，分析与考核是实现决策目标和完成计划的手段。其中：成本核算是成本管理最基本的职能。

【职业道德与企业伦理】

【案例背景】

“老板心态做成本”的审核岗

市政能源具备垄断性强、市场开放度低、专业类别多、材料设备构成复杂、成本控制难度大等特点，在管理原则范围内，招标定标、合同谈判议价与审核过程优化提升难以做到平衡。

【问题】身为审核岗的小马是如何平衡两者之间的关系、及时发现问题、严把价格关，保障公司利益的呢？

【分析】该区域有着一套独特的计量审价方法：能快速审核且出品精良，区域审核及成本控制工作得到集团的充分认可。

①管理与考核分离。市政审核岗的工作对接市政能源组，编制归属安装造价组，实现工作管理与考核分离，在工作过程中能更大程度地做好专业管控分界，严把预算价格审核关，同时避免出现重复计价的情况；

②审核岗协同谈判。审核过程实事求是，在原则范围内做到成本优化提升，审价工作不流于形式，且要积极参与谈判对数、分析价格差异，达到破垄断、降成本的目的；

③具备一线施工经验。审核岗要具备一线施工经验，熟悉现场施工工艺、常用材料和验收标准，才能更好地发现图纸中能优化完善的地方。

“老板心态做成本”是部门的领导对小马的评价，她在审核方面非常有经验，对市政配套工程定标定价起到非常关键的指导性作用，她思路清晰、原则性强、认真、严格地对待每一次审价，勇于指出偏离规则的做法，对施工单位的无理要价敢怒敢言，在与施工单位的价格谈判中常能以理服人，有效减少公司损失。

【拓展思考】推进行政体制改革，是全面深化改革、完善社会主义市场经济体制的重要内容，也是提高政府现代治理能力的关键举措，是政府的自身改革。党的十八大以来，以习近平同志为核心的党中央高度重视有关工作，提出明确要求。转变政府职能，优化政府职责体系和组织结构，推进机构、职能、权限、程序、责任法定化，提高行政效率和公信力。深化事业单位改革。深化行政执法体制改革，全面推进严格、规范、公正、文明执法，加大关系群众切身利益的重点领域执法力度，完善行政执法程序，健全行政裁量基准。强化行政执法监督机制和能力建设，严格落实行政执法责任制和责任追究制度。

（案例来源：微信公众号“佛肇文化印记，成本赋能”《那些成本人的岗位故事》）

【知识与技能训练】

一、选择题（下列选项中有一项或多项是正确的，请将正确的选项填入括号中）

1. 成本会计最基本的职能是（　　）。

A. 成本分析　　B. 成本控制　　C. 成本核算　　D. 成本预测

2. 成本的作用有（　　）。

A. 成本是补偿生产耗费的尺度

B. 成本是制定产品价格的基础

C. 成本是综合反映企业工作质量的重要指标

D. 成本是企业进行生产经营决策的重要依据

3. 成本会计的职能包括（　　）

A. 成本预测、决策　B. 成本计划、控制　C. 成本核算、分析　D. 成本考核

二、判断题（正确的在括号内打"√"，错误的打"×"）

1.（　　）成本决策是指以成本预测的数据为基础，运用专门的方法，对有关方案进行判断、分析，从中选择最优方案，据以确定目标成本。

2.（　　）成本核算可以考核成本计划的完成情况，评价成本计划的控制情况，同时也为制定价格提供依据。

3.（　　）成本考核是指在成本分析的基础上，定期地对成本计划或成本控制任务的完成情况进行检查和评价，并对责任单位的业绩给予必要的奖惩，以充分调动广大职工执行成本计划的积极性。

任务三　成本会计的工作组织

科学地组织成本会计工作，是发挥成本会计作用，保证会计工作质量的重要前提。成本会计的工作组织是指根据成本会计的特点，设置成本会计的机构，制定成本会计的规章制度，配备成本会计人员等，以保证成本会计工作合理、有效进行的一系列会计组织工作。

企业在组织成本会计工作时，应充分考虑企业自身规模大小、生产经营业务特点、会计人员素质、企业机构的设置等具体条件，在保证成本会计工作质量的前提下，尽量节约成本会计工作的时间和费用，提高成本会计工作的效率。同时，成本会计的工作组织要有利于成本管理经济责任的落实。

一、成本会计机构

（一）成本会计机构的设置

企业的成本会计机构，是指在企业中直接从事成本会计工作的机构。由于成本会计工作是会计工作的一部分，因而企业的成本会计机构一般是企业会计机构的一部分。大中型

企业通常在会计机构中，单独设置成本会计科室，配备必要的具有成本会计专业知识的人员，从事成本会计工作。在规模较小，会计人员不多的企业中，通常由会计部门中指定专人负责成本会计工作。

（二）成本会计机构的内部组织分工

为了科学地组织成本会计工作，成本会计机构内部人员必须有合理的分工和协作，按内部牵制制度的要求建立会计工作的岗位责任制，使每一项成本会计工作都有人负责，每一位成本会计人员都明确自己的责任。

成本会计机构的内部组织分工有两种：一是按成本会计的职能进行分工，可分为成本预测组、成本计划控制组、成本核算组和成本考核组等；二是按成本会计的对象进行分工，可分为产品成本组、期间费用组和专项成本组。

（三）成本会计机构的组织形式

企业内部各级成本会计之间，按照组织分工方式不同，分为集中核算和分散核算两种方式。

1. 集中核算方式

集中核算方式是指企业成本会计工作的核算、分析、计划编制等都集中在厂部成本会计机构中统一进行，车间和其他单位的成本会计机构和人员只负责登记原始记录和填制原始凭证，并对它们进行初步的审核、整理和汇总，为厂部的成本会计工作提供资料，如图1-3所示。集中核算方式下，厂部成本会计机构能够比较及时掌握成本费用的全面信息，便于集中使用电子计算机进行成本数据的处理，还可以减少成本会计工作的机构层次和人员数量；但它不便于实现责任成本核算，直接从事生产经营活动的单位和个人不能及时掌握本单位的成本信息，不利于调动其自我控制成本和费用的积极性。

图1-3　集中核算方式的成本会计组织

2. 分散核算方式

分散核算方式是指将企业成本会计工作中的核算、分析、计划编制等分散到车间和其他单位，由其成本会计机构的人员分别进行，如图 1-4 所示。厂部的成本会计机构负责对各车间和其他单位的成本会计机构和人员进行业务上的指导和监督，并对全厂的成本会计信息进行综合的核算和分析。分散核算方式便于车间掌握和控制产品成本，有利于实行责任成本核算，有利于调动车间自我控制、提高经济效益的积极性。

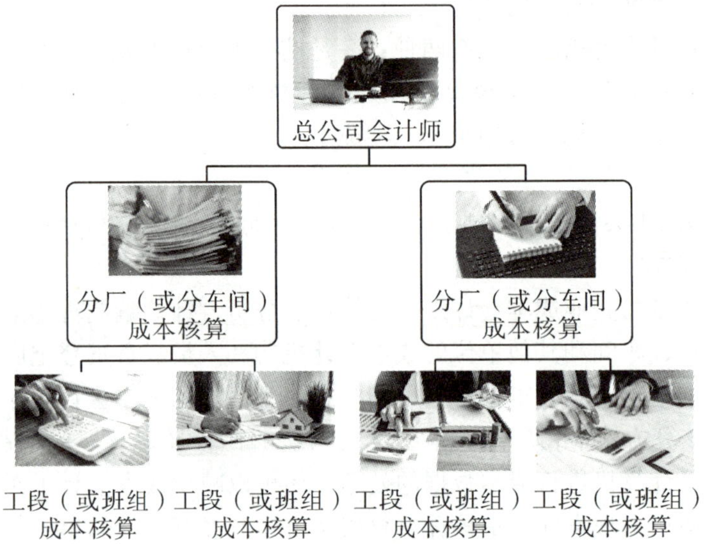

图 1-4　分散核算方式的成本会计组织

集中核算方式一般适用于中小型企业，分散核算方式一般适用于大中型企业，实际工作中，为了扬长避短，也可以在一个企业中将两种方式结合运用，即在某些部门采用分散核算方式，而在另一些部门则采用集中核算方式；但不管采用何种核算方式，企业成本的预测和决策都由厂部成本会计机构集中进行。

二、成本会计人员的配备

成本会计人员是指专门从事成本会计工作的专业技术人员。企业的成本会计人员应在企业总会计师或会计主管人员的领导下，认真执行企业会计制度和成本管理制度，负责组织和处理企业的各项成本会计业务。

成本会计人员的配备要适量并且有能力胜任。适量是要根据企业规模的大小、业务的繁简在成本会计机构中配备适当数量的人员，有能力胜任就是配备的成本会计人员要具有一定业务水平和业务能力。作为一名合格的成本会计人员，首先，他应该具备相应的会计专业任职资格，具备与所从事的会计工作相适应的专业知识和业务能力；其次，要熟悉和执行国家的政策和法规，热爱会计工作，精通会计业务，遵守职业道德；再次，要熟悉企业的生产工艺过程和组织形式的特点，具有一定的生产技术知识，能将生产与管理、技术与经济有机结合起来。

成本会计人员的配备应该是多层次的，除厂部和生产车间配备专职的成本会计人员，搞好成本核算，参与成本管理外，在生产班组内，也可以设置兼职核算员，开展班组核算。班组核算主要负责登记原始记录，填制原始凭证，并对原始资料进行初步的审核、整理与汇总，提供与产品成本计算有关的基础的原始资料。

三、成本会计制度的制定

成本会计制度是管理和从事成本会计工作必须遵守的规范，是会计法规的制度的重要组成部分。应该按照统一领导、分级管理的原则制定成本会计制度。企业除了必须遵守《会计法》《企业会计准则》和《企业财务通则》、行业会计制度和企业会计制度外，还应该结合本企业生产经营的特点和管理要求，制定本企业的成本会计制度、规章或办法，作为企业进行成本会计工作最具体、最直接的依据。成本会计制度的内容，一般应包括以下几个方面：

（1）企业成本计划的编制办法和企业定额成本制度；

（2）成本核算制度，包括成本计算对象的确定，成本计算方法的选择，成本项目的设置，财产物资的价值结转方法，要素费用的归集和分配方法，产品成本计算的程序，生产费用在完工产品和在产品之间分配方法等；

（3）成本预测和决策的方法和制度；

（4）成本控制的制度；

（5）成本报表的种类、格式和编制方法；

（6）成本分析的方法；

（7）内部价格的制订和结算方法；

（8）成本考核办法和有关奖励制度；

（9）其他有关成本会计制度。

企业在制定成本会计制度时，国家有统一规定的，应严格遵守执行，不得擅自变更或修改；国家没有统一规定的，应在符合国家有关法规、制度的前提下，根据企业生产特点和管理要求，由企业自行制定。另外，企业还应随着市场经济和企业生产特点的变化，不断修订和补充企业成本会计制度，使之不断完善。

【工作任务】

请同学们到企业（工业企业、商品流通企业、施工企业、房地产开发企业、交通运输企业等）、事业单位（学校、医院、科研机构等）、行政机关、社会团体等单位了解其费用的构成内容，这些单位都需要成本核算吗？需要成本核算的单位，有哪些成本项目？成本会计机构采用何种组织形式？

【职业道德与企业伦理】

【案例背景】

拒绝万元红包，坚守岗位底线

小唐是区域成本管理部的成本经理，负责鼎湖、高要等项目造价统筹工作。某天，他在和某单位对接结算资料补充事宜时，这家公司对接人为了让他加快审核结算资料，悄悄在呈送的资料里塞了10 000元现金；如果处理不妥当，很容易违背工作原则，违反集团廉洁作风制度的规定；面对金钱诱惑，小唐没有犹豫，他将信封上缴部门，由部门行政拆封并登记好金额，之后联系该单位予以退还。

小唐坚守岗位底线，不受利益诱惑，不损害公司利益，部门负责人在例会上对他进行了表扬，并再次强调了“清风正气、廉洁自律”的企业价值观。

成本管理部在“反腐倡廉”上有着一套严苛的管理要求和流程。在成本管理部负责人的工位上，一直贴着“谢绝送礼”的字样，部门负责人树立榜样，要求所有员工要有职业操守、有原则、不踩红线，更要做到“不吃不喝不拿”。成本管理部将廉洁文化建设落到实处，营造了清风正气的良好氛围。

【拓展思考】中央八项规定开启了激浊扬清的风气巨变，刹住了一些长期没有刹住的歪风，纠治了一些多年未除的顽瘴痼疾。成绩鼓舞人心，使命催人奋进。党的二十大报告指出，坚持不敢腐、不能腐、不想腐一体推进，同时发力、同向发力、综合发力。防治腐败是一项系统性工程，以一体推进“三不腐”的理念纠“四风”树新风，强化案例警示作用筑牢思想防线，健全制度机制巩固作风建设成果，深化容错纠错探索尽职免责，推动形成坚守正道、积极向上、求实奋进的浓厚氛围。

（案例来源：微信公众号“佛肇文化印记，成本赋能”《那些成本人的岗位故事》）

【知识与技能训练】

一、选择题（下列选项中有一项或多项是正确的，请将正确的选项填入括号中）

1. 集中核算方式和分散核算方式是指企业内部（　　）的分工方式不同来划分的。

A. 各级成本会计机构　　B. 成本会计工作任务

C. 成本会计职能　　D. 成本会计对象

2. 下列各项中，计入到产品成本的有（　　）

A. 制造费用　　B. 管理费用　　C. 销售费用　　D. 营业外支出

3. 成本会计机构的内部组织分工有（　　）。

A. 按成本会计的职能进行分工　　B. 按成本会计的对象进行分工

C. 按成本会计的核算方法进行分工　　D. 按成本会计的预测进行分工

二、判断题（正确的在括号内打“√”，错误的打“×”）

1.（　　）成本会计制度的制定只需按照《会计法》《企业会计准则》和《企业财务通则》制定即可。

2.（　　）集中核算方式一般适用于大中型企业。

3.（　　）企业在制定成本会计制度时，国家有统一规定的，应严格遵守执行，不得擅自变更或修改；国家没有统一规定的，应在符合国家有关法规、制度的前提下，根据企业生产特点和管理要求，由企业自行制定。

项目二 成本核算基础

学习目标

知识目标

1. 了解产品成本核算的基本要求；
2. 理解费用要素、成本项目以及各种费用界限的划分；
3. 理解成本核算的账户设置；
4. 掌握产品成本核算的基本程序。

技能目标

1. 能正确划分各项成本费用的界限；
2. 能根据企业的生产类型选择恰当的成本核算方法；
3. 能设置成本核算的总账账户及其明细账；
4. 能说出产品成本核算的程序。

素养目标

1. 引导学生正确划分成本费用的界限引申出规则意识，培养学生对规则的敬畏心；

2. 以企业的生产类型引导学生选择恰当的成本核算方法，培养学生的思维能力与大局意识；

3. 以节约成本为导向，强调成本会计应遵循的原则，培养学生的社会责任感。

导入案例

李平、陈曦和吴桐是大学的同班同学，大学毕业后，三个好朋友合伙开办了一家服装厂，专门设计并生产各种服装，李平担任公司的财务主管。2022 年 8 月份，公司成本会计人员小李将成本会计有关费用资料向李平汇报，并要求李平在报告上签字。有关资料如下：

生产耗用原材料 80 000 元，辅助材料 1 000 元，燃料 2 000 元，电费 5 000 元，生产工人工资 10 000 元，车间管理人员工资 5 000 元，车间办公费 500 元，生产用机器修理费 500 元，企业管理人员工资 40 000 元，电话费 1 000 元，支付购买原材料所借款项 100 000 元的利息 5 000 元，支付购买车间用设备所借款项500 000元的利息30 000元，固定资产报废清理损失1 000元。公司成本会计人员小李将此费用的分类内容列示如下：

（1）生产经营管理费用190 000元；

（2）生产费用15 000元；

（3）产品成本104 000元；

（4）期间费用55 000元。

问题：财务主管李平看了小李的费用分类后，会在报告上签字吗？为什么？请用产品成本核算要求中“正确划分各种费用界限”的要求来判断数额是否正确。

分析：生产经营费用包括生产费用和期间费用。生产费用包括直接材料、直接人工和制造费用，计入产品成本中核算。期间费用包括销售费用、管理费用和财务费用，不计入产品成本中核算。在本例中：

生产费用＝80 000＋1 000＋2 000＋5 000＋10 000＋5 000＋500＝103 500（元），计入产品成本中核算。

期间费用＝500+40 000+1 000+5 000+30 000+1 000＝77 500（元），不计入产品成本中核算。

由此可见，小李作为成本会计人员，并没有将成本会计费用正确地分类，财务主管李平不会在报告上签字。

任务一　明确产品成本核算的基本要求

一、产品成本核算的意义

工业企业正确组织产品成本核算工作，具有非常重要的意义，主要表现在如下几个方面：

一是通过产品成本核算，可以计算企业盈亏。按照权责发生制的要求，企业在正确确认一项收入的同时，必须确认该收入所发生的销售成本。因此，正确计算产品成本，可以了解生产耗费的补偿尺度，同时也是确定企业盈利的依据。

微课视频
成本核算的方法与选择

二是通过产品成本核算，可以反映和监督各项消耗定额及成本计划的执行情况，可以控制生产过程中的人力、物力和财力的耗费，从而做到增产节约、增收节支。

三是通过产品成本的核算，可以反映和监督在产品占用资金增减变动和结存情况，为加强在产品资金的管理、提高资金周转速度和有效地节约使用资金提供资料。

四是通过产品成本的核算，可以将产品的实际成本与产品的计划成本、定额成本或标准成本等指标进行对比，除可对产品成本升降的原因进行分析外，还可据此对产品的计划成本、定额成本或标准成本进行适当的修改，使其更加接近实际。

五是通过产品成本的核算，可以利用成本核算资料，开展对比分析，查明企业生产经营的成绩和缺点，从而采取措施，改善经营管理，促使企业进一步降低产品成本。

二、产品成本核算的要求

（一）算管结合，算为管用

所谓“算管结合，算为管用”，是指成本核算应当与加强企业经营管理相结合，所提供的成本信息应当满足企业经营管理和决策的需要。为此，成本核算不仅要提供事后的成本信息，而且必须以国家法律、行政法规、国家统一的会计制度、企业成本计划和相应的消耗定额为依据，加强对各项生产费用和期间费用事前、事中的审核和控制。

为了满足企业经营管理和决策的需要，还应借鉴现代成本管理概念和成本计算方法，为不同的管理目的提供不同的管理成本信息，如变动成本和固定成本信息、可控成本与不可控成本信息、作业成本信息等。

（二）遵守成本开支范围

为了使各企业能够正确地计算成本，国家规定了成本开支范围，在成本开支范围中明确规定哪些费用应计入成本，哪些费用不应计入成本，这样，可以使产品成本正确地反映企业生产消耗水平，使各企业的成本开支口径一致。因此，每个企业应严格遵守成本开支范围，认真贯彻会计准则对成本开支的有关规定，这是做好成本会计工作、保证成本核算质量的重要条件。

【学中做】

桂花水泥厂生产525标号的水泥，本月发生以下的费用，请判断以下费用中，哪些应计入产品成本？哪些不应计入产品成本？

1. 黏土、石头、煤、铁矿等主要材料共80万元；
2. 生产工人工资10万元；
3. 生产车间发生办公费、水电费等共8万元；
4. 车间设备因修理停工，发生停工损失0.8万；
5. 产品销售费用0.8万元；
6. 支付滞纳金0.5万元；
7. 购置机器设备15万元。

三、正确划分成本费用的界限

为了正确计算产品成本，为成本管理提供正确的成本资料，我们必须正确划分以下费用的界限。

（一）正确划分收益性支出和资本性支出的界限

收益性支出是指仅为取得当期收益而发生的支出或消耗，如支付当期的职工薪酬等属于收益性支出；资本性支出是指与本期和以后各期取得收益都相关的支出，如购买固定资产和无形资产的支出等属于资本性支出。

按《企业会计准则》的规定，收益性支出符合成本确认条件的，应计入当期的成本费用；企业通常将资本性支出确认为资产，用于生产的，将通过折旧的方式分期计入产品成本，而不能直接计入当期成本费用。

（二）正确划分生产成本和期间费用的界限

生产费用和期间费用具有不同的性质。生产费用形成产品成本，并在产品销售后作为产品销售成本计入销售当期的损益；而当月投产的产品不一定当月完工，当月完工的产品也不一定当月销售，因而当月的生产费用不一定计入当月损益。本月发生的销售费用、管理费用和财务费用等期间费用，则直接计入当月损益。因此，为了正确计算产品成本和期间费用，正确计算企业各月份的损益，必须正确划分生产成本和期间费用的界限。防止混淆生产费用与期间费用，借以调节各月产品成本和各月损益的错误做法。

（三）正确划分各月份的生产成本和期间费用界限

为了按月分析和考核成本计划和期间费用的执行情况及结果，正确计算产品生产成本和各月损益，企业还必须正确划分各月份的生产费用和期间费用的界限。为此，应该遵循权责发生制原则，正确划分各月份的生产成本和期间费用界限。要注意防止利用待摊和预提的方法，任意调剂各月生产成本和期间费用的错误做法。

（四）正确划分各种产品成本的界限

企业生产的产品往往不止一种，为了正确计算各种产品的成本，必须按照费用归属对象划分各种产品成本的界限。凡能分清由某种产品负担的费用，应直接计入这种产品成本；分不清应由哪种产品负担的费用，即各种产品共同发生的费用，则应采用较合理又简便的方法，分配计入各种产品成本。

（五）正确划分完工产品成本和期末在产品成本的界限

企业一定时期投产的产品不一定全部完工，往往存在着一定数量的在产品，这就需要采用适当的方法，将生产费用在完工产品和期末在产品之间进行分配。划分这一界限的意义在于，防止任意提高或降低月末在产品成本、人为调节完工产品成本的情况发生。

综上所述可以看出，划分费用界限的过程，也是计算产品成本和期间费用的过程，费用划分是否正确，直接影响产品成本计算的准确性。检查和评价成本计算工作是否正确、合理，也是主要看上述几个方面的费用界限划分得是否正确、合理。

四、做好成本核算的各项基础工作

成本核算涉及面广、内容复杂、工作量大，企业必须搞好成本核算的基础工作，以保证成本核算的正确性。

（一）做好定额的制定和修订工作

消耗定额是指某种产品或某个部门在当前设备条件、技术水平下，需要耗费人力、物力、财力的数量标准，它包括材料物资消耗定额、工时定额和费用定额等。企业应根据当前设备条件、技术水平，充分考虑职工的积极因素，凡能制定定额的各项耗费，都应制定定额。

在成本会计中，企业应制定的定额主要有：

物资消耗定额，如单位产品原材料消耗定额、各种辅助材料消耗定额、工具器具消耗定额等。

劳动消耗定额，如单位产品工时消耗定额、机台设备定员、科室管理人员配备定额、产品包装及质量检验人员定额等。

动力消耗定额，如单位产品或生产车间耗用水、电、汽、油等的定额、非生产用动力消耗定额等。

费用定额，如车间科室的办公费用、差旅费用、劳动保护费用、职工培训费用以及其他有关费用定额等。

机器设备停工检修定额、废品率定额等。

（二）建立各种原始记录的收集整理制度

原始记录是企业经营进行客观反映所作的最初的记载，是为成本计算提供计算数据的主要方式。企业必须建立健全原始记录制度，对原材料、燃料、动力、工时的消耗，费用开支，质量检验，在产品、半成品的内部转移和产成品入库等，应组织有关职工认真做好原始记录的登记、传递、审核和保管工作，以便正确、及时地为成本核算和其他有关方面提供原始资料。

与成本有关的原始记录按其反映的内容主要有：

反映材料物资的原始记录，如领料单、限额领料单、领料登记簿、材料退库单等。

反映产品的原始记录，如在产品、半成品、产成品、废品等。

反映固定资产的原始记录，如企业机器设备、厂房消耗、维修单原始记录。

反映劳动消耗的原始记录，如考勤记录、工时记录、停工记录、工资单等。

（三）建立完善的计量、验收和盘存制度

要使原始记录正确，必须有完善的计量验收制度，对企业材料物资的验收都要计量、验收和办理必要的凭证手续。

计量制度。计量制度是指企业的各种物资在发生流转时，必须利用一定的器具对各种物资按其特点（长短、大小、重量、体积等）测量其数量的一种内部管理制度。

验收制度。验收制度是指对各种物资的收发和转移进行数量和质量上的检查制度，以明确各工作环节之间的经济责任。

完善清查、盘点制度。为了保证各项支出计算的真实性，企业必须建立和完善财产物资的清查、盘点制度，经常对企业的各种物资进行实物清查和盘点，并及时处理各种财产物资的盘盈、盘亏、毁损、报废，做到账实相符。

（四）制定和修订企业内部结算价格

内部结算价格是指企业内部各单位之间在生产经营过程中相互提供材料、产品、劳务等进行结算时所采用的计价标准。一般以计划单位成本为基础。例如，供应部门向各生产车间、在建工程等供应材料，机修车间、运输车间向各生产车间、管理部门提供辅助产品或劳务，采用分步法结转半成品成本时，上一加工步骤将生产的自制半成品转移到下一加工步骤继续加工等都需进行价格结算。确定合理的内部结算价格，不仅是正确计算产品成本的重要保证，也是分清各责任单位的经济责任，考核其经济效益的重要环节。

（五）建立健全成本会计人员的岗位制度

企业应根据生产经营特点和管理要求，建立健全成本会计人员的岗位责任制，使其明确职责权限，做到人人有专责，事事有人管，以岗定责，以责定权，赏罚分明，而且相互

之间密切配合。成本核算会计人员应具备廉洁奉公、遵纪守法、实事求是、坚持原则的工作作风的高度的敬业精神。

成本核算会计岗位职责包括：

1. 拟定成本核算办法

根据《企业产品成本核算制度（试行）》和成本核算的有关规定，结合本单位生产经营的特点和管理的要求，拟定单位的成本核算办法。

2. 编制成本、费用计划

根据本单位的生产计划中降低成本的要求，结合本单位的实际情况，挖掘降低成本、费用的潜力，编制成本、费用计划，并按年、季、月将指标分解，层层落实，实行归口分级管理，以保证成本、费用计划的实现。

3. 加强成本管理的基础工作

积极会同有关部门，建立健全各项原始记录、定额管理和计量检验等制度，为正确计算成本、加强成本管理提供可靠的依据。

4. 核算产品成本

严格按照《企业产品成本核算制度（试行）》的规定，正确归集、分配生产费用。根据实际产量，实际消耗的材料、人工、费用，计算产品的实际成本。采用计划成本、定额成本进行日常核算的应正确计算成本差异，并应该按照规定办法按月调整为实际成本，不得以计划成本、估计成本以及定额成本代替实际成本。要划清本期产品成本和下期产品成本的界限，不得虚列可比产品成本降低额。

5. 编制成本费用报表，进行成本费用的分析和考核

根据账簿记录、成本计划和上年的成本费用等有关资料，按照规定编制各种成本费用报表，并分析成本、费用计划的执行情况和升降的原因，预测成本发展趋势，对照同行业的成本、费用资料，提出降低成本、费用的途径和加强成本管理的建议。

6. 协助管理在产品和自制半成品

协助有关部门建立在产品台账和半成品登记簿，在产品的内部转移和半成品的入库出库，都要认真登记。对在产品和自制半成品要定期盘点，做到账实相符。

五、按生产类型和管理要求，选择适当的成本计算方法

（一）成本计算方法及生产类型

1. 成本计算方法的含义

成本计算就是按照产品成本计算对象，对生产经营过程中发生的费用进行归集并在完工产品和在产品之间进行分配，计算出产品的总成本和单位成本的过程。成本计算方法是以成本计算对象为基础，将由产品成本负担的生产费用在各种产品之间进行分配，以及将某一产品负担的生产费用在完工产品和在产品之间进行分配的方法。

成本计算方法一般包括以下几项具体内容：确定成本计算对象；设置生产成本明细账并确定成本项目；生产费用的归集及计入产品成本的程序；确定成本计算期；生产成本在完工产品和月末在产品之间的分配。

2. 成本计算方法的类型

成本计算对象是决定成本计算方法的基本因素，也是区分成本计算方法的根本标志。按照成本计算对象的不同，我们可将成本计算方法分为以下主要类型：

（1）产品成本计算的基本方法。成本计算的基本方法是指在产品成本计算中能够独立运用的成本计算方法，包括品种法、分批法和分步法三种。

品种法是以产品品种为成本计算对象的产品成本计算方法。

分批法是以产品的批别为成本计算对象的产品成本计算方法。

分步法是以产品的生产步骤为成本计算对象的产品成本计算方法。

在成本计算的三种基本方法中，品种法是最基本的方法，不论什么类型的企业，不论采取哪一种成本计算方法，最终都必须以产品品种为对象分别提供企业的成本资料。

（2）产品成本计算的辅助方法。成本计算的辅助方法是指在产品成本计算中不能独立运用，必须与基本方法结合运用的成本计算方法，主要有分类法、定额法等。

分类法是以产品的类别为成本计算对象的成本计算方法，是品种法的延伸，产品的品种与规格繁多的企业采用分类法比较简便；定额法是以产品的现行定额成本为基础，加减实际脱离定额的差异来计算产品成本的方法。

图 2-1 对上述内容进行了梳理和总结：

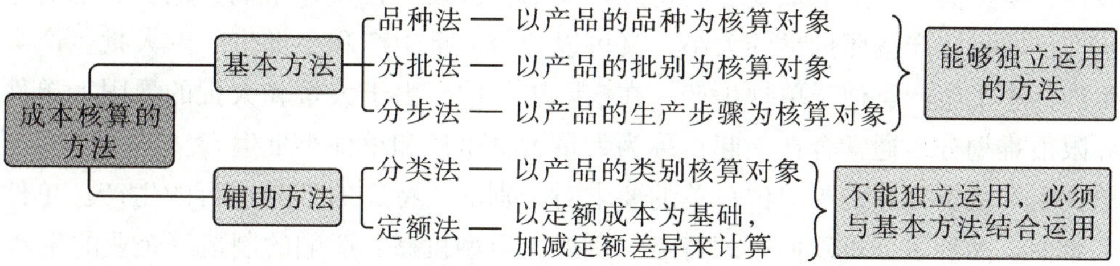

图 2-1　成本核算的方法

（二）企业生产类型

计算产品成本是为成本管理提供资料，成本计算应满足成本管理对于成本资料的要求。而产品成本又是在生产过程中形成的，成本管理需要哪些成本资料，在很大程度上受生产特点的影响。因此，每一个工业企业，都应根据生产类型和管理的要求确定具体的成本计算方法。不同的工业企业生产上有千差万别，产品多种多样，规模有大有小，生产周期有长有短，从成本核算的角度可作如下分类：

1. 生产按工艺过程的特点分类

生产工艺过程是指产品从投产到完工的生产工艺技术过程。工业企业的生产按照工艺过程划分，可以分为单步骤生产和多步骤生产两种类型。

（1）单步骤生产又称为简单生产，是指在工艺过程上不能间断，或者不便于分散在几个不同地点的生产。其特点是：生产工艺技术简单、生产周期比较短，产品品种单一，通常没有在产品、半成品或其他中间产品。例如，发电、供水、供汽、采掘等生产。

（2）多步骤生产又称为复杂生产，是指工艺可以间断，可以在不同时间、不同地点分别进行，并由若干加工步骤组成的生产。其特点是：生产工艺技术复杂、生产周期比较长，产品品种也较多，有在产品、半成品或其他中间产品，如冶金、纺织、机械制造等企业的生产。多步骤生产按其产品加工方式的不同，又可分为连续式生产和装配式生产两种类型。①连续式生产是指原材料投入后，到产品完工，要经过若干步骤的连续加工、顺序转移，直至最后一个步骤制成产成品的生产。连续式生产除了最后步骤生产出成品外，其余步骤完工的产品都是自制半成品，它们往往又是后续步骤的加工对象。例如，纺织、冶金等生产。②装配式生产（又称为平行式生产）是指各种原材料投入后分别加工制成各种零部件，再将零部件装配成产成品的生产。例如，机械、车辆、船舶、飞机、仪表、电器等行业的生产。

2. 生产按组织方式分类

企业的生产组织是根据其产品的产量、产品生产的重复性和产品品种的稳定性来确定的。生产按组织方式分类，可以分为大量生产、成批生产和单件生产三种类型。

大量生产是指不断重复生产一种或若干种产品。大量生产具有产量大、生产重复性强和品种稳定的特点。例如发电、采掘、纺织、冶金、水泥、面粉、食糖、自来水、化肥等生产。

成批生产是指按照预先规定的产品数量和规格进行的生产。成批生产具有产量较大、品种较多、生产具有一定的重复性的特点。例如，服装、机械、车辆、仪表、电器等等企业的生产。成批生产按照批量的大小，又可以分为大批生产和小批生产。大批生产类似于大量生产，小批生产类似于单件生产。在实际工作中，由于大量和大批的界限、单件和小批的界限很难划分，通常合在一起，称为大量大批生产和单件小批生产。

单件生产是指按照购买单位订单的要求对个别的、特殊的产品进行的生产。单件生产具有产量少、品种多、重复性小的特点。例如，重型机械和船舶的制造等企业的生产。

图 2-2 对按生产类型划分的方式进行了梳理和总结。

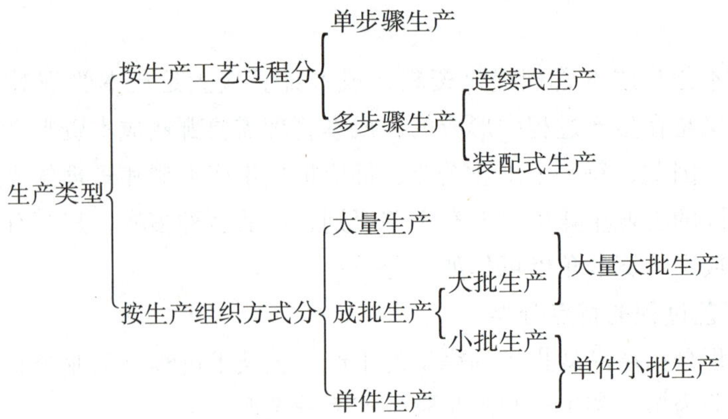

图 2-2 生产类型图

【知识拓展】

生产工艺技术与生产组织的结合

每个企业的生产既涉及生产组织，又涉及工艺技术。工艺过程中的单步骤生产在生产组织上一般采用大量生产方式；工艺过程中的连续式多步骤生产，在生产组织上采用大量生产或成批生产的方式；工艺过程中的装配式多步骤生产，在生产组织上则是大量生产、成批生产、单件生产都有可能采用。

需要指出的是，同一企业的各个生产车间的生产类型可能不同，同一车间不同工段或班组的生产类型也可能不同。例如，汽车制造厂的生产，就整个企业的产品（汽车）生产来说，一般属于装配式的多步骤的大量生产，但是其余加工车间所生产的零部件大部分可能是连续式多步骤的成批生产。

（三）生产类型和管理要求对成本计算方法的影响

1. 生产类型对成本计算方法的影响

（1）对成本计算对象的影响。

成本计算对象主要取决于生产类型的特点。

在大量大批单步骤的生产中，由于不间断地重复生产同类产品，中间又没有自制半成品存在，因而只能以产品的品种作为成本计算对象来归集生产费用；而在大量大批多步骤生产中，由于各个步骤相对独立地生产半成品，生产费用完全可以按产品的生产步骤归集，因而就可以按各个加工步骤的产品作为成本计算对象，以计算各步骤半成品（最后步骤为产成品）的成本；至于单件小批量生产，由于产品是以客户的订单或批别组织生产，因而就决定了可以按产品的订单或批别作为成本计算对象，以某订单或批别来归集生产费用，以计算各订单或各批别的产品总成本。

（2）对成本计算期的影响。

成本计算期是指生产费用计入产品成本所规定的起止时期。对成本计算期的影响主要取决于生产组织的特点。

在大量大批生产情况下，由于产品生产不间断进行，既不间断地投入也不间断地产出，在会计分期原则下，只能按月定期地计算产品成本，以满足分期计算损益的需要。此时成本计算期与会计报告期一致。

在小批或单件生产情况下，各批产品的生产周期往往不同，而且批量小，生产不重复或重复少；因此，应按照各批产品的生产周期计算产品成本，成本计算期与产品的生产周期一致，但与会计报告期不一致。

（3）对产品成本在完工产品与在产品之间分配方法的影响。

在大量大批生产情况下，由于成本计算期与产品的生产周期不一致，每月末一般会有在产品存在，因而要将产品的生产成本采用适当的方法在完工产品与月末在产品之间分配。

在小批或单件生产情况下，由于成本计算期与产品的生产周期一致（什么时候产品完工，什么时候才计算完工产品的成本），因此，在每个报告期期末时，一般不需要将产品成本在完工产品与月末在产品之间分配。

2. 管理要求对成本计算方法的影响

产品成本计算方法主要取决于生产类型。不同的生产类型所采用的成本计算方法是不同的，但是各成本计算方法的运用也要受到成本管理要求的影响，主要有以下几种情形：

（1）单步骤生产或管理上不要求分步骤计算成本的多步骤生产，以品种或批别为成本计算对象，采用品种法或分批法。

（2）管理上要求分步骤计算成本的多步骤生产，以生产步骤为成本计算对象，采用分步法。

（3）在产品品种、规格繁多的企业，管理上要求尽快提供成本资料，简化成本计算工作，可采用分类法计算产品成本。

（4）在定额管理基础较好的企业，为加强定额管理工作，可采用定额法。

表 2-1 总结了成本计算的基本方法与生产类型、管理要求的关系。

表 2-1　成本计算的基本方法与生产类型及管理要求的关系表

成本计算方法	生产类型		管理要求	计算对象	成本计算期	生产成本在完工产品与在产品之间的分配
	生产组织	生产工艺				
品种法	大量大批	单步骤或多步骤	多步骤生产，但管理上不要求按步骤计算成本	产品品种	按月计算	单步骤一般不需分配 多步骤一般需要分配
分批法	小批单件	多步骤	多步骤生产，但管理上不要求按步骤计算成本	产品批别	按生产周期计算	一般不需分配
分步法	大量大批	多步骤	管理上要求按步骤计算成本	生产步骤	按月计算	一般需要采用一定方法进行分配

【知识拓展】

产品成本计算方法的选择

在同一企业里，可以采用一种成本计算方法，也可以采用多种成本计算方法；可以是多种成本计算方法同时使用，也可以是多种方法综合运用。

【职业道德与企业伦理】

【案例背景】

突破运维移交，节约千万成本

S 项目和 C 项目开发至今已有 20 年，因历史遗留问题导致项目未移交变电房 43 个。供电局不接收电房资产，上述电房资产为某物业发展公司所有，多年来均由物业负责日常运营与维护。因供电设备使用年限一般为 15~20 年，以上电房内设备已进入维护高发期，一到夏日高温用电负荷激增，旧区接连出现故障停电，安全形势严峻、维护成本高昂，运营与维护急需突破。

【问题】面对如此难题，市政能源组团队如何解决？

【分析】

①盘点、登记。市政能源组同事们联合物业及项目部，对区域内老旧变电房设备现状进行检查盘点并登记。

②研究政策。了解供电局资产拒收原因，研究最新接收政策，沟通论证方案，并获得供电局认可。

③设备检测与整改。在不影响原设备运行的基础上对上述电房设备进行检测、维修整改。

④资产移交。经供电局内部会议后审议同意以上方案后，在半年内完成整改资产移交。

结果：①减少电房后续10年维护成本4 300万元；②运维移交电房设备，降低电房运行安全风险，极大地降低物业维保成本及管理压力；③分析总结经验，推广落实到区域和集团的各移交滞后项目，争取突破运维移交，保障公司的最大利益。

【拓展思考】加快构建新发展格局，着力推动高质量发展。全面建设社会主义现代化国家，必须坚持高质量发展。在党的二十大报告中，习近平总书记强调，要坚持以推动高质量发展为主题，把实施扩大内需战略同深化供给侧结构性改革有机结合起来，增强国内大循环内生动力和可靠性，提升国际循环质量和水平，加快建设现代化经济体系，着力提高全要素生产率，着力提升产业链供应链韧性和安全水平，着力推进城乡融合和区域协调发展，推动经济实现质的有效提升和量的合理增长。

（案例来源：微信公众号“佛肇文化印记 成本赋能”《那些成本人的岗位故事》）

【知识与技能训练】

一、选择题（下列选项中有一项或多项是正确的，请将正确的选项填入括号中）

1. 下列支出，不应计入产品成本的是（　　）。

A. 车间生产设备的折旧费　　B. 生产单位管理人员的薪酬

C. 产品生产耗用的材料　　D. 从事在建工程人员的薪酬

2. 不应由本期负担的费用，如果采用预计的方式计入有关费用、成本，（　　）。

A. 会虚减企业费用、成本　　B. 会虚增企业费用、成本

C. 对企业费用、成本没有影响　　D. 对企业利润没有影响

3. 需要在各个成本核算对象之间分配的生产费用数额，是指（　　）。

A. 期初在产品成本　　B. 本期发生的生产费用

C. 期末在产品成本加本期发生的生产费用　　D. 期末在产品成本

4. 期末如果既有完工产品，又有在产品，企业应将（　　）在本期完工产品和期末在产品之间进行分配。

A. 期初在产品成本

B. 本期发生的生产费用

C. 本期发生的生产费用减去期初在产品成本

D. 期初在产品成本加上本期发生的生产费用

5. 机械、车辆、船舶、飞机、仪表等企业的生产属于（　　）。

A. 简单生产　　B. 单步骤生产

C. 连续式多步骤生产　　D. 装配式多步骤生产

6. 成本计算的基本方法有（　　）。

A. 品种法、分批法、定额法　　B. 品种法、分批法、分类法

C. 品种法、分批法、分步法　　D. 分批法、分类法、分步法

7. 正确划分各种产品成本的界限，是指（　　）。

A. 能直接计入某种产品成本的生产费用，应当直接计入

B. 不能直接计入某种产品成本的生产费用，应当采用一定标准在各种产品之间分配后再计入

C. 制造费用应当直接计入产品成本

D. 各种费用都应当直接计入该种产品的成本

8. 采掘、发电、自来水等生产属于（　　）。

A. 多步骤生产　　B. 小批生产　　C. 单步骤生产　　D. 大量生产

9. 汽车制造、机器制造等生产属于（　　）。

A. 单步骤生产　　B. 装配式多步骤生产

C. 大量生产　　D. 连续式多步骤生产

10. 企业确定的成本核算对象主要有（　　）。

A. 产品生产计划　　B. 产品品种

C. 产品批别　　D. 产品品种及其所经生产步骤

二、判断题（正确的在括号内打“√”，错误的打“×”）

1.（　　）企业成本核算对象、成本项目以及成本计算方法一经确定，不得随意变更。

2.（　　）按照生产工艺过程的特点，工业企业生产可分为连续式和装配式两种类型。

3.（　　）按照生产组织的特点，工业企业生产可分为大批生产和小批生产两种类型。

4.（　　）品种法和分步法的成本计算期与生产周期不一致 。

5.（　　）成本计算的基本方法，是以成本核算对象命名的。

6.（　　）一个企业不得同时采用多种成本计算方法 。

7.（　　）计算某种产品成本时，可以以一种成本计算方法为主，结合运用几种成本计算方法。

任务二　了解费用的分类

工业企业的生产费用多种多样，为了正确合理地组织产品成本和期间费用的计算，对企业生产经营过程中发生的各种费用可以按照不同的标准进行科学的分类。

微课视频
成本费用的分类

一、按费用的经济内容分类

企业生产经营过程中发生的各种费用按其经济内容可分为劳动对象方面的费用、劳动手段方面的费用和活劳动方面的三大费用。对这三大类费用按经济内容进一步划分，可将企业费用进一步划分为以下八大费用要素：

（一）外购材料

外购材料是指企业为进行生产经营活动而发生的从外部购进的原料及主要材料、半成品、辅助材料、包装物、修理用备件和低值易耗品等。

（二）外购燃料

外购燃料是指企业为进行生产经营活动而发生的从外部购进的各种燃料，包括固体、液体、气体燃料等。

（三）外购动力

外购动力是指企业为进行生产经营活动而发生的从外部购进的各种动力，包括电力、热力等。

（四）职工薪酬

职工薪酬是指企业为获得职工提供的服务而给予各种形式的报酬以及其他相关支出，包括职工工资、奖金、津贴和补贴，职工福利费，医疗保险费、养老保险费、失业保险费、工伤保险费和生育保险费等社会保险费，住房公积金，工会经费和职工教育经费，非货币性福利，因解除与职工的劳动关系给予的补偿以及其他与获得职工提供的服务相关的支出。

（五）折旧费

折旧费是指企业按照规定计提的固定资产折旧费用。

（六）利息费用

利息费用是指企业为借入生产经营资金而发生的应计入财务费用的借款利息费用支出减去存款利息收入后的净额。

（七）税费

税费是指应计入企业管理费用的各种税费，包括房产税、城镇土地使用税、车船使用税、印花税等。

（八）其他费用

其他费用是指不属于以上各种要素的费用，如邮电费、差旅费、租赁费、保险费、外部加工费等。

按照上述费用要素反映的费用，称为要素费用。按照要素费用核算企业的生产经营费用，可以反映企业在一定时期内发生了哪些生产经营费用，数额是多少，可以据以分析各个时期各种生产经营费用的结构和水平，并为制订有关的计划和定额等提供资料。但这种分类也有不足之处，如它不能说明各种费用的用途，因而不便于分析各种费用的支出是否合理。

二、按费用的经济用途分类

费用按照经济用途不同，可分为计入产品成本的费用和不计入产品成本的费用两大类。在此基础上，对计入产品成本的费用，按照经济用途进一步划分为直接材料、直接人工、制造费用三个项目；对不计入产品成本的费用，按照其经济用途进一步划分为销售费用、管理费用和财务费用，见图 2-3。

- 生产经营费用
  - 生产费用（计入产品成本的费用）
    - 直接材料
    - 直接人工
    - 制造费用
    - （以上为）产品成本项目
  - 期间费用（不计入产品成本的费用）
    - 销售费用
    - 管理费用
    - 财务费用

图 2-3　费用按照经济用途分类图

工业企业费用按照经济用途进一步分类，可以清晰地反映产品生产成本的构成情况，便于考核费用定额或计划的执行情况，便于查找产品成本升降原因，有利于加强成本管理与成本分析；同时还可以分析费用支出是否合理、节约。

三、按费用与生产工艺的关系分类

按费用与生产工艺的关系我们可将费用分为直接生产费用和间接生产费用。直接生产费用是指由生产工艺本身引起的，直接用于产品生产的费用，如生产工艺技术过程中耗用的原料及主要材料、燃料及动力、产品生产工人薪酬、生产用机器设备的折旧费等；间接生产费用是指与生产工艺没有关系，间接用于产品生产的费用，如生产部门管理人员的工资、办公费、差旅费、车间厂房的折旧费等。这种分类有利于考察和分析企业的管理水平。管理水平越高，产品成本中的间接生产费用的比重越低。

四、按费用计入产品成本的方式分类

按费用计入产品成本的方式可分为直接计入费用和间接计入费用两大类。直接计入费用是指可以分清哪种产品所耗用、可以直接计入某种产品成本的费用；间接计入费用是指不能分清哪种产品所耗用、不能直接计入某种产品成本的费用，而必须按照一定标准分配计入有关的各种产品成本的费用。这种分类有利于正确计算产品成本。

【学中做】

翔云公司一车间生产甲、乙两种产品，发生以下相关的生产费用，请分别指出表 2-2 中哪些费用是直接生产费用，间接生产费用，直接计入费用、间接计入费用。

表 2-2　甲、乙两种产品的费用支出

<table>
<tr><th>产品</th><th>直接材料</th><th>直接人工</th><th>制造费用</th></tr>
<tr><td>甲产品</td><td>50 000 元</td><td rowspan="2">12 000 元</td><td rowspan="2">8 000 元</td></tr>
<tr><td>乙产品</td><td>60 000 元</td></tr>
</table>

【特别提示】

直接生产费用可能是直接计入费用，也可能是间接计入费用；间接生产费用在生产车间只生产一种产品的情况下应是直接计入费用。

【知识链接】

对间接计入费用的分配应当采用适当的方法，即分配所依据的标准与所分配的费用应有密切的联系，而且分配标准的资料比较容易取得，从而使分配的结果比较合理、计算比较简便。常见的分配要素费用的标准主要有：

（1）成果类，例如产品的重量、体积、产量、产值等；

（2）消耗类，例如生产工时、机器工时等；

（3）定额类，例如定额消耗量、定额费用、定额工时等。

分配要素费用的计算公式可概括为

$$费用分配率=\frac{待分配费用总额}{分配标准合计}\times 100\%$$

$$某分配对象应承担的费用=该分配对象的分配标准\times 费用分配率$$

图 2-4 对费用的分类进行了总结：

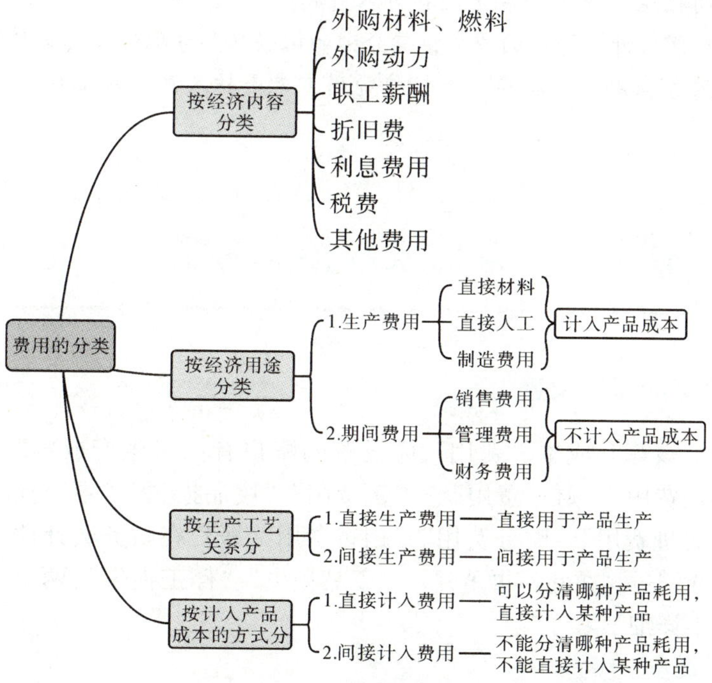

图 2-4 费用的分类

【知识与技能训练】

一、选择题（下列选项中有一项或多项是正确的，请将正确的选项填入括号中）

1. 下列各项中，属于直接计入费用的有（　　）。

A. 几种产品负担的制造费用　　B. 几种产品共同耗用的原材料费用

C. 一种产品耗用的生产工人工资　　D. 几种产品共同负担的机器设备折旧费

2. 费用按其经济内容分类，可以分为若干个（　　）。

A. 费用要素　　B. 成本项目　　C. 固定费用　　D. 变动费用

3. 成本项目是指（　　）。

A. 生产费用按经济用途的分类　　B. 生产费用按经济性质的分类

C. 生产费用按经济内容的分类　　D. 生产费用与生产工艺的关系分类

4. 应当按照受益原则分配计入各种产品成本的是（　　）。

A. 财务费用　　B. 管理费用

C. 销售费用　　D. 生产费用中的间接计入费用

5. 下列项目中，属于产品成本项目的有（　　）。

A. 制造费用　　B. 直接材料　　C. 直接人工　　D. 管理费用

6. 计入产品成本的生产费用按计入方式不同分为（　　）。

A. 直接人工　　B. 直接计入费用　　C. 间接计入费用　　D. 制造费用

二、判断题（正确的在括号内打"√"，错误的打"×"）

1.（　　）直接生产费用一定是直接计入费用。

2.（　　）间接生产费用一定是间接计入费用。

3.（　　）对间接计入费用的分配，其分配的依据只要分配依据的资料容易取得即可。

4.（　　）财务费用、管理费用和销售费用期末是转入产品成本中。

任务三　掌握成本核算的账户设置

一、成本核算的账户设置

工业企业为了核算其成本、费用，应设置的账户有："生产成本""制造费用""管理费用""财务费用""销售费用""废品损失""停工损失"等，由于"管理费用""财务费用""销售费用"账户在财务会计课程中已经详细地介绍过，在此不再重复。"废品损失""停工损失"两个账户将在项目三中详细学习。

微课视频
成本核算账户设置与核算程序

（一）"生产成本"账户

为了归集生产费用，计算产品成本，应设置"生产成本"总分类账户，用以核算企业进行产品生产（包括产成品、自制半成品和提供劳务等）、自制材料、自制工具等所发生的各项生产费用。为了分别核算基本生产成本和辅助生产成本，还应在该总账户下设立"基本生产成本"和"辅助生产成本"两个二级账户，在二级账户下再按一定要求设置明细账。也可以将两个二级账户提升为一级账户，不再设置"生产成本"总账账户，企业应根据自身的实际情况进行选择。

1. "基本生产成本"总账账户及其明细账的设立

基本生产是指为完成企业主要生产目的而进行的产品生产。"基本生产成本"总账账户是为了归集基本生产过程中所发生的各种生产费用和计算基本生产产品成本而设立的。

基本生产所发生的各项费用，记入该账户的借方；完工入库的产品成本，记入该账户的贷方；月末借方余额表示尚未加工完成的在产品成本。该账户应按产品品种等成本计算的对象分设基本生产成本明细账，该账也称产品成本明细账或产品成本计算单。基本生产成本明细账格式见表 2-3。

表 2-3　基本生产成本明细账

车间名称：一车间　　　　　　　　　　　　　　　　　　产品名称：甲产品

202×年		凭证字号	摘要	直接材料	燃料及动力	直接人工	制造费用	合计
月	日							

2.“辅助生产成本”总账账户及其明细账的设立

辅助生产是指为基本生产部门、企业管理部门和其他部门提供劳务或产品的生产，例如工具、模具、修理用备件等产品生产和提供修理、运输等劳务的供应等。辅助生产所发生的各项费用，记入“辅助生产成本”总账账户的借方；完工入库产品的成本或分配转出的劳务费用，记入该账户的贷方；月末借方余额表示辅助生产在产品的成本。该账户应按辅助生产车间和生产的产品、劳务分设辅助生产成本明细账。其格式见表 2-4。

表 2-4　辅助生产成本明细账

部门：机修车间

202×年		凭证字号	摘要	材料费	电费	人工费	折旧费	合计
月	日							

（二）“制造费用”账户

为了核算企业各个生产单位（分厂、车间）为组织和管理产品生产或提供劳务而发生的各项间接费用，应设置“制造费用”账户。其借方登记企业发生的各项制造费用；贷方登记月末分配转入“基本生产成本”账户借方的全部间接费用。期末一般无余额（季节性生产企业除外）。该账户按不同的车间、部门设置明细分类账户，账内按照费用的具体项目设置专栏。其格式见表 2-5。

表 2-5　制造费用明细账

部门：五车间

202×年		凭证字号	摘要	材料费	水电费	人工费	折旧费	……	合计
月	日								

【知识与技能训练】

一、选择题（下列选项中有一项或多项是正确的，请将正确的选项填入括号中）

1. 工业企业“生产成本”账户的期末借方余额表示企业（　　）。

A. 尚未加工完成的各项在产品成本　　B. 尚待摊销的成本

C. 自制半成品成本　　D. 在产品和自制半成品成本

2. “制造费用”账户（　　）。

A. 不应当有期末余额

B. 期末余额在贷方

C. 除季节性生产企业外，期末有借方余额

D. 除季节性生产企业外，期末应无余额

二、判断题（正确的在括号内打“√”，错误的打“×”）

1.（　　）“生产成本”明细账应当按照企业确定的成本核算对象分别设置。

2.（　　）“制造费用”明细账应当按照生产单位（车间、分厂）分别设置。

3.（　　）季节性生产企业的“管理费用”“财务费用”“销售费用”账户期末结转后可能有余额。

4.（　　）辅助生产成本明细账可采用借贷余额三栏式明细账。

任务四　掌握产品成本核算的基本程序

一、确定成本计算对象，按成本计算对象设置生产成本明细账（或开设成本计算单）

成本计算对象是生产费用的归集对象和生产耗费的承担者。它是计算产品成本的前提。由于企业的生产特点、管理要求、规模大小、管理水平不同，企业成本计算对象也不尽相同。对于工业企业而言，产品成本计算对象有产品品种、产品批别、产品的生产步骤等。企业应根据自身的生产特点和管理要求，选择合适的产品成本计算对象。

二、生产费用的审核和控制

根据成本开支范围和费用预算审核原始凭证的真实性、合法性，确定各项费用是否应该开支，开支的费用是应该计入产品成本还是期间费用。

三、生产费用的归集与分配

（一）生产费用在各种产品之间按照成本项目进行归集和横向分配

按照权责发生制和会计分期原则，对应计入本期产品成本的各产品的直接计入费用，应直接计入各产品成本明细账和相应成本项目；对应计入本期产品成本，但又不能具体分

清受益产品的间接费用，应先通过有关成本账户进行归集，然后选择适当的标准在各种产品之间进行分配后，再计入各种产品成本明细账的相应成本项目。

生产费用在各种产品之间按照成本项目进行归集和横向分配主要包括：

（1）材料费用的归集与分配；

（2）外购动力费用的归集与分配；

（3）人工费用的归集与分配；

（4）折旧费和其他费用的核算；

（5）辅助生产费用的归集与分配；

（6）制造费用的归集与分配；

（7）损失性费用的归集与分配。

（二）生产费用的纵向分配

生产费用的纵向分配，就是对既有完工产品又有月末在产品的产品，应将计入各该产品的生产费用，在其完工产品和月末在产品之间采用适当的方法进行分配，以计算出完工产品和月末在产品成本。

四、结转完工产品成本

月末，将完工入库产品总成本从“基本生产成本”账户转入“库存商品”账户，其具体账务处理流程见图2-5。

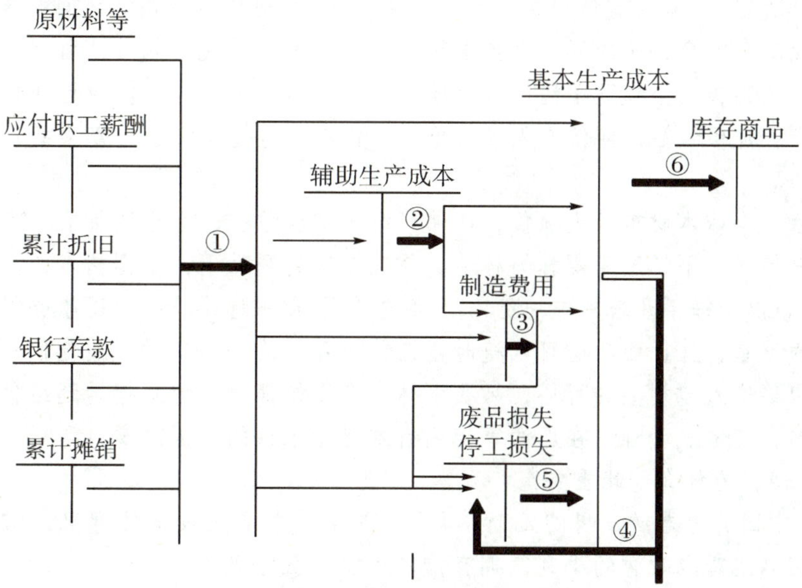

图2-5　产品成本核算账务处理程序图

说明：①审核生产费用并对发生的要素费用进行归集与分配；②分配辅助生产费用；③分配制造费用；④结转不可修复废品的生产成本；⑤分配废品损失和停工损失；⑥计算并结转完工产品成本。

【职业道德与企业伦理】

【案例背景】

信任超越任何语言

每个创业故事背后，都有一段“取信于人”的老情节。

卢伟光，温州人。10多年前才开始从事木材生意的他，已经成为中国的“木材大王”。

他的创业过程完全是乱枪打鸟。为了寻找地板货源，他到当时掌握巴西货源的台商的木材工厂里参观，偷偷抄下了一个电话号码，自己打电话到巴西订货。他只会讲英文，根本听不懂葡萄牙语，对方又与他毫无渊源，怎么可能把木材卖给他？几经沟通协调，巴西的木材商人对他说：“如果我把货弄来了，你却不要，那我不是损失很大吗？”于是要求他先付30万美元。这是一个赌注，如果他付了钱，赌的就是巴西商人有没有信用了。他还是决定付钱。果然，不久之后，这一批木材运到上海后，成为他敲开当地地板市场的敲门砖。虽然利润不高，但由于货源稳定，他的生意做得还算顺利。

8年前，全球汇率大波动，中国商人和巴西木材商的关系有了很大的变化。卢伟光也面临艰难的抉择。如果选择履行合约，他要亏损200万美元，超过当时公司一整年的利润，公司可能会倒闭；如果不履行，将损失转嫁到他的生意伙伴身上，他只会损失20万美元，但是从此也会在巴西信用破产，永远无法在巴西市场立足。他纠结了很久，最后，他做出了一个决定：“只要有信用在，就会有未来。”当时银行与银行之间的转账系统还不发达，于是他变卖家产，又向温州老乡借了钱，让信用状兑现。此时，所有订货的商人眼见时局变化赚不到钱，全都毁了约，只有他一个人亏本吃下订单，使得巴西供应商们对他竖起了大拇指。危机过后，即使有人高价抢货，供应商也愿意便宜一点卖给卢伟光，因为信用是无价的。

两年之后，全球木材市场大涨价，卢伟光终于摆脱亏损，在全国拥有了500多家连锁店。后来，卢伟光买下了巴西雨林的林地。他在专家的帮助下，根据树木的生长规律，把森林分成25等份，每年开采其中一份，25年全部开采一遍后，森林还能够保持原样。他租用了美国的卫星，让巴西政府可以随时监控他对森林的一举一动，使他们放心。卢伟光也尊重当地印第安人建树屋的习俗，只要雨林中有原始部落，他就把地还给他们。种种取信于人的措施，使他成为唯一在巴西直接拥有木材开采权的中国商人。

【问题】诚信为什么如此重要？

【分析】中国有句老话，叫“无商不奸”。其实，在多数致富传奇里，信用才是成功的关键。取巧只能赚取短暂的小利，拥有信任才能持盈守成。

【拓展思考】健全金融监管体系，依法将各类金融活动全部纳入监管，守住不发生系统性风险底线。在推进绿色发展过程中强调发展绿色金融。党的十九大以来，历次中央经济工作会议紧紧围绕“服务实体、双支柱调控、守住底线”三大中心和“推动高质量发展”展开。诚信是底线也是红线。

（案例来源：摘自《那些MBA教我的事》，《文苑·感悟》2019年1期）

【知识与技能训练】

一、选择题（下列选项中有一项或多项以上是正确的，请将正确的选项填入括号中）

1. 产品成本核算的基本程序包括（　　）。

A. 确定成本计算对象，并按成本计算对象设置生产成本明细账

B. 生产费用的审核和控制

C. 生产费用的归集与分配

D. 结转完工产品成本

2. 企业应根据自身（　　），选择合适的产品成本计算对象。

A. 生产特点　　B. 管理要求　　C. 产品产量　　D. 产品规格

3. 制造企业产品成本计算对象主要有（　　）。

A. 产品品种　　B. 产品批别　　C. 产品的生产步骤　D. 产品产量

二、判断题（正确的在括号内打“√”，错误的打“×”）

1.（　　）生产费用的横向分配，就是将生产费用在完工产品和月末在产品之间进行分配。

2.（　　）对产品成本核算时，不需对生产费用进行审核和控制。

第二篇　实务篇

项目三 生产费用的归集与分配

——以品种法为例

学习目标

知识目标

1. 了解品种法的特点、种类及其适用范围；

2. 掌握品种法的计算程序和计算技能；

3. 掌握材料费用、外购动力费用、薪酬费用、折旧费用的归集和分配方法，熟练编制各项费用分配表以及账务处理；

4. 掌握辅助生产费用、制造费用、损失性费用的归集和分配方法，熟练编制各项费用分配表以及账务处理；

5. 掌握生产费用在完工产品与在产品之间分配的各种方法、产品成本计算单的编制以及完工产品成本结转。

技能目标

1. 能识别和处理生产过程相关的原始凭证；

2. 能根据各项费用分配方法借助Excel表格完成各项费用的计算分配工作；

3. 能熟练运用品种法完成产品成本的核算任务。

素养目标

1. 通过学习材料费用的归集与分配，引导学生节约资源，合理降低材料费用，提高材料的综合利用率，养成杜绝浪费、勤俭节约的习惯，提高企业利润率；

2. 通过学习薪酬费用的归集与分配，提高学生对薪酬的正确认识，对企业而言绩效考核机制和激励机制的重要性，培养学生具有大局意识；

3. 通过学习品种法的各种费用的归集与分配，培养学生严谨细致的工作态度；

4. 通过Excel表格辅助完成各项费用的计算分配，让学生在工作中善于创新和运用。

导入案例

富凤集团下属的广西大富华农牧饲料有限公司隆安分公司（以下简称大富华公司）是一家生产带香牌、富凤牌、来泉牌、禽全牌饲料的企业，公司设有两个基本生产车间，一车间生产带香牌、富凤牌饲料，二车间生产来泉牌、禽全牌饲料；设有两个辅助生产车间，分别是供水车间和供电车间，为企业基本生产车间和其他部门提供产品和服务。

该公司的生产工艺是：以玉米、豆粕、米粉作为原材料，通过粉碎原材料、配比辅助材料、混合材料，再放进制粒机制作成颗粒，最后进行分级筛选后形成产成品出库。该公司适用什么成本计算方法进行成本核算呢？

分析：成本核算的方法包括品种法、分批法和分步法。该公司属于大量大批多步骤的生产，但管理上不要求按步骤计算产品成本，适用品种法计算产品成本。

工作总任务　运用品种法计算桂南有限公司的产品成本

【企业概况与任务清单】

一、企业概况

八达集团桂南有限公司设有两个基本生产车间，一车间生产甲产品和乙产品，二车间生产丙产品；设有两个辅助生产车间，分别是供水车间和运输车间。其中：甲产品和乙产品是大量大批单步骤的生产，丙产品是大量大批多步骤生产但管理上不要求按步骤计算产品成本，甲、乙、丙产品的计算采用品种法；两个辅助生产车间主要是为企业基本生产车间和其他部门提供产品和服务。

7 月份，公司两个基本生产车间的月初在产品成本、在产品产量及生产工时资料如下（表 3-1、表 3-2），要求根据桂南有限公司的基本生产资料（其他相关资料将在各个任务中陆续给出），采用品种法进行产品成本的计算。

表 3-1　月初在产品成本

202×年 7 月　　金额单位：元

产品名称	直接材料	燃料及动力	直接人工	制造费用	合计
甲产品	2 500.00	50.00	200.00	300.00	3 050.00
乙产品	0.00	0.00	0.00	0.00	0.00
丙产品	30 000.00	600.00	1 500.00	3 000.00	35 100.00

表 3-2　产品产量及生产工时资料

202×年 7 月

产品名称	甲产品	乙产品	丙产品
期初在产品/件	100	0	1 200
本月投产/件	5 000	3 500	3 600
本月完工/件	5 000 其中：合格品 4 990 件， 废品 10 件	3 500 其中：合格品 3 495 件 废品 5 件	4 000
月末在产品/件	100	0	800
生产工时/小时	6 500	3 500	4 000

二、任务清单

1. 设置相关成本费用明细账
2. 材料费用的归集与分配
3. 外购动力费用的归集与分配
4. 薪酬费用的归集与分配
5. 其他要素费用的归集与分配
6. 辅助生产费用的归集与分配
7. 制造费用的归集与分配
8. 生产损失费用的归集与分配
9. 生产费用在完工产品与在产品之间的分配

以上九项任务由本项目的各项任务落实完成。

【项目任务必备知识】

一、品种法的特点与适用范围

（一）品种法及适用范围

品种法是指以产品品种作为成本计算对象来归集和分配生产费用，计算产品成本的一种产品成本的方法。

品种法一般适用于大量大批单步骤生产，如发电、采掘、供水等生产企业，以及大量大批多步骤生产且管理上不要求分步骤计算成本的生产企业，如玻璃制品厂、糖果厂、小型水泥厂和造纸厂等。由于按品种核算产品成本是最基本的要求，因此品种法是产品成本计算的最基本方法。

（二）品种法的特点

1. 成本计算对象

品种法的成本计算对象是产品品种。按产品品种设置生产成本明细账或成本计算单，账内按成本项目设置专栏，归集发生的各项生产费用。如果生产车间只生产一种产品，只需为该产品设置产品成本明细账，此时发生的生产费用全部是直接计入费用，可以直接记入该生产成本明细账，不需要将生产费用在各种产品之间分配。如果同一生产车间同时生产两种或两种以上的产品，需按每种产品设置明细账，发生直接计入费用可以直接记入相应的生产成本明细账中，共同发生的费用则需要采用适当的分配方法将费用在各种产品之间进行分配，然后记入相应的各种产品生产成本明细账。

2. 成本计算期

品种法的成本计算期是按月定期计算。大量大批生产企业的生产过程是连续不断地重复生产一种或多种产品，表现为不断投入原材料，不断生产出产品，很难确定产品的生产周期。实际工作中，企业不可能在产品陆续完工时随时计算产品成本，而一般是定期在月末计算当月的生产成本。因此，品种法的成本计算期与会计报告期一致，但与产品生产周期不一致。

3. 生产费用在完工产品和期末在产品之间的分配

对于大量大批单步骤生产企业或车间，月末一般没有在产品或者在产品数量很少，在产品成本占生产费用数额不大，按照重要性原则，就不需要计算月末在产品。归集的生产费用全部都是完工产品总成本，除以产量就是单位产品成本。

对于大量大批多步骤生产且管理上不要求分步计算成本的企业或车间，月末一般有在产品，而且在产品数量较多，归集的生产费用需要采用适当的分配方法在完工产品和月末在产品之间分配，从而计算出完工产品总成本和月末在产品成本。

二、品种法的成本计算程序

（一）设置成本费用明细账

按产品品种设置基本生产成本明细账（或成本计算单），并按成本项目设置专栏；按辅助生产车间或辅助产品品种开设辅助生产成本明细账；按生产车间开设制造费用明细账，账内按成本或费用项目设置专栏。

（二）生产费用审核和控制

按生产产品的品种或生产车间审核各种费用，并按照预算成本控制各项费用。

（三）归集与分配各要素费用

根据本月发生的各要素费用的原始凭证和相关资料，编制各种费用分配表，归集和分配各要素费用；根据各要素费用的分配结果，登记相关成本、费用明细账。

（四）归集与分配辅助生产费用

根据辅助生产费用明细账，归集本月发生的辅助生产费用，编制辅助生产费用分配表，并据以登记相关成本、费用明细账。

（五）归集与分配制造费用

根据制造费用明细账，归集本月基本生产车间发生的制造费用，编制制造费用分配表，登记基本生产成本明细账。

（六）计算完工产品成本和月末在产品成本

在基本生产成本明细账内，按成本项目归集全部生产费用，采用适当的分配方法分配计算本月完工产品成本和月末在产品成本。编制“完工产品成本汇总计算表”，并结转完工产品成本。

【特别提示】为了完成八达集团桂南公司产品成本计算的任务，同学们在按品种法的计算程序进行核算，需要先学习相关生产费用归集与分配的基本知识和技能，并能够具体运用。

任务一　设置相关成本费用明细账

一、工作任务

根据桂南有限公司生产情况，设置相关成本费用明细账。

二、必备知识

成本计算是对生产经营过程中发生的耗费进行记账、算账等。因此，在成本计算时，首先设置成本计算中涉及的相关生产费用明细账，如基本生产成本明细账、辅助生产成本明细账、制造费用明细账等。

三、工作过程

步骤一：设置基本生产成本明细账。

由于本任务计算产品成本采用品种法，因此按产品品种设置基本生产成本明细账，并按直接材料、燃料及动力、直接人工、制造费用等成本项目设置专栏，用来归集生产耗费，计算各产品的生产成本，见表3-3、表3-4、表3-5。

微课视频
明细账设置

表3-3　基本生产成本明细账

车间名称：一车间　　　　产品名称：甲产品
单位：元

202×年		凭证字号	摘要	直接材料	燃料及动力	直接人工	制造费用	合计
月	日							
7	1		月初余额	2 500.00	50.00	200.00	300.00	3 050.00

表3-4　基本生产成本明细账

车间名称：一车间　　　　产品名称：乙产品

202×年		凭证字号	摘要	直接材料	燃料及动力	直接人工	制造费用	合计
月	日							

表 3-5　基本生产成本明细账

车间名称：二车间　　　　　　　　　　　　　　　　　产品名称：丙产品

单位：元

202×年		凭证字号	摘要	直接材料	燃料及动力	直接人工	制造费用	合计
月	日							
7	1		月初余额	30 000. 00	600. 00	1 500. 00	3 000. 00	35 100. 00

步骤二：设置制造费用明细账。

为了反映基本生产车间发生的间接费用，应按基本生产车间设置制造费用明细账，见表 3-6、表 3-7。

表 3-6　制造费用明细账

部门：一车间

202×年		凭证字号	摘要	材料费	水电费	人工费	折旧费	运输费	其他	合计
月	日									

表 3-7　制造费用明细账

部门：二车间

202×年		凭证字号	摘要	材料费	电费	人工费	折旧费	运输费	其他	合计
月	日									

步骤三：设置辅助生产成本明细账。

为了反映辅助生产车间发生的各项成本，应按辅助生产车间设置辅助生产成本明细账，见表 3-8、表 3-9。

表 3-8　辅助生产成本明细账

部门：供水车间

202×年		凭证字号	摘要	材料费	电费	人工费	折旧费	其他	合计
月	日								

表 3-9　辅助生产成本明细账

部门：运输车间

202×年		凭证字号	摘要	材料费	电费	人工费	折旧费	其他	合计
月	日								

【知识与技能训练】

一、选择题（下列选项中有一项或多项是正确的，请将正确的选项填入括号中）

1. 采用品种法，生产成本明细账（或产品成本计算单）应当按照（　　）分别开设。

A. 产品类别　　B. 生产单位　　C. 产品品种　　D. 产品步骤

2. 品种法成本计算期的特点是（　　）。

A. 不定期计算成本，与生产周期一致

B. 不定期计算成本，与会计报告期不一致

C. 定期按月计算成本，与生产周期一致

D. 定期按月计算成本，与会计报告期一致

3. 品种法的适用范围有（　　）。

A. 大量大批多步骤生产

B. 单件小批生产

C. 大量大批单步骤生产

D. 管理上不要求分步计算成本的大量大批多步骤生产

4. 下列企业中，可以采用品种法的有（　　）。

A. 供水、供电企业　　B. 采掘企业

C. 小型水泥厂　　D. 汽车制造企业

5. 品种法的特点有（　　）

A. 以产品品种作为成本核算对象

B. 月末有在产品时，需要将生产费用在完工产品和月末在产品之间分配

C. 需要采用一定方法，将生产费用在各生产步骤之间分配

D. 定期按月计算产品成本

二、判断题（正确的在括号内打“√”，错误的打“×”）

1.（　　）多步骤生产不能采用品种法。

2.（　　）采用品种法，应当按照产品品种分别设置生产成本明细账（或产品成本计算单）。

3.（　　）采用品种法，不需要将生产费用在完工产品和期末在产品之间分配。

4.（　　）从成本核算对象和成本计算程序来看，品种法是最基本的成本计算方法。

5.（　　）企业的供水、供电等辅助生产车间，不能采用品种法计算成本。

任务二　材料费用的归集与分配

一、工作任务

完成桂南有限公司 7 月份生产产品材料费用的归集与分配任务。

二、必备知识

材料费用是指企业在生产经营过程中实际消耗的各种原料及主要材料、辅助材料、外购半成品、修理用备件、燃料、包装物和低值易耗品等费用。

（一）材料费用的归集

材料费用的归集，是指将本期发生的材料费用采用一定的方法计算汇总，从而计算出本月发出材料的实际成本。材料费用的归集是进行材料费用核算的基础。要准确地归集材料费用，必须做好材料归集的基础工作，建立健全材料领发凭证和计量制度、材料退库和盘点制度。同时，要加强材料费用的日常核算，准确地确定领发材料的成本计算方法，确保材料费用的归集准确无误。

1. 材料消耗的原始记录

材料发出依据的原始凭证有领料单、限额领料单或领料登记表。财务部门应对发料凭证所列材料的种类、数量和用途等进行审核，检查所领材料的种类和用途是否符合规定，数量有无超过定额或计划。只有经过审核、签章的发料凭证才能作为发料凭据，并作为发料核算的原始凭证。为了更好地控制材料的领发，节约材料费用，企业应当尽量采用限额领料单，实行限额领料制度。

对于生产剩余的材料，应当编制退料单据以退回仓库。对于车间已领未用但下月继续使用的材料可以采用“假退料”办法，即材料实物不退仓库，本月末填制一份退料单（见表 3-12），同时编制一份下月领料单，表示该项余料本月已经退库，下月又领料出库。

知识链接：

（1）领料单是一种一次使用的领发材料的原始凭证（如表 3-10 所示），通常由领料部门根据用料计划在领取材料时填制。主要适用于不经常使用、没有制定消耗定额的材料领料业务。

（2）限额领料单是一种多次使用累计领发料的凭证（如表 3-11 所示）。在有效期间内（一般为一个月或一个产品生产周期），只要累计领用数量不超过限额就可以连续使用。该单要“一料一单”地填写，凡品种固定、耗用量较大、领用次数频繁，并能制定消耗定额的材料，都宜使用限额领料单办理领料手续。

表 3-10　领料单

凭证编号：0011

领料单位：第一车间　　202×年 6 月 2 日　　发料仓库：一号

材料类别	材料编号	材料名称	规格	计量单位	数量		单价	金额
					请领	实发		
型钢	035	圆钢	25mm	千克	2 000	2 000	4. 50	9 000. 00
合计								
用　途		生产甲产品						

第一联　存根联

仓库负责人：赵刚　　记账：　　仓库保管：黄晶　　领料人：石惠

表 3-11　限额领料单

领料单位：二车间　　单位消耗定额：0. 6 千克/台

用途：生产乙产品　　202×年 6 月 15 日　　发料仓库：三库　第 013 号

材料编号	材料名称及规格	计量单位	领用限额	实际领用			备注
				数量	单价	金额	
056	15mm 圆钢	千克	2 000	1 800	5. 00	9 000. 00	

日　期	领　用			退　料			限额结余
	数量	领料人	发料人	数量	退料人	收料人	
12. 15	100	石惠	黄晶				1 900
12. 17	200	石惠	黄晶				1 700
12. 20	450	石惠	黄晶				1 250
（略）							
合计	1 800						200

仓库负责人：赵刚　　记账：　　生产计划部门负责人：张泉

表 3-12　退料单

工作令号：11287　　退料单号号：014

退料单位：第一车间　　202×年 6 月 30 日　　发料仓库：一号

材料类别	材料编号	材料名称	规格	计量单位	退料			退料原因
					数量	单价	金额	
型钢	035	圆钢	25mm	千克	200	4. 50	900. 00	月末剩余
领 料 用 途		生产甲产品						

仓库负责人：赵刚　　记账：　　仓库保管：黄晶　　退料人：石惠

2. 发出材料成本的核算

（1）材料消耗量的计算

为了进行材料收、发、存的明细核算，应该按照材料的品种、规格设立材料明细账。账中根据收发料凭证（包括退料凭证）登记收发材料的数量和金额，并根据期初结存材料的数量和金额，以及本期收发材料的数量和金额，计算登记期末结存材料的数量和金额。对于材料消耗量的计算，可采用永续盘存制和实地盘存制两种方法。

（2）材料消耗的计价

在日常核算中，发出材料的计价方法可根据企业成本管理的要求，采用实际成本计价或计划成本计价。为了正确计算产品成本中的材料费用，应当根据实际成本计价，发出材料的成本最终必须按实际成本反映。如果按计划成本计价，月末，计算本月发出材料应分摊的材料成本差异，将发出材料的计划成本调整为实际成本。

（二）材料费用的分配

材料费用的分配，应根据审核后的领、退料凭证，按照材料的用途将材料费用计入各成本计算对象。其中，构成产品实体并能直接确定归属对象的材料费用，应直接记入各有关产品成本明细账的“直接材料”成本项目；对于生产车间和行政管理部门一般耗用的材料，应分别记入“制造费用”和“管理费用”账户；对于建造固定资产耗用的材料费用，记入“在建工程”账户；用于出租、出售周转材料和出租固定资产所发生的维修材料费用，记入“其他业务支出”账户。

一般而言，凡能分清材料费用承担对象的，应直接计入该分配对象。属于几种产品共同耗用的，即间接计入的，应采用适当的分配方法，分配后计入各有关产品成本。材料费用的分配，可采用的分配标准很多，常见的有材料定额消耗量、材料定额费用、产品的重量、产品的体积、产品的产量等。企业应根据具体情况选择适当的分配标准进行分配，尽可能使分配标准能够准确地反映各种产品所耗材料费用。一般情况下，企业对产品生产都要制定各种材料消耗定额，在消耗定额比较准确的情况下，材料定额消耗量比例法和材料定额费用比例法进行材料费用的分配是常用的分配方法。下面介绍材料费用分配的几种方法。

1. 产品重量比例分配法

产品重量比例分配法是指以产品重量为分配标准，分配材料费用的一种方法。这种方法一般在产品所耗用材料的多少与产品重量有着直接关系的情况下采用。

微课视频
材料费用分配方法
——产品重量比例分配法

其计算程序和公式如下：

（1）以产品重量作为分配标准，计算材料费用分配率

$$材料费用分配率=\frac{各种产品共同耗用材料费用总额}{各种产品重量之和}$$

（2）计算各种产品应分配材料费用

$$某种产品应分配的材料费用=该产品的重量\times材料费用分配率$$

【案例1】腾飞机械厂铸造车间2月份生产甲、乙、丙三种铸件，本月三种铸件共同耗用铸造生铁156 000元，请根据表3-13的有关资料，采用重量比例法分配材料费用。

表 3-13　材料费用分配表

生产车间：铸造车间

产品名称	产量/件	每件重量/千克	总重量/千克	分配率	分配金额/元
甲铸件	300	50	15 000		78 000. 00
乙铸件	200	25	5 000		26 000. 00
丙铸件	500	20	10 000		52 000. 00
合计	1 000		30 000	5. 20	156 000. 00

$$\text{材料费用分配率}=\frac{156\ 000}{30\ 000}=5.20\ （\text{元/千克}）$$

甲铸件应负担的材料费用＝15 000×5. 20＝78 000（元）

乙铸件应负担的材料费用＝5 000×5. 20＝26 000（元）

丙铸件应负担的材料费用＝10 000×5. 20＝52 000（元）

产品重量比例分配法的分配标准为产品重量，当分配标准为产品产量、产品体积时，可分别称之为产品产量比例分配法、产品体积比例分配法。其计算公式与产品重量比例分配法类似。

2. 定额耗用量比例分配法

定额耗用量比例分配法是指以材料定额消耗量为分配标准，分配材料费用的一种方法。要求在各项材料耗用定额比较健全和准确地情况下采用。

微课视频
材料费用分配方法
——定额耗用量比例分配法

计算程序与公式为：

（1）计算各种产品材料定额消耗量

某受益产品材料定额耗用量＝该产品实际产量×该产品材料消耗定额

（2）以材料定额消耗量为分配标准，计算材料费用分配率

$$\text{材料费用分配率}=\frac{\text{待分配的材料费用总额}}{\text{各种受益产品材料定额耗用量之和}}$$

（3）计算各种产品应分配的材料费用

某受益产品应分配的材料费用＝该受益产品材料定额耗用量×材料费用分配率

知识链接：　　消耗定额与定额消耗量的区别与联系

消耗定额：单位产品可以消耗某种材料的数量限额。

定额消耗量：生产一定数量产品按材料消耗定额计算的可以消耗材料的数量。

定额消耗量＝产品数量×消耗定额

【案例 2】腾飞机械厂一车间 10 月生产甲、乙两种产品，共消耗 A 材料 12 300 千克，A 材料单价为 6. 00 元/千克，共计 73 800 元。生产甲产品 30 件，A 材料消耗定额为 450 千克；生产乙产品 50 件，A 材料消耗定额为 550 千克；要求采用定额消耗量比例分配法计算甲、乙两种产品应分配的材料费用。

（1）计算甲、乙产品材料的定额消耗量：

甲产品材料的定额消耗量＝30×450＝13 500（千克）

乙产品材料的定额消耗量＝50×550＝27 500（千克）

（2）计算材料费用分配率：

$$\text{材料费用分配率}=\frac{73\ 800}{13\ 500+27\ 500}=1.80\text{（元/千克）}$$

（3）计算甲、乙产品应分配的材料费用：

甲产品应分配 A 材料费用＝13 500×1.80＝24 300（元）

乙产品应分配 A 材料费用＝27 500×1.80＝49 500（元）

为了便于考核材料消耗定额的执行情况，加强对材料消耗的实物管理，可以按定额消耗量比例分配计算各种产品实际消耗材料的数量，然后再根据材料的单价计算各种产品应分配的材料费用，计算公式为

$$\text{材料消耗量分配率}=\frac{\text{待分配材料实际耗用总量}}{\text{各种受益产品材料定额耗用量之和}}$$

某受益产品应分配的材料数量＝该受益产品材料定额耗用量×材料消耗量分配率

某受益产品应分配的材料费用＝该受益产品应分配的材料数量×材料单价

【案例 3】资料见【案例 2】

$$\text{材料消耗量分配率}=\frac{12\ 300}{13\ 500+27\ 500}=0.30$$

甲产品应分配的 A 材料数量＝13 500×0.30＝4 050（千克）

甲产品应分配的 A 材料费用＝4 050×6.00＝24 300（元）

乙产品应分配的 A 材料数量＝27 500×0.30＝8 250（千克）

乙产品应分配的 A 材料费用＝8 250×6.00＝49 500（元）

请思考：

1. 请比较【案例 2】和【案例 3】的计算过程和结果，并说明两种计算方法的优缺点。

2. 如果生产几种产品共同耗用几种材料时，可以采用定额消耗量比例分配法来分配各种产品的材料费用吗？

3. 定额费用比例分配法

定额费用比例分配法是指以材料定额费用为分配标准，分配材料费用的一种方法。适合于多种产品共同耗用一种或多种材料的情况下采用，要求各项材料耗用定额比较健全和准确。

微课视频
材料费用分配方法
——定额费用比例分配法

计算程序与公式为：

（1）计算各种产品材料定额费用

某产品材料定额费用＝该产品实际产量×单位产品材料费用定额

（2）以材料定额费用为分配标准，计算材料费用分配率

$$\text{材料费用分配率}=\frac{\text{待分配的材料费用总额}}{\text{各种产品材料定额费用之和}}$$

（3）计算各种产品应分配的材料费用

某产品应负担的材料费用=该产品材料定额费用×材料费用分配率

【知识链接】 **费用定额与定额费用的区别与联系**

费用定额：单位产品可以消耗材料费用的限额。

定额费用：生产一定数量产品按材料费用定额计算的可以消耗材料费用的限额。

定额费用=产品数量×费用定额

定额费用=∑（产品数量×某材料消耗定额×该种材料单价）

材料费用定额和材料定额费用是消耗定额和定额消耗量的货币表现。

【案例4】腾飞机械厂二车间生产丙、丁两种产品，11月生产丙、丁两种产品共同耗用A、B两种主要材料195 000元，本月投产丙产品600件、丁产品500件。丙产品材料消耗定额：A材料5千克，B材料10千克；丁产品材料消耗定额：A材料4千克，B材料8千克。A材料单价为10元/千克，B材料单价为8元/千克。要求采用定额费用比例分配法计算丙、丁两种产品应分配的材料费用。

（1）计算产品定额费用

丙产品：A材料定额费用=600×5×10=30 000（元）

B材料定额费用=600×10×8=48 000（元）

丙产品材料定额费用=30 000+48 000=78 000（元）

丁产品：A材料定额费用=500×4×10=20 000（元）

B材料定额费用=500×8×8=32 000（元）

丁产品材料定额费用=20 000+32 000=52 000（元）

（2）计算材料费用分配率

$$材料费用分配率=\frac{195\ 000}{78\ 000+52\ 000}=1.5$$

（3）计算丙产品和丁产品应分配的材料费用

丙产品应分配的材料费用=78 000×1.5=117 000（元）

丁产品应分配的材料费用=52 000×1.5=78 000（元）

（三）材料费用归集与分配的会计处理

材料费用的归集与分配，是财务部门会同有关部门通过编制发料凭证汇总表或材料费用分配汇总表来完成的。月终财务部门根据仓库部门提供的发出材料明细表，结合产量记录、定额资料或投料记录等分配材料费用，编制发料凭证汇总表或材料费用分配汇总表并据以编制记账凭证，登记有关账簿。

（四）燃料费用的归集与分配

燃料实质也是一种材料，可将燃料并入材料中进行核算，燃料费用的归集与分配和材料费用的归集与分配相同。如果生产产品消耗的燃料费用比较大，应与动力费用一起在基本生产成本明细账中专门设立“燃料及动力”成本项目，并增设“燃料”账户，用以单独核算燃料的增减变动和结存情况以及燃料的分配情况。如果生产产品消耗的燃料费用比较小，可将燃料并入“原材料”账户核算。

说明：有关周转材料发出和摊销的核算在财务会计教材中已经述及，故不再重述。材料费用账务处理流程如图 3-1 所示。

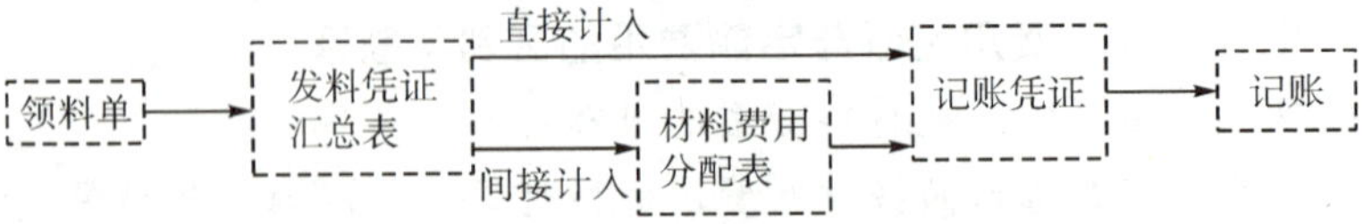

图 3-1　材料费用会计处理操作流程图

三、工作过程

步骤一：审核材料单据，编制材料费用分配汇总表。

成本会计对材料核算员传递过来的领料凭证（限额领料单有 10 张，现列出其中 1 张限额领料单，表 3-14）和发料凭证汇总表（表 3-15）进行审核，并编制材料费用分配汇总表。（根据领料凭证汇总表及产品生产耗用材料的定额资料，运用定额耗用量比例分配法分配材料费用，编制材料费用分配汇总表）

微课视频
材料费用分配过程

表 3-14　限额领料单

领料单位：一车间　　　　　　　　　　　　　　　　单位消耗定额：18.00 千克/件

用途：生产甲产品　　　　　202×年 7 月 1 日　　　发 料 仓 库：一库　　第 013 号

材料编号	材料名称及规格	计量单位	领用限额	实际领用			备注
				数量	单价	金额	
001	A 材料	千克	2 250	2 250	40.00	90 000.00	
日 期	领 用			退 料			限额结余
	数量	领料人	发料人	数量	退料人	收料人	
7. 1	800	石惠	黄晶				1 450
7. 3	800	石惠	黄晶				650
7. 8	650	石惠	黄晶				0
合计	2 250						0

第二联　交会计部门

仓库负责人：赵刚　　　　　　记账：　　　　　　生产计划部门负责人：张泉

表 3-15　领料凭证汇总表

202×年 7 月　　　　　　　　　　　　　　　　单位：元

领料部门及用途	A 材料	B 材料	C 材料	D 材料	合计
甲产品	90 000.00				90 000.00
乙产品		84 000.00			84 000.00
甲、乙产品			80 000.00		80 000.00
丙产品	150 000.00	120 000.00			270 000.00
一车间				8 000.00	8 000.00

表3-15(续)

领料部门及用途	A 材料	B 材料	C 材料	D 材料	合计
二车间				6 800. 00	6 800. 00
供水车间				1 400. 00	1 400. 00
运输车间			4 000. 00	22 000. 00	26 000. 00
行政管理部门				1 600. 00	1 600. 00
合计	240 000. 00	204 000. 00	84 000. 00	39 800. 00	567 800. 00

说明：桂南有限公司发出材料的计价方法采用实际成本计价。

实务中，材料费用分配汇总表可以采用 Excel 计算分配，设定以下公式（Excel 表格中的乘号一般用“＊”表示）：

（1）甲产品定额消耗量 G5＝甲产品产量 E5×甲产品消耗定额 F5，光标在 G5 单元格向下拖动到 G6 即可计算出乙产品定额消耗量；

（2）材料费用分配率 H7＝待分配材料费用 I7/甲、乙产品材料定额消耗量之和 G7；

（3）甲产品应分配的间接计入材料费用 I5＝甲产品材料定额消耗量 G5×材料费用分配率 H7，乙产品应分配的间接计入材料费用 I6＝乙产品材料定额消耗量 G6×材料费用分配率 H7；

（4）甲产品应分配材料费用 J5＝甲产品直接计入材料费用 D5+甲产品应分配的间接计入费用 I5，光标在 J5 向下拖动到 J13 即可计算出其他受益对象应分配的材料费用；

（5）材料费用总额 J14＝Σ（J7～J13）或材料费用总额 J14＝D14+I14，计算结果如图 3-2 所示。

	A	B	C	D	E	F	G	H	I	J
1	材料费用分配汇总表									
2	202×年7月								单位：元	
3	应借科目		成本费用项目	直接计入费用	间接计入费用					合计
4					产量（件）	消耗定额	定额消耗量	分配率	分配额	
5	基本生产成本	甲产品	直接材料	90000.00	5000	13	65000		52000	142000.00
6		乙产品	直接材料	84000.00	3500	10	35000		28000	112000.00
7		小计		174000.00			100000	0.80	80000.00	254000.00
8		丙产品	直接材料	270000.00						270000.00
9	制造费用	一车间	材料费	8000.00						8000.00
10		二车间	材料费	6800.00						6800.00
11	辅助生产成本	供水车间	材料费	1400.00						1400.00
12		运输车间	材料费	26000.00						26000.00
13	管理费用	行政管理部门	材料费	1600.00						1600.00
14	合计			487800.00					80000.00	567800.00

图 3-2　材料费用分配汇总表示例

Excel 表格适用于成本会计费用分配的计算和数据处理，本教材后续的工作过程中费用分配的计算都在 Excel 表格中进行。

步骤二：填制材料费用记账凭证。

根据材料费用分配汇总表（图 3-2）及领料凭证汇总表（表 3-15）等，填制记账凭证，如表 3-16、表 3-17 所示。

表 3-16 记账凭证

202×年 7 月 31 日　　第 51 1/2 号

摘要	总账科目	明细科目	借方金额	√	贷方金额	√
材料费用分配	基本生产成本	甲产品	142 000. 00	√		
	基本生产成本	乙产品	112 000. 00	√		
	基本生产成本	丙产品	270 000. 00	√		
	制造费用	一车间	8 000. 00	√		
	制造费用	二车间	6 800. 00	√		
	辅助生产成本	供水车间	1 400. 00	√		
合　计			¥540 200. 00			

会计主管：王丹　记账：吴红　出纳：　复核：曾红　制单：李伟　附件：13 张

表 3-17 记账凭证

202×年 7 月 31 日　　第 51 2/2 号

摘要	总账科目	明细科目	借方金额	√	贷方金额	√
材料费用分配	辅助生产成本	运输车间	26 000. 00	√		
	管理费用		1 600. 00	√		
	原材料	A 材料			240 000. 00	√
	原材料	B 材料			204 000. 00	√
	原材料	C 材料			84 000. 00	√
	原材料	D 材料		√	39 800. 00	√
合　计			¥567 800. 00		¥567 800. 00	

会计主管：王丹　记账：吴红　出纳：　复核：曾红　制单：李伟　附件：13 张

步骤三：登记相关成本明细账。

根据记账凭证及所附原始凭证登记相关成本明细账，如表 3-18~表 3-24 所示。

说明：在这里只登记基本生产明细账、辅助生产明细账、制造费用明细账，其他相关明细账在教材中没有列示，后面各步骤记账相同。

表 3-18　基本生产成本明细账（接表 3-3）

车间名称：一车间　　　　产品名称：甲产品

单位：元

202×年 月	日	凭证字号	摘要	直接材料	燃料及动力	直接人工	制造费用	合计
7	1		月初余额	2 500.00	50.00	200.00	300.00	3 050.00
7	31	记 51	材料费用分配	142 000.00				142 000.00

表 3-19　基本生产成本明细账（接表 3-4）

车间名称：一车间　　　　产品名称：乙产品

单位：元

202×年 月	日	凭证字号	摘要	直接材料	燃料及动力	直接人工	制造费用	合计
7	31	记 51	材料费用分配	112 000.00				112 000.00

表 3-20　基本生产成本明细账（接表 3-5）

车间名称：二车间　　　　产品名称：丙产品

单位：元

202×年 月	日	凭证字号	摘要	直接材料	燃料及动力	直接人工	制造费用	合计
7	1		月初余额	30 000.00	600.00	1 500.00	3 000.00	35 100.00
7	31	记 51	材料费用分配	270 000.00				270 000.00

表 3-21　制造费用明细账（接表 3-6）

部门：一车间　　　　单位：元

202×年 月	日	凭证字号	摘要	材料费	水电费	人工费	折旧费	运输费	其他	合计
7	31	记 51	材料费用分配	8 000.00						8 000.00

表 3-22 制造费用明细账（接表 3-7）

部门：二车间　　单位：元

202×年		凭证字号	摘要	材料费	水电费	人工费	折旧费	运输费	其他	合计
月	日									
7	31	记 51	材料费用分配	6 800.00						6 800.00

表 3-23 辅助生产成本明细账（接表 3-8）

部门：供水车间　　单位：元

202×年		凭证字号	摘要	材料费	水电费	人工费	折旧费	合计
月	日							
7	31	记 51	材料费用分配	1 400.00				1 400.00

表 3-24 辅助生产成本明细账（接表 3-9）

部门：运输车间　　单位：元

202×年		凭证字号	摘要	材料费	水电费	人工费	折旧费	合计
月	日							
7	31	记 51	材料费用分配	26 000.00				26 000.00

【知识与技能训练】

一、选择题（下列选项中有一项或多项是正确的，请将正确的选项填入括号中）

1. 确定消耗材料的数量，一般应采用（　　）。

A. 加权平均法　B. 永续盘存制　C. 先进先出法　D. 移动平均法

2. 记录材料消耗数量的原始凭证主要有（　　）等。

A. 领料登记表　B. 退料单　C. 领料单　D. 限额领料单

3. 下列单据中，不应作为记录材料消耗数量原始依据的是（　　）。

A. 领料单　B. 限额领料单

C. 账存实存对比单　D. 退料单

4. 采用实际成本计价组织材料核算时，消耗材料价格的确定方法有（　　）等。

A. 先进先出法　B. 加权平均法　C. 个别计价法　D. 计划成本法

5. 下列计价方法中，不属于消耗材料计价方法的是（　　）。

A. 定额成本法　B. 先进先出法　C. 个别计价法　D. 加权平均法

6. 下列分配方法中，不宜作为原材料费用分配方法的是（　　）。

A. 重量分配法　B. 生产工人工时分配法

C. 系数分配法　D. 定额耗用量比例分配法

7. 下列各项中，包括在“直接材料”成本项目中的有（　　）。

A. 产品生产过程中直接消耗的原材料

B. 产品生产过程中直接消耗的外购半成品

C. 产品生产过程中直接消耗的自制半成品

D. 产品销售过程中领用的包装物

二、判断题（正确的在括号内打“√”，错误的打“×”）

1.（　　）采用实地盘存制，能够比较准确地确定消耗材料的数量。

2.（　　）采用永续盘存制，消耗材料的数量是根据领用材料的原始凭证确定的。

3.（　　）采用计划成本计价组织材料核算时，消耗材料也应按计划成本计价。

4.（　　）定额耗用量比例分配法的分配标准是单位产品的消耗定额。

三、实务训练

实训（一）：重量比例分配法

[资料] 某公司生产甲、乙两种产品，共消耗 A 材料 544 000 千克，每千克 2.50 元，计 1 360 000 元，两种产品的重量分别为 284 000 千克、260 000 千克。

[要求] 采用重量比例分配法计算甲、乙两种产品应负担的材料费用，完成材料费用分配表。

材料费用分配表（重量比例分配法）

材料名称：A 材料　　　　202×年 4 月　　　　金额单位：元

产品名称	产品重量	分配率	应分配材料费用
甲产品			
乙产品			
合计			

实训（二）：定额消耗量比例分配法

[资料] 某公司生产 A、B 两种产品，共消耗甲材料 60 000 千克，每千克 1.44 元，共 86 400 元。生产 A 产品 12 000 件，单位产品消耗定额为 3 千克；生产 B 产品 8 000 件，单位产品消耗定额 1.5 千克。

[要求] 采用定额消耗量比例分配法计算 A、B 两种产品应负担的材料费用，完成材料费用分配表。

材料费用分配表（定额消耗量比例分配法）

材料名称：甲材料　　　　202×年 3 月　　　　金额单位：元

产品名称	产量	消耗定额	定额消耗总量	分配率	应分配材料费用
A 产品					
B 产品					
合计					

实训（三）：定额费用比例分配法

［资料］某企业生产A、B两种产品，共同领用甲、乙两种材料，合计376 200元。生产A产品1 500件，单位产品甲材料费用定额60元，乙材料费用定额64元；生产B产品1 200件，单位产品甲材料费用定额90元，乙材料费用定额40元。

［要求］采用定额费用比例法计算A、B产品应负担的材料费用，完成材料费用分配表。

材料费用分配表（定额费用比例分配法）

材料名称：甲材料　　　　202×年3月　　　　金额单位：元

产品名称	甲材料定额费用	乙材料定额费用	甲、乙材料定额费用	分配率	应分配材料费用
A产品					
B产品					
合计					

任务三　外购动力费用的归集与分配

一、工作任务

完成桂南有限公司7月份外购动力费用的归集与分配任务。

二、必备知识

（一）外购动力费用的归集

外购动力费用是指从企业外部购买的各种动力，如电力、蒸汽、热力等所支付的费用。

微课视频
外购动力费用的归集与分配

支付外购动力费用时应按动力费用的用途，直接借记各成本、费用账户，贷记“银行存款”账户。

但在实际工作中，一般通过“应付账款”账户核算，即在付款时先作为暂付款处理，借记“应付账款”账户，贷记“银行存款”账户；月末按照外购动力的用途分配时，再借记各成本、费用账户，贷记“应付账款”账户。这是因为：外购动力费用一般在每月下旬的某日支付，而不是在月末支付，其支付的是从上月付款日到本月付款日这一期间的动力费用，而不是本月实际的动力费用。为了正确地计算当月动力费用，企业不仅要计算、扣除上月付款日到当月末的已付动力费用，而且还要分配、补记当月付款日到当月末的应付未付的动力费用，核算工作量太大。为了简化核算工作，通过“应付账款”账户核算。该账户如果期末是借方余额，为本月支付款大于应付款的多付动力费用，可以抵冲下月应付费用；如果是贷方余额，为本月应付款大于支付款的应付未付动力费用，可在下月支付。

如果每月支付动力费用的日期基本固定，而且每月付款日到月末的应付动力费用相差不多，也可以不通过“应付账款”账户核算，在付款时直接借记各成本、费用账户，贷“银行存款”账户。

（二）外购动力费用的分配

企业各车间、部门通常都装有动力仪表。在有仪表记录的情况下，应根据仪表所示耗电量及单价计算应分配的外购动力费用。但是，车间内生产工艺动力用电，一般无法按产品分别安装动力仪表，因而生产工艺动力用电的费用属于间接计入费用，需要在各种产品之间进行分配。分配动力费用的标准通常有生产工时、机器工时、机器功率时数和定额耗电量等。下面仅以生产工时比例分配法为例说明动力费用的分配。

生产工时比例分配法是指以各种产品实际耗用的生产工时为分配标准，分配动力费用的一种方法，计算公式如下：

$$\text{动力费用分配率}=\frac{\text{各种产品共同耗用的动力费用}}{\text{各种产品的生产工时之和}}$$

$$\text{某产品应分配的动力费用}=\text{该产品实际生产工时}\times\text{动力费用分配率}$$

生产车间耗用的外购动力有的直接用于产品生产，有的用于照明、取暖等。企业应根据使用动力的不同用途和发生地点分配动力费用。对于直接用于生产产品的外购动力费用，如果生产产品消耗的动力费用比较多，可以和燃料费用一起在基本生产成本明细账中专门设立“燃料及动力”成本项目；如果生产产品消耗的动力费用比较少，可以直接记入基本生产成本明细账中“制造费用”成本项目。在实际工作中，外购动力费用分配是通过编制外购动力费用分配表进行的，其会计处理操作流程见图 3-3。

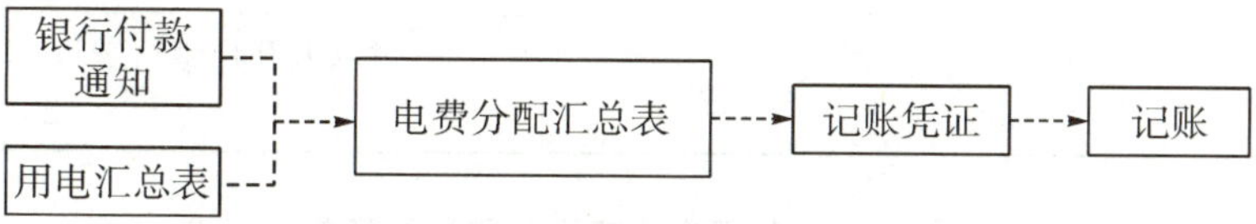

图 3-3　外购动力费用会计处理操作流程图

三、工作过程

说明：假设桂南有限公司每月支付动力费用的日期基本固定，每月付款日到月末的应付动力费用相差不多。

步骤一：编制外购动力费用分配表。

成本会计对抄表员传递过来的用电汇总表（表 3-25）进行审核，根据用电汇总表和银行转来的电费付款通知单（表 3-26）、增值税专用发票（图 3-4）、电费结算单（表 3-27）等编制外购动力费用分配表。

表 3-25 用电汇总表

202×年 7 月　　　　单位：度

用电部门	用途	用电量
一车间	生产	12 000
	管理	400
二车间	生产	7 000
	管理	200
供水车间	生产等	5 500
运输车间	生产等	2 000
行政管理部门	管理	1 000
销售部门	管理	500
合计		28 600

表 3-26 工商银行同城委托收款凭证（付款通知）　　第 Q000587 号

202×年 7 月 28 日

<table>
<tr><td rowspan="3">付款人</td><td>全 称</td><td colspan="4">桂南有限公司</td><td rowspan="3">收款人</td><td>全 称</td><td colspan="10">桂玉电力有限公司</td></tr>
<tr><td>账 号</td><td colspan="4">54463217789579</td><td>账 号</td><td colspan="10">54463217788387</td></tr>
<tr><td>开户行</td><td colspan="4">工商银行贵都分行伟恒办事处</td><td>开户行</td><td colspan="10">工商银行贵都分行北湖办事处</td></tr>
<tr><td rowspan="2">委收金额</td><td colspan="7" rowspan="2">人民币
（大写）贰万伍仟捌佰伍拾肆元肆角整</td><td>千</td><td>百</td><td>十</td><td>万</td><td>千</td><td>百</td><td>十</td><td>元</td><td>角</td><td>分</td></tr>
<tr><td></td><td></td><td>¥</td><td>2</td><td>5</td><td>8</td><td>5</td><td>4</td><td>4</td><td>0</td></tr>
<tr><td rowspan="2">款项内容</td><td colspan="5" rowspan="2">电 费</td><td colspan="2">附寄单证张数</td><td colspan="10">叁张（略）</td></tr>
<tr><td colspan="12">付款人开户银行盖章：　（略）
202×年 7 月 28 日</td></tr>
</table>

表 3-27 桂玉电力有限公司费结算单

用户：桂南有限公司　　202×年 7 月 28 日　　金额单位：元

用电量/度	单　价	金　额	备　注
28 600	0. 80	22 880. 00	
金额（大写）贰万贰仟捌佰捌拾零元零角零分		金额（小写）22 880. 00	

第三联　交付款单位

会计：易 卫　　复核：吴　刚　　制表：李 萍

广西增值税专用发票　　NO 0075792566

发票联　　开票日期：202×年7月28日

购货单位	名　　称：桂南有限责任公司 纳税人识别号：91450103322617208X 地址、电话：南宁市鹏飞路99号　0771-3369078 开户行及账号：工商银行南宁市大学路支行　955822102005043366				密码区	略	
货物或应税劳务名称	规格型号	单位	数量	单价	金额	税率	税额
供电*电费		KWh	28 600	0.80	22 880.00	13%	2 974.40
合　计					¥22 880.00		¥ 2 974.40
价税合计（大写）	贰万伍仟捌佰伍拾肆元肆角整				（小写）¥ 25 854.40		
销货单位	名　　称：广西电网有限责任公司南宁供电局 纳税人识别号：914500000898221688C 地址 、 电话：南宁市幸福大道68号　95598 开户行及账号：建行南宁市福洪园支行　450016049510591236 78				备注		

收款人：张丁　　复核：邹平　　开票人：谭 敏　　销售方：（章）

第三联　发票联　购买方记账凭证

图 3-4　广西增值税专用发票示例

说明：采用生产工时比例分配法分配一车间生产甲、乙产品的动力费用，本月甲产品生产耗用 6 500 小时，乙产品生产耗用 3 500 小时。

采用 Excel 计算分配外购动力费用，设定以下公式：

（1）一车间生产产品电费金额 I7＝用电度数 G7×电费单价 H7，光标在 I7 单元格向下拖动到 I14 即可计算出其他车间和部门应分配电费金额；

（2）动力费用分配率 E7＝一车间生产甲、乙产品动力费用总额 F7/甲、乙产品生产工时之和 D7；

（3）甲产品应分配的动力费用 F5＝甲产品生产工时 D5×动力费用分配率 E7，乙产品应分配的动力费用 F6＝乙产品生产工时 D6×动力费用分配率 E7；

（4）动力费用总额 I15＝Σ（I7～I14），计算结果如图 3-5 所示。

	A	B	C	D	E	F	G	H	I
1	外购动力费用分配表								
2	202×年7月							单位：元	
3	应借科目		成本费用项目	动力费用分配			电费分配		
4				生产工时	分配率	分配金额	用电度数	单价	电费金额
5	基本生产成本	甲产品	燃料及动力	6500.00		6240.00	——		6240.00
6		乙产品	燃料及动力	3500.00		3360.00	——		3360.00
7		小计	——	10000.00	0.96	9600.00	12000	0.80	9600.00
8		丙产品	燃料及动力				7000	0.80	5600.00
9	制造费用	一车间	电费				400	0.80	320.00
10		二车间	电费				200	0.80	160.00
11	辅助生产成本	供水车间	电费				5500	0.80	4400.00
12		运输车间	电费				2000	0.80	1600.00
13	管理费用		电费				1000	0.80	800.00
14	销售费用		电费				500	0.80	400.00
15	合计						28600		22880.00

图 3-5　外购动力费用分配表示例

步骤二：填制分配动力费用记账凭证。

根据外购动力费用分配表、用电汇总表和电费付款通知单等，填制记账凭证（表 3-28）。

表 3-28 记账凭证

202×年 7 月 31 日　　　　第 52 号

摘要	总账科目	明细科目	借方金额	√	贷方金额	√
分配外购动力费用	基本生产成本	甲产品	6 240.00	√		
	基本生产成本	乙产品	3 360.00	√		
	基本生产成本	丙产品	5 600.00	√		
	制造费用	一车间	320.00	√		
	制造费用	二车间	160.00	√		
	辅助生产成本	供水车间	4 400.00	√		
	辅助生产成本	运输车间	1 600.00	√		
	管理费用		800.00	√		
	销售费用		400.00	√		
	应交税费	应交增值税（进项）	2 974.40			
	银行存款				25 854.40	√
合　计			¥25 854.40		¥25 854.40	

会计主管：王丹　记账：吴红　出纳：何阳　复核：曾红　制单：李伟　附件：5 张

步骤三：登记相关成本明细账。

根据记账凭证及所附原始凭证登记相关成本明细账，如表 3-29～表 3-35 所示。

表 3-29 基本生产成本明细账（接表 3-18）

车间名称：一车间　　　　产品名称：甲产品

单位：元

202×年		凭证字号	摘要	直接材料	燃料及动力	直接人工	制造费用	合计
月	日							
7	1		月初余额	2 500.00	50.00	200.00	300.00	3 050.00
7	31	记 51	分配材料费用	142 000.00				142 000.00
7	31	记 52	分配动力费用		6 240.00			6 240.00

表 3-30　基本生产成本明细账（接表 3-19）

车间名称：一车间　　　　产品名称：乙产品

单位：元

202×年		凭证字号	摘要	直接材料	燃料及动力	直接人工	制造费用	合计
月	日							
7	31	记 51	材料费用分配	112 000.00				112 000.00
7	31	记 52	分配动力费用		3 360.00			3 360.00

表 3-31　基本生产成本明细账（接表 3-20）

车间名称：二车间　　　　产品名称：丙产品

单位：元

202×年		凭证字号	摘要	直接材料	燃料及动力	直接人工	制造费用	合计
月	日							
7	1		月初余额	30 000.00	600.00	1 500.00	3 000.00	35 100.00
7	31	记 51	材料费用分配	270 000.00				270 000.00
7	31	记 52	分配动力费用		5 600.00			5 600.00

表 3-32　制造费用明细账（接表 3-21）

部门：一车间　　　　单位：元

202×年		凭证字号	摘要	材料费	水电费	人工费	折旧费	运输费	其他	合计
月	日									
7	31	记 51	材料费用分配	8 000.00						8 000.00
7	31	记 52	分配动力费用		320.00					320.00

表 3-33　制造费用明细账（接表 3-22）

部门：二车间　　　　单位：元

202×年		凭证字号	摘要	材料费	电费	人工费	折旧费	运输费	其他	合计
月	日									
7	31	记 51	材料费用分配	6 800.00						6 800.00
7	31	记 52	分配动力费用		160.00					160.00

表 3-34　辅助生产成本明细账（接表 3-23）

部门：供水车间　　　　单位：元

202×年		凭证字号	摘要	材料费	电费	人工费	折旧费	合计
月	日							
7	31	记 51	材料费用分配	1 400.00				1 400.00
7	31	记 52	分配动力费用		4 400.00			4 400.00

表 3-35　辅助生产成本明细账（接表 3-24）

部门：运输车间　　　　单位：元

202×年		凭证字号	摘要	材料费	电费	人工费	折旧费	合计
月	日							
7	31	记 51	材料费用分配	26 000.00				26 000.00
7	31	记 52	分配动力费用		1 600.00			1 600.00

【知识与技能训练】

一、选择题（下列选项中有一项或多项是正确的，请将正确的选项填入括号中）

1. 在企业设置“燃料及动力”成本项目的情况下，生产车间发生的直接用于产品生产的燃料费用，应借记的账户是（　　）

A. 原材料　　B. 燃料

C. 基本生产成本　　D. 制造费用

2. 分配结转外购动力费用时，会计分录贷方中不可能出现的账户是（　　）。

A. 银行存款　　B. 应收账款　　C. 应付账款　　D. 应收票据

3. 外购动力费用的分配方法主要有（　　）等。生产工时、机器工时、机器功率时数和定额耗电量等。

A. 定额耗电量比例分配法　　B. 生产工时比例分配法

C. 机器工时比例分配法　　D. 机器功率时数比例分配法

二、判断题（正确的在括号内打“√”，错误的打“×”）

1.（　　）用于企业生产、照明的电费，应记入各产品基本生产成本明细账的“燃料和动力”成本项目。

2.（　　）当企业生产产品消耗的燃料费用比重比较大时，可以增设“燃料”会计科目。

三、实务训练

实训：外购动力费用的核算

［资料］某公司本月共用电 47 000 度，每度电 0.9 元，共发生电费 42 300 元。该企业各部门均安装电表，电表显示各部门的用电情况如下：基本生产车间生产产品耗电 28 000 度，车间照明用电 8 000 度，厂部管理用电 5 000 度，销售部门用电 6 000 度。基本生产车间生产甲、乙、丙三种产品，本月甲产品实际生产工时为 7 000 小时、乙产品实际生产工时 4 000 小时、丙产品实际生产工时 5 000 小时。（假设该公司每月支付电费的日期不固定）

［要求］1. 采用生产工时比例分配法分配外购电费，完成外购电费分配表。

2. 填制分配外购动力费用记账凭证。

外购动力费用分配表

202×年 7 月　　　　　　金额单位：元

应借科目		成本费用项目	动力费分配			电费分配		
			生产工时	分配率	分配金额	用电度数	单价	电费
基本生产成本	甲产品	燃料及动力				—	—	
	乙产品	燃料及动力				—	—	
	丙产品	燃料及动力				—	—	
	小计					28 000	0. 90	
制造费用	基本生产车间	电费				8 000	0. 90	
管理费用	电费					5 000	0. 90	
销售费用	电费					6 000	0. 90	
合计						47 000		42 300

记账凭证

年　月　日　　　　　　第　　号

摘要	总账科目	明细科目	借方金额	√	贷方金额	√
合　计						

会计主管：　　记账：　　出纳：　　复核：　　制单：　　附件：　张

任务四　薪酬费用的归集与分配

一、工作任务

完成桂南有限公司 7 月份薪酬费用的归集与分配任务。

二、必备知识

（一）薪酬费用核算的内容

微课动画
薪酬费用核算

职工薪酬是指企业为获得职工提供的服务或解除劳动关系而给予的

各种形式的报酬或补偿。职工薪酬包括短期薪酬、离职后福利、辞退福利和其他长期职工福利。企业提供给职工配偶、子女、受赡养人、已故员工遗属及其他受益人等的福利，也属于职工薪酬。

企业在确定应当作为职工薪酬进行确认和计量的项目时，需要综合考虑，确保企业人工成本核算的完整和准确性。进行职工薪酬的核算，应该审核企业的各项职工薪酬支出是否符合国家的规定，在正确核算薪酬费用的基础上，应根据适当的分配方法，在各个成本计算对象中进行职工薪酬的分配。

职工薪酬主要包括以下内容：

1. 短期薪酬

短期薪酬是指企业在职工提供相关服务的年度报告期间结束后十二个月内需要全部予以支付的职工薪酬，因解除与职工的劳动关系给予的补偿除外。短期薪酬具体包括：

（1）职工工资、奖金、津贴和补贴。职工工资、奖金、津贴和补贴是指按照构成工资总额的计时工资、计件工资、支付给职工的超额劳动报酬和增收节支的劳动报酬、为补偿职工特殊和额外的劳动消耗和因其他特殊原因支付给职工的津贴，以及为保证职工工资水平不受物价影响支付给职工的物价补贴等。

计时工资。计时工资是按计时工资标准和工作时间支付给职工的劳动报酬。计时工资标准是指每一职工在单位时间（月、日或小时）内应得的工资额，不同职务、不同工种和不同等级的职工应规定不同的工资标准，以体现按劳分配的原则。计时工资包括：对已做工作按计时工资标准支付的工资；实行结构工资制的单位支付给职工的基础工资和职务（岗位）工资；新参加工作职工的见习工资等。

计件工资。计件工资是按职工所完成的工作量和计件单价计算支付的劳动报酬。计件单价指完成单位工作量应得的工资。计件工资包括：在实行超额累进计件、直接无限计件、限额计件和超定额计件等工资制度下，按照定额和计件单价支付给职工的工资；按工作任务包干方法支付给职工的工资；按营业额提成和利润提成办法支付给职工的工资。

奖金。奖金是指支付给职工超额劳动报酬和由于增收节支而支付给职工的奖励，包括：生产奖，节约奖，劳动竞赛奖，机关、事业单位的奖励工资，其他经常性奖金。奖金应按照国家和本单位有关规定计算、支付。

津贴和补贴。津贴和补贴是指为补偿职工特殊的劳动消耗和因其他特殊原因支付给职工的津贴，以及为了保证职工工资水平不受物价影响支付给职工的物价补贴。包括：补偿职工特殊或额外劳动消耗的津贴、保健性津贴、技术性津贴、其他津贴、物价补贴等。津贴和补贴应按照国家和本单位有关规定计算、支付。

（2）职工福利费。职工福利费是指企业向职工提供的生活困难补助、丧葬补助费、抚恤费、职工异地安家费、防暑降温费等职工福利支出。

（3）医疗保险费、工伤保险费和生育保险等社会保险费。医疗保险费、工伤保险费和生育保险等社会保险费是指企业按照国家规定的基准和比例计算，向社会保险机构缴纳的医疗保险费、工伤保险费和生育保险费等。

（4）住房公积金。住房公积金是企业按照国家规定的基准和比例计算，向住房公积金管理机构缴存的住房公积金。

（5）工会经费和职工教育经费。工会经费和职工教育经费是企业为了改善职工文化生活、为职工学习先进技术和提高文化水平和业务素质，用于开展工会活动和职工教育及职工技能培训等相关支出。

（6）短期带薪缺勤。短期带薪缺勤是指职工虽然缺勤但企业仍然向其支付报酬的安排，包括年休假、病假、婚假、产假、丧假、探亲假等。

（7）短期利润分享计划。短期利润分享计划是指因职工提供服务而与职工达成的基于利润或其他经营成果提供薪酬的协议。

（8）其他短期薪酬。其他短期薪酬是指除上述薪酬以外的其他为获得职工提供的服务而给予的短期薪酬。

2. 离职后福利

离职后福利是指企业为获得职工提供的服务而在职工退休或与企业解除劳动关系后，提供的各种形式的报酬和福利，短期薪酬和辞退福利除外。企业应当将离职后福利计划分类为设定提存计划和设定受益计划。

3. 辞退福利

辞退福利是指企业在职工劳动合同到期之前解除与职工的劳动关系，或者为鼓励职工自愿接受裁减而给予职工的补偿。

4. 其他长期职工福利

其他长期职工福利是指除短期薪酬、离职后福利、辞退福利之外所有的职工薪酬，包括长期带薪缺勤、长期残疾福利、长期利润分享计划等。

企业的职工薪酬并非全部计入产品制造成本，必须分清职工薪酬的组成内容与计入产品制造成本的人工费用。只有与企业生产活动有关人员的职工薪酬，以及为生产活动服务人员的职工薪酬可以计入产品制造成本，除此以外的其他人工费用，应根据有关规定按其用途分别列支有关费用。

职工薪酬按其计入产品成本的程序和方式，可分为直接职工薪酬和间接职工薪酬两种。直接职工薪酬是指直接从事产品生产而发生的人工费用，可直接计入产品成本，并以“直接人工”成本项目单独列示，形成产品成本的一个重要组成部分。间接职工薪酬是指为组织和管理生产活动而发生的人工费用。

（二）薪酬费用核算的原始记录

进行薪酬费用的核算，必须以准确的原始记录为依据，薪酬费用核算的原始记录包括考勤记录、产量记录和工时记录等。

1. 考勤记录

考勤记录是登记职工出勤、缺勤时间和情况的原始记录。考勤记录一般采用考勤簿和考勤卡、打卡机等。月末将考勤记录连同有关证明文件送交职工薪酬核算部门，据以计算职工的应付职工薪酬。

2. 产量记录和工时记录

产量记录和工时记录是登记工人或生产小组在出勤时间内完成产品的数量、质量和生产产品所耗工时数量的原始记录，它是统计产量和工时、计算计件工资的依据，也是监督生产计划完成情况和考核劳动生产率的依据。产量记录和工时记录的格式和登记程序，在不同的行业、不同生产类型和不同劳动组织的企业各不相同，制造企业采用的产量记录一般有工作通知单、工序进程单、工作班产量记录、工作台账等。

（三）薪酬费用的归集

企业人力资源部门根据职工的考勤记录、产量记录和工时记录等资料，计算并编制职工薪酬结算凭证。职工薪酬结算凭证分为职工薪酬结算单和职工薪酬结算汇总表。企业为了同职工办理薪酬结算手续，通常是按车间、部门编制职工薪酬结算单，用以反映企业与职工的薪酬结算情况。薪酬结算单中应分职工类别，并按每一职工反映企业应付职工薪酬、代扣款项和实发薪酬等项内容。薪酬结算单一式三份：一份作为职工薪酬结算和付款的原始凭证。一份作为人力资源部门进行薪酬统计依据，一份按部门按职工姓名裁成职工薪酬条发给职工，以便职工核对。根据职工薪酬结算单汇总编制职工薪酬结算汇总表，反映整个企业全部职工薪酬的结算情况，它也是进行薪酬费用分配的依据。

（四）薪酬费用的分配

薪酬费用的分配一般是通过编制“薪酬费用分配表”进行的。将薪酬费用在各受益对象中进行分配，关键是生产工人薪酬费用的归属即由何种产品负担的问题。采用计件工资形式支付的产品生产工人薪酬，一般可以直接计入所生产产品的成本，不需要在各产品成本核算对象之间进行分配。采用计时工资形式支付的生产工人薪酬，如果生产车间（班组）或工人只生产一种产品，可以将生产工人薪酬直接计入该种产品成本；如果生产车间（班组）或工人生产多种产品，则需要选择合理的分配方法，在所生产的各种产品之间进行分配。

生产工人薪酬分配方法有实际生产工时比例分配法、定额工时比例分配法等。实际生产工时比例分配法能够将产品分配的生产工人薪酬与劳动生产率联系起来，因此比较合理。但如果实际生产工时数据取得比较困难，在产品工时定额制定比较准确的情况下，也可以按产品的定额工时比例分配法来分配薪酬费用，计算公式如下：

$$\text{薪酬费用分配率}=\frac{\text{各种产品生产职工薪酬总额}}{\text{各种产品的生产工时（或定额工时）之和}}$$

某种产品应分配的生产职工薪酬费用=该产品实际工时（或定额工时）×薪酬费用分配率

【案例5】腾飞机械厂一车间生产A、B两种产品，7月份共发生生产工人职工薪酬22 500元，本月A、B两种产品的生产工时分别为500小时和400小时；要求采用生产工时比例分配法分配计算A、B两种产品应承担的职工薪酬费用。

生产职工薪酬费用分配率=22 500÷（500+400）=25（元/小时）

A产品应分配的薪酬费用=500×25=12 500（元）

B产品应分配的薪酬费用=400×25=10 000（元）

薪酬费用的会计处理操作流程如图3-6所示。

图3-6 薪酬费用的会计处理操作流程

三、工作过程

微课视频
工作过程：薪酬费用的归集与分配

步骤一：编制职工薪酬费用分配表。

成本会计对薪酬会计传来的职工薪酬结算单（只列示一车间，其他部门略）和职工薪酬结算汇总表进行审核，根据审核后的职工薪酬结算单（表3-36）和职工薪酬结算汇总表（表3-37）编制职工薪酬费用分配表（图3-7）。

表3-36　职工薪酬结算单

一车间　　　　202×年7月份　　　　单位：元

姓名	基本工资		奖金	津贴补贴		应付职工薪酬	代扣款项				实发金额
	计时工资	计件工资		夜班补贴	岗位津贴		医保	养老	失业	住房公积金	
李萍	5 500.00	0.00	300.00	500.00	500.00	6 800.00	136.00	544.00	34.00	476.00	5 610.00
吴昊	5 800.00	0.00	350.00	400.00	480.00	7 030.00	140.60	562.40	35.15	492.10	5 799.75
黄易	4 500.00	0.00	200.00	600.00	800.00	6 100.00	122.00	488.00	30.50	427.00	5 032.50
……											
合计	194 000.00	0.00	5 600.00	3 200.00	33 000.00	235 800.00	23 580.00	35 370.00	4 716.00	23 580.00	148 554.00

表3-37　职工薪酬结算汇总表

202×年7月31日　　　　单位：元

部门人员		基本工资		奖金	津贴补贴		应付职工薪酬	代扣款项				实发金额
部门	人员	计时工资	计件工资		夜班补贴	岗位津贴		医保	养老	失业	住房公积金	
一车间	生产工人	179 000.00		5 500.00	3 000.00	31 500.00	219 000.00	21 900.00	32 850.00	4 380.00	21 900.00	137 970.00
一车间	管理人员	15 000.00		100.00	200.00	1 500.00	16 800.00	1 680.00	2 520.00	336.00	1 680.00	10 584.00
二车间	生产工人	14 000.00	8 000.00	300.00	400.00	600.00	23 300.00	2 330.00	3 495.00	466.00	2 330.00	14 679.00
二车间	管理人员	3 000.00		80.00	90.00	800.00	3 970.00	397.00	595.50	79.40	397.00	2 501.10
运输车间		7 500.00		100.00	500.00	500.00	8 600.00	860.00	1 290.00	172.00	860.00	5 418.00
供水车间		6 800.00		150.00	400.00	480.00	7 830.00	783.00	1 174.50	156.60	783.00	4 932.90
管理部门		12 000.00			600.00	800.00	13 400.00	1 340.00	2 010.00	268.00	1 340.00	8 442.00
销售部门		6 000.00			100.00	400.00	6 500.00	650.00	975.00	130.00	650.00	4 095.00
合　计		243 300.00	8 000.00	6 230.00	5 290.00	36 580.00	299 400.00	29 940.00	44 910.00	5 988.00	29 940.00	188 622.00

职工薪酬费用分配汇总表

202×年7月　　　　单位：元

应借科目		成本或费用项目	直接计入费用	分配计入费用			合计
				生产工时	分配率	分配金额	
基本生产成本	甲产品	直接人工		6500		142350.00	142350.00
	乙产品	直接人工		3500		76650.00	76650.00
	小计			10000	21.90	219000.00	219000.00
	丙产品	直接人工	23300.00				23300.00
制造费用	一车间	人工费	16800.00				16800.00
	二车间	人工费	3970.00				3970.00
辅助生产成本	供水车间	人工费	7830.00				7830.00
	运输车间	人工费	8600.00				8600.00
管理费用		薪酬费用	13400.00				13400.00
销售费用		薪酬费用	6500.00				6500.00
合计			80400.00				299400.00

图 3-7　职工薪酬费用分配表示例

说明：采用实际生产工时比例分配法分配一车间生产工人薪酬费用，本月甲产品生产耗用 6 500 小时，乙产品生产耗用 3 500 小时。

采用 Excel 计算分配职工薪酬费用，设定以下公式：

（1）一车间生产职工薪酬费用分配率 F7＝一车间生产职工薪酬费用总额 G7/甲、乙产品生产工时之和 E7；

（2）甲产品应分配的薪酬费用 G5＝甲产品生产工时 E5×一车间生产职工薪酬费用分配率 F7，乙产品应分配的薪酬费用 G6＝乙产品生产工时 E6×一车间生产职工薪酬费用分配率 F7；

（3）甲产品应承担的薪酬费用 H5＝该产品直接计入薪酬费用 D5＋该产品分配计入薪酬费用 G5，光标在 H5 单元格向下拖动到 H14 即可计算出其他受益对象应分配的薪酬费用；

（4）薪酬费用总额 H15＝Σ（H7～H14），计算结果如图 3-7 所示。

步骤二：填制职工薪酬记账凭证。

根据职工薪酬费用分配表、职工薪酬结算汇总表和职工薪酬结算单等，填制记账凭证（表 3-38）。

表 3-38　记账凭证

202×年 7 月 31 日　　　　第 53 号

摘要	总账科目	明细科目	借方金额	√	贷方金额	√
分配职工薪酬	基本生产成本	甲产品	142 350.00	√		
	基本生产成本	乙产品	76 650.00	√		
	基本生产成本	丙产品	23 300.00	√		
	制造费用	一车间	16 800.00	√		
	制造费用	二车间	3 970.00	√		
	辅助生产成本	供水车间	7 830.00	√		
	辅助生产成本	运输车间	8 600.00	√		

表3-41（续）

摘要	总账科目	明细科目	借方金额	√	贷方金额	√
	管理费用		13 400.00	√		
	销售费用		6 500.00	√		
	应付职工薪酬				299 400.00	√
合　计			¥299 400.00		¥299 400.00	

会计主管：王丹　记账：吴红　出纳：　复核：王丹　制单：李伟　附件：7 张

步骤三：登记相关成本明细账。

根据记账凭证及所附原始凭证登记相关成本明细账，如表 3-39～表 3-45 所示。

表 3-39　基本生产成本明细账（接表 3-29）

车间名称：一车间　　产品名称：甲产品

单位：元

202×年		凭证字号	摘要	直接材料	燃料及动力	直接人工	制造费用	合计
月	日							
7	1		月初余额	2 500.00	50.00	200.00	300.00	3 050.00
7	31	记 51	分配材料费用	142 000.00				142 000.00
7	31	记 52	分配动力费用		6 240.00			6 240.00
7	31	记 53	分配职工薪酬			142 350.00		142 350.00

表 3-40　基本生产成本明细账（接表 3-30）

车间名称：一车间　　产品名称：乙产品

单位：元

202×年		凭证字号	摘要	直接材料	燃料及动力	直接人工	制造费用	合计
月	日							
7	31	记 51	材料费用分配	112 000.00				112 000.00
7	31	记 52	分配动力费用		3 360.00			3 360.00
7	31	记 53	分配职工薪酬			76 650.00		76 650.00

表 3-41　基本生产成本明细账（接表 3-31）

车间名称：二车间　　产品名称：丙产品

单位：元

202×年 月	202×年 日	凭证字号	摘要	直接材料	燃料及动力	直接人工	制造费用	合计
7	1		月初余额	30 000.00	600.00	1 500.00	3 000.00	35 100.00
7	31	记 51	材料费用分配	270 000.00				270 000.00
7	31	记 52	分配动力费用		5 600.00			5 600.00
7	31	记 53	分配职工薪酬			23 300.00		23 300.00

表 3-42　制造费用明细账（接表 3-32）

部门：一车间　　单位：元

202×年 月	202×年 日	凭证字号	摘要	材料费	水电费	人工费	折旧费	运输费	其他	合计
7	31	记 51	材料费用分配	8 000.00						8 000.00
7	31	记 52	分配动力费用		320.00					320.00
7	31	记 53	分配职工薪酬			16 800.00				16 800.00

表 3-43　制造费用明细账（接表 3-33）

部门：二车间　　单位：元

202×年 月	202×年 日	凭证字号	摘要	材料费	水电费	人工费	折旧费	运输费	其他	合计
7	31	记 51	材料费用分配	6 800.00						6 800.00
7	31	记 52	分配动力费用		160.00					160.00
7	31	记 53	分配职工薪酬			3 970.00				3 970.00

表 3-44　辅助生产成本明细账（接表 3-34）

部门：供水车间　　单位：元

202×年 月	202×年 日	凭证字号	摘要	材料费	电费	人工费	折旧费	合计
7	31	记 51	材料费用分配	1 400.00				1 400.00
7	31	记 52	分配动力费用		4 400.00			4 400.00
7	31	记 53	分配职工薪酬			7 830.00		7 830.00

表 3-45 辅助生产成本明细账（接表 3-35）

部门：运输车间　　　　单位：元

202×年		凭证字号	摘要	材料费	电费	人工费	折旧费	合计
月	日							
7	31	记 51	材料费用分配	26 000.00				26 000.00
7	31	记 52	分配动力费用		1 600.00			1 600.00
7	31	记 53	分配职工薪酬			8 600.00		8 600.00

【知识与技能训练】

一、选择题（下列选项中有一项或多项是正确的，请将正确的选项填入括号中）

1. 下列各项中，不计入“直接人工”成本项目的是（　　）。

A. 产品生产工人工资

B. 产品生产工人的奖金

C. 按产品生产工人工资提取的福利费等其他薪酬

D. 车间管理人员工资

2. “直接人工”成本项目包括的内容主要有（　　）。

A. 产品生产工人的计时工资和计件工资

B. 产品生产工人的奖金、津贴和补贴

C. 产品生产工人加班工资

D. 产品生产工人的其他薪酬

3. 根据“应付职工薪酬汇总表”和“直接人工费用分配表”等进行分配结转薪酬费用的账务处理时，会计分录中对应的借方账户主要有（　　）等。

A. 生产成本　　B. 制造费用　　C. 管理费用　　D. 财务费用

4. 下列各项中不属于工资总额组成内容的有（　　）。

A. 计时工资　　B. 计件工资　　C. 工资性津贴　　D. 交通补助

二、判断题（正确的在括号内打“√”，错误的打“×”）

1.（　　）采用计件工资制时，产品生产工人的薪酬属于直接计入费用。

2.（　　）采用“直接材料成本分配法”分配直接人工费用，分配结果最为准确。

3.（　　）产品生产工人的工资和其他薪酬，可以合并计入“直接人工费用”成本项目。

4.（　　）采用计时工资制时，产品生产工人的薪酬一定是直接计入费用。

5.（　　）应付工资即实付工资。

6.（　　）工资费用分配时，本月支付的工资都是上月应付的工资。

三、实务训练

实训：职工薪酬费用的分配——生产工时比例分配法

［资料］某公司生产甲、乙、丙三种产品，本月产品生产工人工资共 168 500 元，其中直接计入甲、乙、丙三种产品的直接工资分别为 20 500 元、35 000 元、25 000 元，共计 80 500 元；发生间接工资费用为 88 000 元。本月生产甲、乙、丙三种产品实际生产工时分别为 20 000 小时、30 000 小时、60 000 小时。生产车间管理人员工资 20 000 元，行政管理部门人员工资 30 000 元，销售人员工资 50 000 元。

［要求］1. 采用生产工时比例分配法分配工资费用，完成职工薪酬费用分配表。

2. 填制分配职工薪酬费用的记账凭证。

职工薪酬费用分配表

202×年 8 月　　单位：元

应借科目		成本或费用项目	直接计入	分配计入			工资费用合计
				生产工时	分配率	分配金额	
基本生产成本	甲产品	直接人工					
	乙产品	直接人工					
	丙产品	直接人工					
	小计						
制造费用	基本生产车间	工资					
管理费用		工资					
销售费用		工资					
合　计							

记账凭证

年　月　日　　第　号

摘要	总账科目	明细科目	借方金额	√	贷方金额	√
合　计						

会计主管：　记账：　出纳：　复核：　制单：　附件：　张

任务五　其他要素费用的归集与分配

一、工作任务

完成桂南有限公司7月份折旧费用与其他费用的核算任务。

二、必备知识

（一）折旧费用的核算

微课视频
折旧费用与其他费用的归集与分配

固定资产折旧费是指固定资产在使用过程中由于损耗而转移到成本费用中的那一部分价值。它的归集和分配是通过编制“固定资产折旧计算表”进行的。

根据《企业会计准则第4号——固定资产》的规定，固定资产应当按月计提折旧，当月增加的固定资产，当月不计提折旧，从下月起计提折旧；当月减少的固定资产，当月仍计提折旧，从下月起不计提折旧。固定资产提足折旧后，不论能否继续使用，均不再计提折旧；提前报废的固定资产，也不再补提折旧。

企业应当根据与固定资产有关的经济利益预期实现方式，合理选择固定资产折旧方法。可选用的折旧方法包括年限平均法、工作量法、双倍余额递减法和年数总和法等。同一企业，由于固定资产的用途、性能不同，可以采用不同的折旧计算方法。固定资产的折旧方法一经确定，不得随意变更。编制“固定资产折旧计算表”可以采用“月初法”，公式如下：

某月折旧额=上月折旧额+上月增加固定资产应提折旧额-上月减少固定资产应提折旧额

对于按规定计提的折旧费，应根据固定资产的使用地点和用途进行分配，分别列入不同的成本费用账户中。对于生产车间计提的折旧，应记入“制造费用”账户中；行政管理部门计提的折旧费，应记入“管理费用”账户中；租出固定资产计提的折旧，应记入“其他业务成本”账户中；销售部门计提的折旧，应记入“销售费用”账户中。

折旧费的会计处理操作流程如图3-8所示。

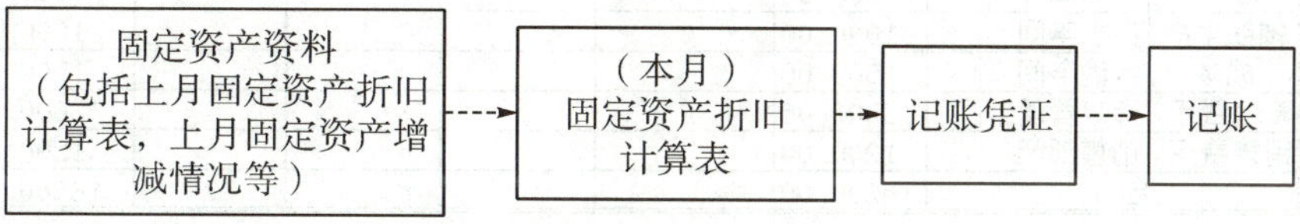

图3-8　折旧费的会计处理操作流程

（二）其他费用的核算

企业要素费用中的其他费用，是指除了前面所述各项要素费用以外的费用，包括邮电费、差旅费、邮电费、保险费、劳动保护费、租赁费、办公费、业务接待费、技术转让费等。这些耗费有的计入产品成本，有的计入期间费用。费用在发生时，企业按照发生的车间、部门和用途进行归集和分配。

属于基本生产车间发生的，如基本生产车间发生的办公费、报刊费、保险费等，应记入“制造费用”总账及所属明细账的有关项目。

属于辅助生产车间发生的单独核算辅助生产的制造费用，记入“制造费用”明细账；不单独核算辅助生产的制造费用时，则记入“辅助生产成本”明细账的有关项目。

属于行政管理部门发生的，应记入“管理费用”总账及所属明细账的有关项目。

属于销售机构发生的，应记入“销售费用”总账及所属明细账的有关项目。

【相关知识链接】

工业企业要素费用中的利息费用，属于期间费用中的财务费用，不是产品生产成本的组成部分，利息费用在发生时，直接计入财务费用，期末将其转入当期损益。

工业企业要素费用中的税金，包括企业按规定缴纳的房产税、车船税、城镇土地使用税和印花税，它们不是产品生产成本的组成部分，而作为税金及附加进行核算。其中房产税、车船税、城镇土地使用税需预先计算应交税额，然后再按税法规定的纳税期限缴纳。计算出应纳税额时，借记“税金及附加”账户，贷记“应交税费”账户，实际缴纳时，借记“应交税费”，贷记“银行存款”账户。企业交纳的印花税，不需要预计应纳税金额，同时也不存在与税务机关结算或清算的问题。因此，企业的印花税不通过“应交税费”科目核算，在购买印花税票时，直接借记“税金及附加”科目，贷记“银行存款”或“库存现金”科目。

三、工作过程

（一）折旧费用的核算

步骤一：编制固定资产折旧计算表。

财产物资会计根据固定资产资料编制固定资产折旧费计算表（图 3-9）。

固定资产折旧费计算表

202×年7月　　单位：元

应借科目	车间或部门	上月应提折旧额	上月增加固定资产		上月减少固定资产		本月应提折旧额
			原值	折旧额	原值	折旧额	
制造费用	一车间	5000.00	120000.00	1000.00			6000.00
	二车间	3500.00					3500.00
辅助生产成本	供水车间	1000.00					1000.00
	运输车间	1500.00					1500.00
管理费用	行政管理部门	3000.00					3000.00
销售费用	销售部门	1200.00					1200.00
合计		15200.00					16200.00

图 3-9　固定资产折旧费计算示例

说明：桂南公司固定资产折旧采用年限平均法方法。202×年 6 月 5 日一车间增加一套设备，当月已投入使用，总价值 120 000 元，采用平均年限法计提折旧，预计使用年限 10 年，预计净残值为 0。其他部门固定资产没有增减。

采用 Excel 计算固定资产折旧费用，设定以下公式：

（1）一车间本月应提折旧额 H5＝上月应提折旧额 C5＋上月增加固定资产本月应提折旧额 E5－上月减少固定资产本月不提折旧额 G5；

（2）光标在 H5 单元格向下拖动到 H10，即可计算出其他车间和部门本月应计提折旧额；

（3）本月应提折旧总额 H11＝Σ（H5～H10），计算结果如图 3-9 所示。

步骤二：填制计提折旧费用记账凭证。

财产物资会计根据固定资产折旧费计算表填制记账凭证（表 3-46），经财务主管审核后，传递到各岗位记账。

表 3-46　记账凭证

202×年 7 月 31 日　　　　第 54 号

摘要	总账科目	明细科目	借方金额	√	贷方金额	√
计提折旧费	制造费用	一车间	6 000.00	√		
	制造费用	二车间	3 500.00	√		
	辅助生产成本	供水车间	1 000.00	√		
	辅助生产成本	运输车间	1 500.00	√		
	管理费用		3 000.00	√		
	销售费用		1 200.00	√		
	累计折旧				16 200.00	√
合　计			¥16 200.00		¥16 200.00	

会计主管：王丹　　记账：吴红　　出纳：　　复核：王丹　　制单：李伟　　附件：1 张

步骤三：登记相关成本明细账。

成本会计根据记账凭证及相关的原始凭证登记相关明细账（表 3-47～表 3-50）。

表 3-47　制造费用明细账（接表 3-42）

部门：一车间　　　　单位：元

202×年		凭证字号	摘要	材料费	水电费	人工费	折旧费	运输费	其他	合计
月	日									
7	31	记 51	材料费用分配	8 000.00						8 000.00
7	31	记 52	分配动力费用		320.00					320.00
7	31	记 53	分配职工薪酬			16 800.00				16 800.00
7	31	记 54	分配折旧费				6 000.00			6 000.00

表 3-48　制造费用明细账（接表 3-43）

部门：二车间　　　　单位：元

202×年		凭证字号	摘要	材料费	水电费	人工费	折旧费	运输费	其他	合计
月	日									
7	31	记 51	材料费用分配	6 800.00						6 800.00
7	31	记 52	分配动力费用		160.00					160.00
7	31	记 53	分配职工薪酬			3 970.00				3 970.00
7	31	记 54	分配折旧费				3 500.00			3 500.00

表 3-49　辅助生产成本明细账（接表 3-44）

部门：供水车间　　　　单位：元

202×年		凭证字号	摘要	材料费	电费	人工费	折旧费	合计
月	日							
7	31	记 51	材料费用分配	1 400.00				1 400.00
7	31	记 52	分配动力费用		4 400.00			4 400.00
7	31	记 53	分配职工薪酬			7 830.00		7 830.00
7	31	记 54	分配折旧费				1 000.00	1 000.00

表 3-50　辅助生产成本明细账（接表 3-45）

部门：运输车间　　　　单位：元

202×年		凭证字号	摘要	材料费	电费	人工费	折旧费	合计
月	日							
7	31	记 51	材料费用分配	26 000.00				26 000.00
7	31	记 52	分配动力费用		1 600.00			1 600.00
7	31	记 53	分配职工薪酬			8 600.00		8 600.00
7	31	记 54	分配折旧费				1 500.00	1 500.00

（二）其他费用的核算

步骤一：定期编制其他费用汇总表。

出纳办理银行存款结算、登记“银行存款”日记账，定期编制其他费用汇总表传递给会计。

采用 Excel 编制其他费用汇总表，设定以下公式：

（1）一车间其他费用支出总额 G5＝邮电费 C5+租赁费 D5+保险费 E5+技术转让费 F5；

（2）光标在 G5 单元格向下拖动到 G8，即可计算出其他车间和部门其他费用支出总额；

（3）本月其他费用支出总额 G9＝Σ（G5～G8）或 G9＝Σ（C9～F9），计算结果如图 3-10 所示。

其他费用支出汇总表

202×年7月　　单位：元

应借科目	车间或部门	邮电费	租赁费	保险费	技术转让费	合计
制造费用	一车间	200.00	300.00	200.00	500.00	1200.00
	二车间	250.00	300.00	250.00		800.00
管理费用	行政管理部门	5000.00		1000.00		6000.00
销售费用	销售部门	1000.00		500.00		1500.00
合　计		6450.00	600.00	1950.00	500.00	9500.00

图 3-10　其他费用汇总表示例

步骤二：填制分配其他费用记账凭证。

会计审核其他费用支出汇总表后并据以编制记账凭证（表 3-51），经财务主管审核后，传递到各岗位记账。

表 3-51　记账凭证

202×年 7 月 31 日　　第 55 号

摘要	总账科目	明细科目	借方金额	√	贷方金额	√
分配其他费用	制造费用	一车间	1 200.00	√		
	制造费用	二车间	800.00	√		
	管理费用		6 000.00	√		
	销售费用		1 500.00	√		
	银行存款				9 500.00	√
合　计			¥9 500.00		¥9 500.00	

会计主管：王丹　记账：吴红　出纳：何阳　复核：王丹　制单：李伟　附件：1 张

步骤三：登记相关成本明细账。

成本会计根据记账凭证及相关的原始凭证登记相关明细账（表 3-52～表 3-53）。

表 3-52　制造费用明细账（接表 3-47）

部门：一车间　　　　单位：元

202×年		凭证字号	摘要	材料费	水电费	人工费	折旧费	运输费	其他	合计
月	日									
7	31	记 51	材料费用分配	8 000. 00						8 000. 00
7	31	记 52	分配动力费用		320. 00					320. 00
7	31	记 53	分配职工薪酬			16 800. 00				16 800. 00
7	31	记 54	分配折旧费				6 000. 00			60 00. 00
7	31	记 55	分配其他费用						1 200. 00	1 200. 00

表 3-53　制造费用明细账（接表 3-48）

部门：二车间　　　　单位：元

202×年		凭证字号	摘要	材料费	水电费	人工费	折旧费	运输费	其他	合计
月	日									
7	31	记 51	材料费用分配	6 800. 00						6 800. 00
7	31	记 52	分配动力费用		160. 00					160. 00
7	31	记 53	分配职工薪酬			3 970. 00				3 970. 00
7	31	记 54	分配折旧费				3 500. 00			3 500. 00
7	31	记 55	分配其他费用						800. 00	800. 00

【知识与技能训练】

一、选择题（下列选项中有一项或多项是正确的，请将正确的选项填入括号中）

1. 下列各项中，不计入产品成本的费用是（　　）。

A. 直接材料费用　　B. 辅助车间管理人员工资

C. 车间厂房折旧费　　D. 厂部办公楼折旧费

2. 某公司 202×年 1 月份应提折旧的固定资产原值 300 万元。1 月 10 日，该公司出借给甲公司价值为 12 万元的生产用设备，租期 6 个月；1 月 20 日，报废一台价值为 15 万元的旧设备；2 月 3 日，购入一台价值 20 万元的新设备；2 月 20 日去年新建的办公楼投入使用，价值 100 万元。该公司 202×年 2 月份应提折旧的固定资产原值是（　　）。

A. 285 万元　　B. 393 万元　　C. 372 万元　　D. 273 万元

3. 下列各项中，应计入产品成本的费用有（　　）。

A. 车间办公费　　B. 车间邮电费

C. 车间设计制图费　　D. 车间设备日常修理费

4. 应通过“应交税费”科目核算的税金有（　　）。

A. 印花税　　B. 增值税　　C. 营业税　　D. 城镇土地使用税

二、判断题（正确的在括号内打“√”，错误的打“×”）

1.（　　）固定资产提前报废应补提未提足的折旧，超龄使用则不再计提折旧。

2.（　　）除房屋建筑物外，未使用和不需用的固定资产及经营租赁方式租入的固定资产不计提折旧。

3.（　　）固定资产折旧费是产品成本的组成部分，因此，企业发生的折旧费应该全部计入产品成本。

4.（　　）生产车间发生差旅费、邮电费、保险费、租赁费、办公费等，最终全部计入生产车间生产的产品成本。

5.（　　）一次摊销法下，低值易耗品的成本应在其报废时全部从账上注销。

6.（　　）生产车间发生修理费、邮电费、保险费、办公费、技术转让费等，全部计入期间费用。

三、实务训练

实训：折旧费用的核算

［资料］某公司6月份基本生产车间增加一台设备300 000元，辅助生产机修车间增加两台设备90 000元；行政管理部门增加一批办公设备60 000元；假设6月份增减的设备使用年限都是5年，净残值为0。

［要求］采用年限平均法计提7月份固定资产折旧费，完成7月份固定资产折旧费用计算表，并填制记账凭证。

固定资产折旧计算表

202×年7月　　　　单位：元

应借科目	车间或部门	上月应提折旧额	上月增加固定资产		上月减少固定资产		本月应提折旧额
			原值	折旧额	原值	折旧额	
制造费用	基本生产车间	80 000.00					
辅助生产成本	机修车间	10 000.00					
管理费用	行政管理部门	8 000.00					
合　计		98 000.00					

记账凭证

年　　月　　日　　　　第　　号

摘要	总账科目	明细科目	借方金额	√	贷方金额	√
合　　计						

会计主管：　　记账：　　出纳：　　复核：　　制单：　　附件：　张

任务六 辅助生产费用的归集与分配

一、工作任务

完成桂南有限公司 7 月份辅助生产费用归集与分配任务。

二、必备知识

微课视频
辅助生产费用的归集与分配

（一）辅助生产的特点

工业企业的生产按生产任务的不同可分为基本生产和辅助生产。基本生产是以直接生产各种对外销售的产品为主要任务；辅助生产是为基本生产车间、企业管理部门和其他部门等单位服务而进行的产品生产和劳务供应。辅助生产有两种类型：有的辅助生产只生产一种产品或只提供一种劳务，如供电、供水、供汽、运输等；有的则生产多种产品或提供多种劳务，如从事工具、模具、修理用备件的制造及机器设备的修理等。

辅助生产的特点主要有：

（1）辅助生产主要对企业内部提供产品或劳务，一般很少对外销售产品或提供服务；

（2）辅助生产车间和部门以生产产品或提供劳务为对象归集费用，期末要计算出各种辅助生产产品或劳务的总成本和单位成本。

（3）辅助生产产品和劳务成本的高低，对于基本生产产品成本和经营管理费用的水平有着很大的影响。

（4）辅助生产车间除了为基本生产车间、企业管理部门和其他部门等单位提供产品和劳务外，辅助生产车间之间也相互提供产品和劳务。

（二）辅助生产费用的归集

辅助生产费用的归集和分配是通过“辅助生产成本”总账和明细账进行的。该账户应按车间、产品或劳务的种类设置明细账，账内可按成本项目或费用项目设置专栏，进行明细核算。

辅助生产费用归集的程序有两种。两者的区别在于辅助生产发生的制造费用是否单独设置“制造费用”账户来归集。

（1）辅助生产车间除了对企业内部提供产品或劳务外，还对外提供产品和劳务，并且发生的制造费用数额较大的情况下，其发生的制造费用应先通过“制造费用”账户归集，月末再将其转入对应的“辅助生产成本”账户，计算辅助生产的产品和劳务的成本。

（2）辅助生产车间规模较小，发生的制造费用较少，辅助生产车间也不对外销售产品或提供劳务，不需要按照规定的成本项目计算辅助生产产品成本，为了简化核算工作，辅助生产车间发生的制造费用可以不单独设置“制造费用——辅助生产车间”明细账，不通过“制造费用”账户单独归集，而是直接记入“辅助生产成本”账户。这时，“辅助生产成本”明细账按照成本项目与费用相结合设置专栏，而不是按成本项目设置专栏。

在工作任务中，桂南有限公司供水车间和运输车间本月发生的各项费用，在完成五项工作任务后的同时也完成了两个辅助生产车间辅助生产费用的归集，见表3-54、表3-55。

表3-54 辅助生产成本明细账（接表3-49）

部门：供水车间

单位：元

202×年		凭证字号	摘要	材料费	电费	人工费	折旧费	合计
月	日							
7	31	记51	材料费用分配	1 400.00				1 400.00
7	31	记52	分配动力费用		4 400.00			4 400.00
7	31	记53	分配职工薪酬			7 830.00		7 830.00
7	31	记54	分配折旧费				1 000.00	1 000.00
			合计	1 400.00	4 400.00	7 830.00	1 000.00	14 630.00

表3-55 辅助生产成本明细账（接表3-50）

部门：运输车间

单位：元

202×年		凭证字号	摘要	材料费	电费	人工费	折旧费	合计
月	日							
7	31	记51	材料费用分配	26 000.00				26 000.00
7	31	记52	分配动力费用		1 600.00			1 600.00
7	31	记53	分配职工薪酬			8 600.00		8 600.00
7	31	记54	分配折旧费				1 500.00	1 500.00
			合计	26 000.00	1 600.00	8 600.00	1 500.00	37 700.00

（三）辅助生产费用的分配

辅助生产车间生产是为基本生产车间、企业管理部门和其他部门服务的，其发生的辅助生产费用应由各受益对象承担。辅助生产费用向各受益对象分配时有以下两种情况：

对于生产多种产品的辅助生产车间，各种工具、模具、修理用备件等辅助生产成本明细账归集的成本，随着完工工具、模具、修理用备件的入库，其成本应转入“周转材料”等账户。

对于只生产一种产品或只提供一种劳务的辅助生产车间，如供电、供水、供汽、运输等辅助生产车间，其发生的辅助生产费用通常于月末在各受益单位之间按一定的标准和方法进行分配后，从“辅助生产成本”账户的贷方转入“基本生产成本”“制造费用”“管理费用”“销售费用”等账户的借方。

辅助生产车间提供的产品和劳务，主要是为基本生产车间、企业管理部门和其他部门服务的，但在某些辅助生产车间之间，也有互相提供产品和劳务的情况，如供电车间为运输车间提供动力和照明，运输车间也为供电车间提供材料运输等。为了正确计算辅助生产产品和劳务成本，在分配辅助生产费用时，就应考虑各辅助生产之间进行费用交互分配的问题。辅助生产费用分配方法通常有：直接分配法、交互分配法、代数分配法、计划成本分配法、顺序分配法等。

1. 直接分配法

直接分配法是指将各辅助生产车间发生的费用，直接分配给除辅助生产车间以外的各受益对象，不考虑各辅助生产车间之间相互提供产品和劳务的方法，其计算公式为

微课视频
辅助生产费用分配——直接分配法

$$某辅助生产车间费用分配率=\frac{该辅助生产车间归集的费用总额}{该辅助生产车间对外提供的劳务总量}$$

某受益对象应分配的辅助生产费用=该受益对象接受的劳务量×辅助生产费用分配率

【案例6】甲工厂有供水和供电两个辅助生产车间，202×年7月供水车间发生费用50 000元，供电车间发生费用130 000元。各辅助生产车间提供产品和劳务数量如表3-56，请采用直接分配法分配辅助生产费用，并编制会计分录。

表3-56 辅助生产车间的劳务量汇总表

受益部门	供应部门	
	供水车间/吨	供电车间/千瓦
供水车间		6 000
供电车间	5 000	
基本生产-A产品	20 000	240 000
基本生产车间	6 000	30 000
行政管理部门	14 000	20 000
销售部门	10 000	35 000
合计	55 000	331 000

$$供水车间费用分配率=\frac{50\ 000}{55\ 000-5\ 000}=1.0（元/吨）$$

A产品应分配的水费=20 000×1.00=20 000（元）

基本生产车间应分配的水费=6 000×1.00=6 000（元）

行政管理部门应分配的水费=14 000×1.00=14 000（元）

销售部门应分配的水费=10 000×1.00=10 000（元）

$$供电车间费用分配率=\frac{130\ 000}{331\ 000-6\ 000}=0.40（元/千瓦时）$$

A产品应分配的电费=240 000×0.40=96 000（元）

基本生产车间应分配的电费=30 000×0.40=12 000（元）

行政管理部门应分配的电费=20 000×0.40=8 000（元）

销售部门应分配的电费=35 000×0.40=14 000（元）

根据辅助生产费用分配表（表 3-57），编制会计分录：

借：基本生产成本——A 产品　116 000

　　制造费用——基本生产车间　18 000

　　管理费用　22 000

　　销售费用　24 000

　贷：辅助生产成本——供水车间　50 000

　　　　　　　　　——供电车间　130 000

表 3-57　辅助生产费用分配表

（直接分配法）

金额单位：元

辅助生产车间名称			供水车间	供电车间	金额合计
待分配费用			50 000.00	130 000.00	180 000.00
辅助生产车间以外各部门受益劳务量			50 000	325 000	
费用分配率（单位成本）			1.00	0.40	
辅助生产车间以外受益部门	基本生产——A 产品	数量	20 000	240 000	
		金额	20 000.00	96 000.00	116 000.00
	基本生产车间	数量	6 000	30 000	
		金额	6 000.00	12 000.00	18 000.00
	管理部门	数量	14 000	20 000	
		金额	14 000.00	8 000.00	22 000.00
	销售部门	数量	10 000	35 000	
		金额	10 000.00	14 000.00	24 000.00
分配金额合计			50 000.00	130 000.00	180 000.00

采用直接分配法，各辅助生产车间待分配费用只对辅助生产车间以外的各受益对象分配一次，计算简便。但由于这种分配方法建立在辅助生产车间之间不互相提供产品或劳务的基础上，辅助生产车间包括的费用不全，如【案例 6】供水车间的费用不包括所耗的电费，供电车间的费用不包括所耗的水费，因而分配结果不够准确。因此，直接分配法一般适宜于辅助生产车间内部相互提供产品或劳务不多，不进行辅助费用的交互分配，对辅助生产成本和企业产品成本影响不大的情况下使用。

2. 交互分配法

交互分配法是指辅助生产车间之间先进行相互分配，然后再将辅助生产车间交互分配后的费用在辅助生产车间以外的各受益对象之间进行分配的方法。其特点是辅助生产费用的分配分为两个步骤进行，第一步是对内交互分配；第二步是对外分配。计算公式如下：

微课视频

辅助生产费用分配——交互分配法

（1）对内交互分配

$$\text{某辅助生产车间交互分配率}=\frac{\text{该辅助生产车间交互分配前归集的费用总额}}{\text{该辅助生产车间提供的劳务总量}}$$

$$\begin{matrix}\text{某辅助生产车间应负}\\\text{担其他辅助生产费用}\end{matrix}=\begin{matrix}\text{该辅助生产车间耗用其}\\\text{他辅助生产车间劳务量}\end{matrix}\times\text{交互分配率}$$

（2）对外分配

$$\begin{matrix}\text{交互分配后的}\\\text{辅助生产费用}\end{matrix}=\begin{matrix}\text{交互分配前}\\\text{辅助生产费用}\end{matrix}+\text{交互分配转入费用}-\text{交互分配转出费用}$$

$$\text{某辅助生产车间对外分配率}=\frac{\text{该辅助生产车间交互分配后的费用}}{\text{该辅助生产车间对外提供的劳务总量}}$$

某受益对象应负担的辅助生产费用=该受益对象耗用的劳务量×对外分配率

【案例7】沿用【案例6】资料，采用交互分配法分配辅助生产费用，并编制会计分录。

第一次，交互分配。

供水车间交互分配率=50 000÷55 000≈0.91（元/吨）

供电车应负担的水费=5 000×0.91=4 550（元）

供电车间交互分配率=130 000÷331 000≈0.39（元/千瓦时）

供水车间负担的电费=6 000×0.39=2 340（元）

第二次，对外分配。

（1）供水车间对外分配。

供水车间交互分配后的费用=50 000+2 340−4 550=47 790（元）

供水车间对外分配率=47 790÷（55 000−5 000）≈0.96（元/吨）

A产品应负担的水费=20 000×0.96=19 200（元）

基本生产车间应负担的水费=6 000×0.96=5 760（元）

销售部门应负担的水费=10 000×0.96=9 600（元）

行政管理部门应负担的水费=47 790−19 200−5 760−9 600=13 230（元）

（2）供电车间对外分配。

供电车间交互分配后的费用=130 000+4 550−2 340=132 210（元）

供电车间对外分配率=132 210÷（331 000−6 000）≈0.41（元/千瓦时）

A产品应负担的电费=240 000×0.41=98 400（元）

基本生产车间应负担的电费=30 000×0.41=12 300（元）

销售部门应负担的电费=35 000×0.41=14 350（元）

行政管理部门应负担的电费=132 210−98 400−12 300−14 350=7 160（元）

根据辅助生产费用分配表（表3-58），编制如下会计分录：

（1）交互分配：

借：辅助生产成本——供水车间	2 340	
——供电车间	4 550	
贷：辅助生产成本——供电车间		2 340
——供水车间		4 550

（2）对外分配会计分录：

借：基本生产成本——A 产品　　117 600

　　制造费用　　18 060

　　销售费用　　23 950

　　管理费用　　20 390

　贷：辅助生产成本——供水车间　　47 790

　　　　　　　　　——供电车间　　132 210

表 3-58　辅助生产费用分配表

（交互分配法）

金额单位：元

项目			交互分配			对外分配		
辅助生产车间名称			供水车间	供电车间	金额合计	供水车间	供电车间	金额合计
待分配费用			50 000.00	130 000.00	180 000.00	47 790.00	132 210.00	180 000.00
劳务供应数量			55 000	331 000		50 000	325 000	
费用分配率			0.91	0.39		0.96	0.41	
辅助生产车间	供水车间	数量		6 000				
		金额		2 340.00	2 340.00			
	供电车间	数量	5 000					
		金额	4 550.00		4 550.00			
	金额小计		4 550.00	2 340.00	6 890.00			
基本生产车间	A 产品	数量				20 000	240 000	
		金额				19 200.00	98 400.00	117 600.00
	一般耗用	数量				6 000	30 000	
		金额				5 760.00	12 300.00	18 060.00
销售部门		数量				10 000	35 000	
		金额				9 600.00	14 350.00	23 950.00
管理部门		数量				14 000	20 000	
		金额				13 230.00	7 160.00	20 390.00
分配金额合计						47 790.00	132 210.00	180 000.00

注：分配率计算到小数点后两位，费用分配的尾差计入行政管理部门。

采用交互分配法，由于辅助生产内部相互提供产品或劳务进行了交互分配，因而提高了分配结果的准确性，但由于各种辅助生产费用都要计算两次费用分配率，特别是在辅助生产车间较多的情况下，加大了工作量。因此，这种方法适用于辅助生产车间之间相互提供产品和劳务数量较多的情况。

3. 代数分配法

代数分配法是按照联立方程的方法计算辅助生产车间提供产品或劳务的单位成本，然后根据各受益对象耗用的数量和单位成本计算分配辅助生产费用的一种方法。

微课视频
辅助生产费用分配——代数分配法

计算步骤及公式如下：

第一步，将辅助生产车间产品或劳务的单位成本设为未知数，并根据各辅助生产车间相互提供的劳务数量，建立并求解联立方程，计算出辅助生产车间产品或劳务的单位成本：

A辅助生产车间待分配费用 + A辅助车间接受B辅助车间产品或劳务量 × B辅助车间生产产品或劳务单位成本 = A辅助车间提供的产品或劳务量 × A辅助车间生产产品或劳务单位成本

第二步，计算各受益对象应分配的辅助生产费用：

某受益对象应分配的辅助生产费用=该受益对象接受的产品或劳务数量×该辅助生产车间产品或劳务的单位成本

【案例8】乙工厂设有供电车间和运输车间两个辅助生产部门，202×年7月供电车间发生费用28 000元；运输车间发生费用98 400元，各部门提供产品或劳务数量见表3-59。请采用代数分配法分配辅助生产费用，并编制相应的会计分录。

表3-59 辅助生产车间的劳务量汇总表

受益部门	供应部门	
	供电车间/千瓦时	运输车间/千米
供电车间		2 000
运输车间	4 000	
基本生产-A产品	32 000	23 000
基本生产-B产品	30 000	20 000
基本生产车间	8 000	3 000
行政管理部门	6 000	2 000
合计	80 000	50 000

设 运输车间单位成本为 x 元/千米，供电车间单位成本为 y 元/千瓦时，建立方程组如下：

$$\begin{cases} 28\ 000+2\ 000x=80\ 000y \\ 98\ 400+4\ 000y=50\ 000x \end{cases}$$

求解方程组得出：$x=2.00$

$y=0.40$

根据辅助生产费用分配表（表3-60），编制如下会计分录：

借：辅助生产成本——供电车间　　4 000.00

　　　　　　　——运输车间　　1 600.00

基本生产成本——A 产品　　58 800.00
　　　　　　——B 产品　　52 000.00
制造费用——基本生产车间　　9 200.00
管理费用　　6 400.00
贷：辅助生产成本——供电车间　　32 000.00
　　　　　　　　——运输车间　　100 000.00

表 3-60　辅助生产费用分配表（代数分配法）

202×年 7 月　　金额单位：元

辅助生产车间名称			供电车间	运输车间	金额合计
待分配费用			28 000.00	98 400.00	126 400.00
劳务量			80 000	50 000	
用代数分配法计算的实际单位成本			0.40	2.00	
辅助生产车间	供电车间	数量		2 000	
		金额		4 000.00	4 000.00
	运输车间	数量	4 000		
		金额	1 600.00		1 600.00
基本生产车间	A 产品	数量	32 000	23 000	
		金额	12 800.00	46 000.00	58 800.00
	B 产品	数量	30 000	20 000	
		金额	12 000.00	40 000.00	52 000.00
	一般耗用	数量	8 000	3 000	
		金额	3 200.00	6 000.00	9 200.00
行政管理部门		数量	6 000	2 000	
		金额	2 400.00	4 000.00	6 400.00
分配金额合计			32 000.00	100 000.00	132 000.00

【课堂讨论】 上例中，采用代数分配法分配辅助生产费用，供电车间和运输车间分配给各受益对象的辅助生产费用合计 132 000 元，供电车间和运输车间待分配金额合计 126 400 元，相差的 5 600 元是什么？

代数分配法是所有辅助生产费用分配方法中计算结果最为准确，但在辅助生产车间较多的企业中，采用此分配方法未知数较多，计算工作比较烦琐复杂。因此，这种方法在会计工作已经实现电算化的企业中采用比较适宜。

4. 计划成本分配法

计划成本分配法是指按事先确定的辅助生产车间提供的产品或劳务的计划单位成本和各受益单位耗用的产品或劳务数量，计算各受益单位应分配辅助生产费用的一种方法。

计划成本分配法分配辅助生产费用的步骤和公式如下：

第一步，按计划单位成本计算各受益单位应分配的辅助生产费用：

$$\frac{\text{某受益单位应分配的}}{\text{辅助生产费用（计划）}}=\frac{\text{该受益单位接受的}}{\text{产品或劳务数量}}\times\frac{\text{辅助生产}}{\text{计划单位成本}}$$

第二步，计算各辅助生产车间实际成本：

$$\frac{\text{辅助生产车间}}{\text{实际成本}}=\frac{\text{该辅助生产车间}}{\text{待分配费用}}+\frac{\text{从其他辅助生产车间}}{\text{按计划单位成本计算转入的费用}}$$

第三步，计算成本差异：

$$\frac{\text{辅助生产车间}}{\text{成本差异}}=\frac{\text{该辅助生产车间}}{\text{实际成本}}-\frac{\text{该辅助生产车间按计划单位成本}}{\text{计算分配出去的计划成本}}$$

辅助生产车间成本差异确定后，应将成本差异进行调整分配。成本差异的调整分配有两种处理方法：如果成本差异数额较大，可以采用辅助生产费用的直接分配法，将成本差异在辅助生产车间以外的各受益单位之间进行分配；如果成本差异数额较小，可以将成本差异直接计入管理费用，不需进行再次分配。

【案例9】沿用【案例8】资料，假设供电车间计划单位成本为0.39元/千瓦时，运输车间计划单位成本为1.99元/千米，请采用计划成本分配法分配辅助生产费用，并编制相应的会计分录。

供电车间实际成本=28 000+3 980=31 980（元）

运输车间实际成本=98 400+1 560=99 960（元）

供电车间生产成本差异=31 980-31 200=780（元）

运输车间生产成本差异=99 960-99 500=460（元）

根据辅助生产费用分配表（表3-61），编制如下会计分录：

（1）按计划成本分配时：

借：辅助生产成本——供电车间	3 980.00	
——运输车间	1 560.00	
基本生产成本——A产品	58 250.00	
——B产品	51 500.00	
制造费用——基本生产车间	9 090.00	
管理费用	6 320.00	
贷：辅助生产成本——供电车间		31 200.00
——运输车间		99 500.00

（2）结转成本差异时：（为了简化核算，辅助生产成本差异记入“管理费用”账户）

借：管理费用	1 240.00	
贷：辅助生产成本——供电车间		780.00
——运输车间		460.00

表 3-61 **辅助生产费用分配表**（计划成本分配法）

202×年 7 月 金额单位：元

辅助生产车间名称			供电车间	运输车间	金额合计
待分配费用			28 000.00	98 400.00	126 400.00
劳务量			80 000	50 000	
计划单位成本			0.39	1.99	
辅助生产车间	供电车间	数量		2 000	
		金额		3 980.00	3 980.00
	运输车间	数量	4 000		
		金额	1 560.00		1 560.00
基本生产车间	A 产品	数量	32 000	23 000.00	
		金额	12 480.00	45 770.00	58 250.00
	B 产品	数量	30 000	20 000	
		金额	11 700.00	39 800.00	51 500.00
	一般耗用	数量	8 000	3 000	
		金额	3 120.00	5 970.00	9 090.00
行政管理部门		数量	6 000	2 000	
		金额	2 340.00	3 980.00	6 320.00
按计划成本分配金额合计			31 200.00	99 500.00	130 700.00
辅助生产实际成本			31 980.00	99 960.00	131 940.00
辅助生产成本差异			780.00	460.00	1 240.00

采用计划成本分配法，按事先制订的计划单位成本分配，计算手续简单，各种辅助生产费用只计算分配一次，加快了会计核算的速度。同时，又能反映和考核各辅助生产车间成本计划的执行情况，有利于分析和考核各单位的经济责任。但是，采用这种方法，要求企业制订的计划单位成本必须比较准确。否则会影响分配结果的正确性，因此，这种方法一般适用于辅助生产计划单位成本制订得比较准确的情况下使用。

5. 顺序分配法

顺序分配法是指按各辅助生产车间相互之间的费用分配是按照受益多少的顺序依次排列，受益少的排在前，先将费用分配出去，受益多的排在后，后将费用分配出去。

其分配特点：前者分配给后者，而后者不分配给前者；后者的分配额等于直接发生的费用加上前者分配转入的费用之和。

【案例 10】沿用【案例 8】资料，采用顺序分配法分配辅助生产费用，并编制会计分录。

案例分析：运输车间应分配电费＝ 28 000÷80 000×4 000＝1 400（元）

供电车间应分配运输费用＝98 400÷50 000×2 000＝3 936（元）

采用顺序分配法，运输车间应分配电费比供电车间应分配运输费少，运输车间排在前，先将费用分配出去；供电车间排在后，应将本车间发生的费用与运输车间分配转入的费用之和分配给运输车间以外的各受益对象。

运输车间费用分配率=98 400/50 000=1.968 0（元/千米）

供电车间费用分配率=（28 000+3 936）/（80 000−4 000）= 0.420 2（元/千瓦时）

分配结果见表3-62。

表3-62　辅助生产费用分配表（顺序分配法）

202×年7月　　　　金额单位：元

供应部门		应借账户						
		辅助生产成本		基本生产成本		制造费用	管理费用	合计
		运输车间	供电车间	A产品	B产品	基本车间		
运输车间	供应数量		2 000	23 000	20 000	3 000	2 000	50 000
	待分配费用							98 400.00
	分配率							1.968 0
	分配金额		3 936.00	45 264.00	39 360.00	5 904.00	3 936.00	98 400.00
供电车间	供应数量			32 000	30 000	8 000	6 000	76 000
	直接费用							28 000.00
	转入费用							3 936.00
	待分配费用							31 936.00
	分配率							0.420 2
	分配金额			13 446.40	12 606.00	3 361.60	2 522.00	31 936.00
分配金额合计			3 936.00	58 710.40	51 966.00	9 265.60	6 458.00	130 336.00

注：小数尾差倒挤到管理费用。

根据辅助生产费用分配表（表3-62），编制会计分录如下：

借：辅助生产成本——供电车间　　3 936.00

　　基本生产成本——A产品　　58 710.40

　　　　　　　　——B产品　　51 966.00

　　制造费用——基本生产车间　　9 265.60

　　管理费用　　6 458.00

　贷：辅助生产成本——运输车间　　98 400.00

　　　　　　　　　——供电车间　　31 936.00

采用顺序分配法，辅助生产费用既要分配给辅助生产以外的受益单位，又要分配给排列在后面的其他辅助生产车间，因而增加了计算工作量，但顺序分配法比交互分配法简化。顺序分配法是单向分配，即排在前面的辅助生产车间不负担排在后面的辅助生产车间的费用，分配结果不够准确。这种方法只适用于各辅助生产车间之间相互受益程度有明显顺序的企业。

辅助生产费用的会计处理流程见图3-11。

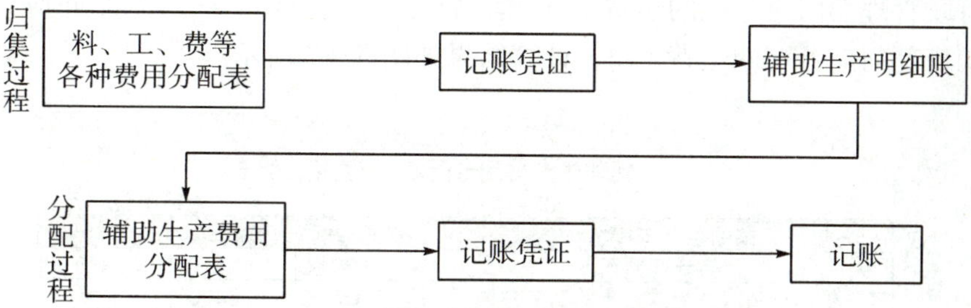

图 3-11　辅助生产费用的会计处理操作流程

三、工作过程

说明：桂南有限公司辅助生产费用分配采用直接分配法。

步骤一：编制辅助生产费用分配表。

根据 7 月份归集辅助生产成本明细账（见表 3-54、表 3-55）和辅助生产车间的劳务量汇总表（表 3-63），采用直接分配法编制辅助生产费用分配表。

表 3-63　辅助生产车间的劳务量汇总表

202×年 7 月

受益部门	供应部门	
	供水车间/吨	运输车间/千米
供水车间		2 000
运输车间	2 400	
一车间	15 000	19 000
二车间		13 000
行政管理部门	500	1 200
销售部门	200	800
合计	18 100	36 000

采用 Excel 计算分配辅助生产费用，设定以下公式：

（1）供水车间费用分配率 E6＝供水车间费用总额 E4/供水车间对外提供产品总量 E5；

（2）一车间应分配的水费 E8＝一车间消耗的水量 E7×供水车间费用分配率 E6；

（3）销售部门应分配的水费 E12＝销售部门消耗的水量 E11×供水车间费用分配率 E6；

（4）行政管理部门应分配的水费 E14＝供水车间费用总额 E4－一车间应分配的水费 E8－销售部门应分配的水费 E12；

（5）运输车间费用分配率 F6＝运输车间费用总额 F4/运输车间对外提供劳务总量 F5；

（6）一车间应分配的运费 F8＝一车间接受运输劳务量 F7×运输车间费用分配率 F6；

（7）二车间应分配的运费 F10＝二车间接受运输劳务量 F9×运输车间费用分配率 F6；

（8）销售部门应分配的运费 F12＝销售部门接受运输劳务量 F11×运输车间费用分配率 F6；

（9）行政管理部门应分配的运费 F14＝运输车间费用总额 F4－一二车间应分配的运费 F8、F10－销售部门应分配的运费 F12，计算结果如图 3-12 所示。

	A	B	C	D	E	F	G
1	辅助生产费用分配表（直接分配法）						
2	202×年7月					金额单位：元	
3	辅助生产车间名称				供水车间	运输车间	金额合计
4	待分配费用				14630.00	37700.00	52330.00
5	辅助生产车间以外受益对象的劳务总量				15700	34000	
6	费用分配率（单位成本）				0.93	1.11	
7	辅助生产车间以外受益部门	基本生产车间	一车间	数量	15000	19000	
8				金额	13950.00	21090.00	35040.00
9			二车间	数量		13000	
10				金额		14430.00	14430.00
11		销售部门		数量	200	800	
12				金额	186.00	888.00	1074.00
13		行政管理部门		数量	500	1200	
14				金额	494.00	1292.00	1786.00
15	分配金额合计				14630.00	37700.00	52330.00

图 3-12　辅助生产费用分配表示例

注：分配率计算到小数点后两位，尾差计入行政管理部门。

步骤二：填制分配辅助生产费用记账凭证。

根据辅助生产费用分配表填制记账凭证（表 3-64）。

表 3-64　记账凭证

202×年 7 月 31 日　　　　第 56 号

摘要	总账科目	明细科目	借方金额	√	贷方金额	√
分配辅助生产费用	制造费用	一车间	35 040. 00	√		
	制造费用	二车间	14 430. 00			
	销售费用		1 074. 00	√		
	管理费用		1 786. 00	√		
	辅助生产成本	供水车间			14 630. 00	√
	辅助生产成本	运输车间			37 700. 00	√
合　　计			¥52 330. 00		¥52 330. 00	

会计主管：王丹　　记账：吴红　　出纳：　　复核：王丹　　制单：李伟　　附件：2 张

步骤三：登记相关成本明细账。

成本会计根据记账凭证及所附的原始凭证登记相关明细账（表 3-65～表 3-68）。

表 3-65　制造费用明细账（接表 3-52）

部门：一车间　　　　　　　　　　　　　　　　　　　　　　　　单位：元

202×年		凭证字号	摘要	材料费	水电费	人工费	折旧费	运输费	其他	合计
月	日									
7	31	记 51	材料费用分配	8 000.00						8 000.00
7	31	记 52	分配动力费用		320.00					320.00
7	31	记 53	分配职工薪酬			16 800.00				16 800.00
7	31	记 54	分配折旧费				6 000.00			6 000.00
7	31	记 55	分配其他费用						1 200.00	1 200.00
7	31	记 56	分配水费及运输费		13 950.00			21 090.00		35 040.00

表 3-66　制造费用明细账（接表 3-53）

部门：二车间　　　　　　　　　　　　　　　　　　　　　　　　单位：元

202×年		凭证字号	摘要	材料费	水电费	人工费	折旧费	运输费	其他	合计
月	日									
7	31	记 51	材料费用分配	6 800.00						6 800.00
7	31	记 52	分配动力费用		160.00					160.00
7	31	记 53	分配职工薪酬			3 970.00				3 970.00
7	31	记 54	分配折旧费				3 500.00			3 500.00
7	31	记 55	分配其他费用						800.00	800.00
7	31	记 56	分配运输费					14 430.00		14 430.00

表 3-67　辅助生产成本明细账（接表 3-54）

部门：供水车间　　　　　　　　　　　　　　　　　　　　　　　　单位：元

202×年		凭证字号	摘要	材料费	电费	人工费	折旧费	合计
月	日							
7	31	记 51	材料费用分配	1 400.00				1 400.00
7	31	记 52	分配动力费用		4 400.00			4 400.00
7	31	记 53	分配职工薪酬			7 830.00		7 830.00
7	31	记 54	分配折旧费				1 000.00	1 000.00
			合计	1 400.00	4 400.00	7 830.00	1 000.00	14 630.00
7	31	记 56	分配结转	-1 400.00	-4 400.00	-7 830.00	-1 000.00	-14 630.00

表 3-68　辅助生产成本明细账（接表 3-55）

部门：运输车间　　　　　　　　　　　　　　　　　　　　　　　　　　单位：元

202×年		凭证字号	摘要	材料费	电费	人工费	折旧费	合计
月	日							
7	31	记 51	材料费用分配	26 000.00				26 000.00
7	31	记 52	分配动力费用		1 600.00			1 600.00
7	31	记 53	分配职工薪酬			8 600.00		8 600.00
7	31	记 54	分配折旧费				1 500.00	1 500.00
			合计	26 000.00	1 600.00	8 600.00	1 500.00	37 700.00
7	31	记 56	分配结转	-26 000.00	-1 600.00	-8 600.00	-1 500.00	-37 700.00

【知识与技能训练】

一、选择题（下列选项中有一项或多项是正确的，请将正确的选项填入括号中）

1. 下列辅助生产费用分配方法中，不在辅助生产单位之间分配费用的方法是（　　）。

A. 直接分配法　　　　B. 交互分配法

C. 代数分配法　　　　D. 计划成本分配法

2. 提供水、电、汽等产品的辅助生产单位，在各受益对象之间分配的辅助生产费用，是指该生产单位（　　）。

A. 本期发生的费用

B. 期初在产品成本

C. 期末在产品成本

D. 期初在产品成本和本期生产费用合计数

3. 下列辅助生产费用分配方法中，分配结果最为准确的是（　　）。

A. 直接分配法　　　　B. 代数分配法

C. 交互分配法　　　　D. 计划成本分配法

4. 下列辅助生产成本明细账中，可能有期末余额的是（　　）。

A. 自制材料、自制工具和模具生产成本明细账

B. 供水、供电车间生产成本明细账

C. 运输车间生产成本明细账

D. 修理车间生产成本明细账

5. 辅助生产车间发生的制造费用（　　）。

A. 必须通过“制造费用”账户核算

B. 不必通过“制造费用”账户核算

C. 根据具体情况，可以记入“制造费用”账户，也可以直接记入“辅助生产成本”账户

D. 必须通过“辅助生产成本”账户

6. 辅助生产交互分配后的实际费用，应再在（　　）进行分配。

A. 各基本生产车间　　　　B. 各受益单位之间

C. 各辅助生产车间　　　　D. 辅助生产车间以外的受益单位之间

7. 辅助生产费用的各种分配方法中，便于考核和分析各受益单位成本，有利于分清企业内部各单位的经济责任的是（　　）。

A. 直接分配法　　　　B. 计划成本分配法

C. 交互分配法　　　　D. 代数分配法

8. 辅助生产车间发生的固定资产折旧费，可能借记的账户有（　　）。

A. 制造费用　　　　B. 辅助生产成本

C. 基本生产成本　　　　D. 管理费用

9. 辅助生产费用的分配方法有（　　）。

A. 直接分配法　　　　B. 交互分配法

C. 代数分配法　　　　D. 计划成本分配法

10. 在辅助生产费用分配方法中，考虑了辅助生产单位之间交互分配费用的方法有（　　）。

A. 直接分配法　　　　B. 交互分配法

C. 代数分配法　　　　D. 计划成本分配法

二、判断题（正确的在括号内打“√”，错误的打“×”）

1.（　　）辅助生产单位发生的制造费用，都应当直接记入辅助生产成本明细账。

2.（　　）企业辅助生产成本明细账均应无余额。

3.（　　）采用直接分配法，辅助生产单位之间相互提供的劳务，不相互分配费用。

4.（　　）采用交互分配法，交互分配以后各辅助生产单位的待分配费用，应分配给全部受益对象。

5.（　　）采用计划成本分配法，辅助生产的成本差异一般可以全部计入管理费用。

6.（　　）辅助生产产品和劳务成本的高低，对企业产品成本没有影响。

三、实务训练

实训（一）：辅助生产费用分配——直接分配法

［资料］洪广公司设有供电和供水两个辅助生产车间。5 月份供电车间发生的生产费用 29 120 元，供水车间发生的生产费用 26 880 元。辅助生产车间生产劳务供应情况见下表。

辅助生产劳务供应汇总表

202×年 5 月

受益部门	用电度数	用水吨数
供电车间		2 400
供水车间	8 000	
生产甲产品	60 000	

受益部门	用电度数	用水吨数
基本生产车间	6 000	30 000
行政管理部门	14 000	10 000
合计	88 000	42 400

［要求］采用直接分配法分配辅助生产费用，完成辅助生产费用分配表，并编制分配表结转辅助生产费用会计分录。

辅助生产费用分配表（直接分配法）

202×年 5 月　　金额单位：元

辅助生产车间名称			供电车间	供水车间	金额合计
待分配费用					
辅助生产车间以外各部门受益劳务量					
费用分配率（单位成本）					
辅助生产车间以外受益部门	生产甲产品	数量			
		金额			
	基本生产车间	数量			
		金额			
	行政管理部门	数量			
		金额			
分配金额合计					

注：分配率计算到小数点后三位，尾差计入行政管理部门。

实训（二）：辅助生产费用分配——交互分配法

［资料］根据实训（一）资料。

［要求］采用交互分配法分配辅助生产费用，完成辅助生产费用分配表，并编制分配结转辅助生产费用会计分录。

辅助生产费用分配表（交互分配法）

202×年 5 月　　金额单位：元

项目	交互分配			对外分配		
辅助生产车间名称	供电车间	供水车间	金额合计	供电车间	供水车间	金额合计
待分配费用						
劳务量						
费用分配率						

项目			交互分配			对外分配		
辅助生产车间	供电车间	数量						
		金额						
	供水车间	数量						
		金额						
	金额小计							
生产甲产品	数量							
	金额							
基本生产车间	数量							
	金额							
行政管理部门	数量							
	金额							
分配金额合计								

注：分配率计算到小数点后四位，尾差计入行政管理部门。

实训（三）：辅助生产费用分配——代数分配法

[资料] 见实训（一）资料。

[要求] 采用代数分配法分配辅助生产费用，完成辅助生产费用分配表，并编制分配表结转辅助生产费用会计分录。

辅助生产费用分配表（代数分配法）

202×年 5 月　　　　金额单位：元

辅助生产车间名称			供电车间	供水车间	金额合计
待分配费用					
劳务量					
用代数分配法计算的实际单位成本					
辅助生产车间	供电车间	数量			
		金额			
	供水车间	数量			
		金额			
	金额小计				
生产甲产品	数量				
	金额				
基本生产车间	数量				
	金额				
行政管理部门	数量				
	金额				
分配金额合计					

实训（四）：辅助生产费用分配——计划成本分配法

［资料］见实训一资料，该公司每度电的计划成本为 0.35 元，供水车间每吨水的计划成本为 0.68 元。(说明：辅助生产单位的成本差异全部计入管理费用)

［要求］采用计划成本分配法分配辅助生产费用，完成辅助生产费用分配表，并编制表分配结转辅助生产费用会计分录。

辅助生产费用分配表（计划成本分配法）

202×年 5 月　　　　单位：元

辅助生产车间名称			供电车间	供水车间	金额合计
待分配费用			29 120.00	26 880.00	
劳务量			88 000	42 400	
计划单位成本					
辅助生产车间	供电车间	数量			
		金额			
	供水车间	数量			
		金额			
	金额小计				
生产甲产品	数量				
	金额				
基本生产车间	数量				
	金额				
行政管理部门	数量				
	金额				
按计划成本分配金额合计					
辅助生产实际成本					
辅助生产成本差异					

任务七　制造费用的归集与分配

一、工作任务

完成桂南有限公司 7 月份制造费用的归集与分配任务。

二、必备知识

微课视频
制造费用的归集与分配

（一）制造费用的概念及内容

1. 制造费用的概念

制造费用是指工业企业生产车间为生产产品或提供劳务而发生的应由产品或劳务负担的各项间接成本。

2. 制造费用包括的内容

制造费用的内容比较复杂，包括物料消耗，车间管理人员的薪酬，车间管理用房屋和设备的折旧、租赁费和保险费，车间管理用具摊销，车间管理用的照明费、水费、取暖费、劳动保护费、设计制图费、试验检验费、差旅费、办公费以及季节性及修理期间停工损失等。在核算中，为了减少费用项目，简化核算工作，可将性质相同的费用合并设立相应的费用项目，如将用于产品生产的固定资产的折旧费合并设立“折旧费”项目，也可根据费用比重大小和管理上的要求另行设立制造费用项目。但是，为了使各期成本、费用资料可比，制造费用项目一经确定，不应任意变更。

（二）制造费用的会计处理过程

制造费用的会计处理，是通过“制造费用”账户来完成的。“制造费用”账户用来反映企业一定时期内的制造费用的归集及其分配情况，借方归集生产车间在一定时期发生的全部制造费用，贷方反映制造费用的分配。月末一般无余额。制造费用会计处理过程操作流程如图 3–13 所示。

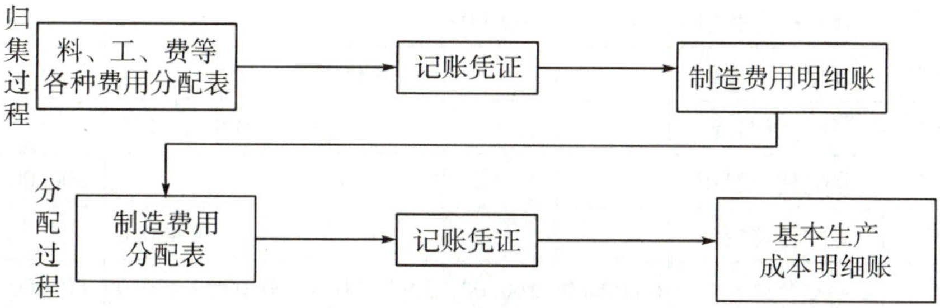

图 3–13　制造费用会计处理操作流程

（三）制造费用的归集

制造费用的归集，是在制造费用发生时，根据有关的付款凭证、转账凭证和各种费用分配表记入“制造费用”账户的借方，并按费用的项目，分别记入“材料费”“人工费”“电费”“水费”“折旧费”等项目中，通过登记，把所发生的制造费用归集起来。例如，桂南有限公司一车间和二车间发生的制造费用，经过工作任务一到任务六已经归集在制造费用明细账的有关项目，如表 3–69、表 3–70。

表 3-69　制造费用明细账（接表 3-65）

部门：一车间　　　　单位：元

202×年		凭证字号	摘要	材料费	水电费	人工费	折旧费	运输费	其他	合计
月	日									
7	31	记 51	材料费用分配	8 000.00						8 000.00
7	31	记 52	分配动力费用		320.00					320.00
7	31	记 53	分配职工薪酬			16 800.00				16 800.00
7	31	记 54	分配折旧费				6 000.00			6 000.00
7	31	记 55	分配其他费用						1 200.00	1 200.00
7	31	记 56	分配水费和运输费		13 950.00			21 090.00		35 040.00
			合计	8 000.00	14 270.00	16 800.00	6 000.00	21 090.00	1 200.00	67 360.00

表 3-70　制造费用明细账（接表 3-66）

部门：二车间　　　　单位：元

202×年		凭证字号	摘要	材料费	水电费	人工费	折旧费	运输费	其他	合计
月	日									
7	31	记 51	材料费用分配	6 800.00						6 800.00
7	31	记 52	分配动力费用		160.00					160.00
7	31	记 53	分配职工薪酬			3 970.00				3 970.00
7	31	记 54	分配折旧费				3 500.00			3 500.00
7	31	记 55	分配其他费用						800.00	800.00
7	31	记 56	分配运输费					14 430.00		14 430.00
			合计	6 800.00	160.00	3 970.00	3 500.00	14 430.00	800.00	29 660.00

（四）制造费用的分配

如果某基本生产车间只生产一种产品或只提供一种劳务时，那么该生产车间归集的制造费用可以直接计入该产品成本或劳务成本，如桂南有限公司二车间只生产丙产品。如果某基本生产车间生产多种产品或提供多种劳务时，归集的制造费用就应采用适当的分配方法分配给本车间生产的各种产品或劳务，如桂南有限公司一车间生产甲、乙两种产品。

制造费用分配的关键是要选择合适的分配标准。一般情况下，应该选择与制造费用有密切联系、资料比较容易取得、易于准确计量的分配标准。企业应根据各生产车间组织管理生产活动的特点、性质，选择合理的分配标准和恰当的分配方法。

制造费用分配的方法很多，通常采用的方法有生产工人工时比例分配法（或生产工时比例分配法）、生产工人工资比例分配法、机器工时比例分配法和年度计划分配率法等。

1. 生产工时比例分配法

生产工时比例分配法是按照各种产品生产工人工时的比例分配制造费用的方法。

计算公式：

$$制造费用分配率=\frac{制造费用总额}{各种产品生产工时之和}$$

某种产品应分配的制造费用=该产品生产工时×制造费用分配率

【案例 11】甲工厂基本生产车间生产 A、B、C 三种产品，共发生制造费用 55 000 元。A 产品生产工时为 2 500 小时、B 产品生产工时为 3 500 小时、C 产品生产工时为 4 000 小时。按生产工时比例分配法分配制造费用，计算分配如下：

$$制造费用分配率=\frac{55\ 000}{2\ 500+3\ 500+4\ 000}=5.50（元/小时）$$

A 产品应分配的制造费用=2 500×5.50=13 750（元）

B 产品应分配的制造费用=3 500×5.50=19 250（元）

C 产品应分配的制造费用=4 000×5.50=22 000（元）

编制制造费用分配表如表 3-71 所示。

表 3-71　制造费用分配表

202×年 7 月　　　　金额单位：元

应借账户		生产工时	分配率	分配金额
基本生产成本	A 产品	2 500		13 750
	B 产品	3 500		19 250
	C 产品	4 000		22 000
合　　计		10 000	5.50	55 000

根据制造费用分配表，编制会计分录如下：

借：基本生产成本——A 产品　　13 750

　　　　　　　　——B 产品　　19 250

　　　　　　　　——C 产品　　22 000

　贷：制造费用　　55 000

按生产工人工时比例分配制造费用是较为常用的一种分配方法，它能将劳动生产率的高低与产品负担制造费用的多少联系起来，分配结果比较合理。生产工时是分配间接计入费用常用的分配标准之一，因此，要求企业必须正确组织好产品生产工时的记录和核算等基础工作，以保证生产工时的准确、可靠。

2. 生产工人工资比例分配法

生产工人工资比例分配法又称生产工资比例分配法，是以各种产品的生产工人工资的比例分配制造费用的方法，计算公式如下：

$$制造费用分配率=\frac{制造费用总额}{各种产品生产工人工资总额}$$

某种产品应分配的制造费用=该种产品生产工人工资×制造费用分配率

工资费用分配表中有现成的生产工人工资的资料，因此生产工人工资比例分配法的核算工作很简便。这种方法适用于各种产品生产机械化程度大致相同的情况，否则会影响费用分配的合理性。例如，机械化程度低的产品，所用工资费用多，分配的制造费用也多；反之，机械化程度高的产品，所用工资费用少，分配的制造费用也少，会出现不合理情况，该分配方法与生产工人工时比例法原理基本相同。如果生产工人的计时工资是按照生产工时比例分配的，按照生产工人工资比例分配制造费用实际上就是按生产工人工时比例分配制造费用。

3. 机器工时比例分配法

机器工时比例分配法是指按照生产各种产品所用机器设备运转时间的比例分配制造费用的方法，计算公式如下：

$$\text{制造费用分配率}=\frac{\text{制造费用总额}}{\text{各种产品耗用机器工时之和}}$$

$$\text{某种产品应分配的制造费用}=\text{该产品耗用机器工时数}\times\text{制造费用分配率}$$

机器工时比例分配法适用于机械化程度较高的生产车间，因为在这种车间归集的制造费用中，与机器设备使用有关的费用（如折旧、动力费用等）占比重比较大，而这一部分费用与机器设备运转的时间有着密切的联系，因此按机器工时分配制造费用比较合理。采用这种方法，必须做好各种产品所耗用机器工时的原始记录，以保证机器工时的准确性。

4. 年度计划分配率法

年度计划分配率法是指按年度开始前确定的全年度适用的计划分配率分配制造费用的方法。

微课视频
制造费用分配——年度计划分配率法

采用这种分配方法，不论各月实际发生的制造费用是多少，每月各种产品成本中的制造费用都按年度计划确定的计划分配率分配。年度内如果发现全年制造费用的实际数和产品的实际产量与计划数存在较大的差额，则应及时调整计划分配率。

其计算步骤和公式如下：

第一步：年初确定年度计划分配率。

$$\text{年度计划分配率}=\frac{\text{计划年度制造费用总额}}{\sum\text{（年度各种产品计划产量}\times\text{单位产品定额工时）}}$$

第二步：每月按年度计划分配率计算分配制造费用。

$$\text{某月某种产品应分配的制造费用}=\text{该产品实际产量定额工时}\times\text{年度计划分配率}$$

第三步：年末调整“制造费用”余额。

采用年度计划分配率法，“制造费用”账户平时可能有余额，如果是借方余额，表示实际发生的制造费用大于按计划分配的费用；如果为贷方余额，表示实际发生的制造费用小于按计划分配的费用。如年末有余额，就是全年制造费用的实际发生额与计划分配额的差额，一般应在年末调整计入 12 月份的各种产品成本。实际发生额大于计划分配额，借记“基本生产成本”，贷记“制造费用”；实际发生额小于计划分配额，用红字冲减。

$$\text{差异额分配率}=\frac{\text{差异额}}{\text{全年各种产品分配制造费用之和}}$$

某产品应分配的差异额=该产品全年分配的制造费用×差异额分配率

【案例 12】蓝海公司基本生产车间 202×年全年制造费用计划为 127 680 元，全年本车间各种产品的计划产量为：A 产品 2 800 件，B 产品 3 600 件；A 产品单件工时定额为 6 小时，B 产品单件工时定额为 8 小时。12 月份实际产量为：A 产品 300 件，B 产品 320 件。要求按年度计划分配率法分配 12 月制造费用并编制相应的会计分录。

（1）年初确定年度计划分配率：

$$年度制造费用计划分配率=\frac{127\ 680}{(2\ 800\times6)+(3\ 600\times8)}=2.8（元/小时）$$

（2）计算分配 12 月份制造费用：

A 产品 12 月份实际产量定额工时=300×6=1 800（小时）

B 产品 12 份实际产量定额工时=320×8=2 560（小时）

12 月份 A 产品应分配制造费用=1 800×2. 8=5 040（元）

12 月份 B 产品应分配制造费用=2 560×2. 8=7 168（元）

该车间 12 月份按计划分配率分配结转的制造费用=5 040+7 168=12 208（元）

根据计算分配结果编制会计分录如下：

借：基本生产成本——A 产品	5 040	
——B 产品	7 168	
贷：制造费用		12 208

（3）假设，12 月“制造费用”期初账户借方余额为 300 元，12 月份实际发生制造费用 12 408 元，按计划分配率分配结转的制造费用 12 208 元，12 月末，出现借方余额 500 元。已知按计划分配率 A 产品 1~12 月已分配制造费用 48 000 元，B 产品已分配制造费用 52 000 元。

$$差异额分配率=\frac{500}{48\ 000+52\ 000}=0.005$$

A 产品应调整的差异额=48 000×0. 005=240（元）

B 产品应调整的差异额=52 000×0. 005=260（元）

编制调整差异会计分录如下：

借：基本生产成本——A 产品	240	
——B 产品	260	
贷：制造费用		500

采用年度计划分配率法，可以随时计算已完工产品应负担的制造费用，有利于产品成本和制造费用的日常控制。年度计划分配率法适合季节性生产的车间，因为这种方法不受淡季和旺季月产量悬殊的影响，不会造成各月单位产品成本中制造费用忽高忽低，也便于成本考核和分析。但采用这种方法，企业必须有较高的计划管理水平，否则计划分配额与实际发生额差异过大，会影响制造费用分配的准确性。

三、工作过程

说明：桂南有限公司制造费用分配方法采用机器工时比例分配法。

微课视频
工作过程：制造费用核算

步骤一：编制制造费用分配表。

根据归集一车间和二车间发生的制造费用（表3-69、表3-70）和本月基本生产车间机器设备使用情况汇总表（表3-72），编制制造费用分配表（图3-14）。

表3-72　基本生产车间机器设备使用情况汇总表

202×年7月

车间	产品名称	机器设备运转时间/小时	备注
一车间	甲产品	6 200	
	乙产品	3 054	
二车间	丙产品	3 800	

	A	B	C	D	E
1	基本生产车间制造费用分配表				
2	202×年7月			单位：元	
3	车间及产品名称		机器工时	分配率	分配金额
4	一车间	甲产品	6200		45136.00
5		乙产品	3054		22224.00
6		小计	9254	7.28	67360.00
7	二车间	丙产品	3800		29660.00

图3-14　基本生产车间制造费用分配表示例

注：制造费用分配率计算到小数点后两位，尾差计入乙产品。

说明：采用机器工时比例分配法分配一车间制造费用，本月生产甲产品机器工时6 200小时，生产乙产品机器工时3 054小时。

采用Excel计算分配基本生产车间制造费用，设定以下公式：

（1）一车间制造费用分配率D6＝一车间制造费用总额E6/甲、乙产品机器工时之和C6；

（2）甲产品应分配的制造费用E4＝甲产品机器工时C4×一车间制造费用分配率D6，乙产品应分配的制造费用E5＝一车间制造费用总额E6－甲产品应分配的制造费用E4；计算结果如图3-14所示。

步骤二：填制分配制造费用记账凭证。

根据制造费用分配表及基本生产车间机器设备使用情况汇总表填制记账凭证（表3-73）。

表 3-73　记账凭证

202×年 7 月 31 日　　　　第 57 号

摘要	总账科目	明细科目	借方金额	√	贷方金额	√
分配制造费用	基本生产成本	甲产品	45 136.00	√		
		乙产品	22 224.00	√		
		丙产品	29 660.00	√		
	制造费用	一车间			67 360.00	√
		二车间			29 660.00	√
合　计			¥97 020.00		¥97 020.00	

会计主管：王丹　　记账：吴红　　出纳：　　复核：王丹　　制单：李伟　　附件：2 张

步骤三：登记相关成本明细账。

根据记账凭证及所附的原始凭证登记相关成本费用明细账（表 3-74～表 3-78）。

表 3-74　基本生产成本明细账（接表 3-39）

车间名称：一车间　　　　产品名称：甲产品

单位：元

202×年		凭证字号	摘要	直接材料	燃料及动力	直接人工	制造费用	合计
月	日							
7	1		月初余额	2 500.00	50.00	200.00	300.00	3 050.00
7	31	记 51	分配材料费用	142 000.00				142 000.00
7	31	记 52	分配动力费用		6 240.00			6 240.00
7	31	记 53	分配职工薪酬			142 350.00		142 350.00
7	31	记 57	分配制造费用				45 136.00	45 136.00

表 3-75　基本生产成本明细账（接表 3-40）

车间名称：一车间　　　　产品名称：乙产品

单位：元

202×年		凭证字号	摘要	直接材料	燃料及动力	直接人工	制造费用	合计
月	日							
7	31	记 51	材料费用分配	112 000.00				112 000.00
7	31	记 52	分配动力费用		3 360.00			3 360.00
7	31	记 53	分配职工薪酬			76 650.00		76 650.00
7	31	记 57	分配制造费用				22 224.00	22 224.00

表 3-76　基本生产成本明细账（接表 3-41）

车间名称：二车间　　产品名称：丙产品

单位：元

202×年		凭证字号	摘要	直接材料	燃料及动力	直接人工	制造费用	合计
月	日							
			月初余额	30 000.00	600.00	1 500.00	3 000.00	35 100.00
7	31	记 51	材料费用分配	270 000.00				270 000.00
7	31	记 52	分配动力费用		5 600.00			5 600.00
7	31	记 53	分配职工薪酬			23 300.00		23 300.00
7	31	记 57	分配制造费用				29 660.00	29 660.00
			本月合计	270 000.00	5 600.00	23 300.00	29 660.00	328 560.00
			生产费用合计	300 000.00	6 200.00	24 800.00	32 660.00	363 660.00

表 3-77　制造费用明细账（接表 3-69）

部门：一车间　　单位：元

202×年		凭证字号	摘要	材料费	水电费	人工费	折旧费	运输费	其他	合计
月	日									
7	31	记 51	材料费用分配	8 000.00						8 000.00
7	31	记 52	分配动力费用		320.00					320.00
7	31	记 53	分配职工薪酬			16 800.00				16 800.00
7	31	记 54	分配折旧费				6 000.00			6 000.00
7	31	记 55	分配其他费用						1 200.00	1 200.00
7	31	记 56	分配水费和运输费		13 950.00			21 090.00		35 040.00
			合计	8 000.00	14 270.00	16 800.00	6 000.00	21 090.00	1 200.00	67 360.00
7	31	记 57	分配结转制造费用	-8 000.00	-14 270.00	-16 800.00	-6 000.00	-21 090.00	-1 200.00	-67 360.00

表 3-78　制造费用明细账（接表 3-70）

部门：二车间　　单位：元

202×年		凭证字号	摘要	材料费	水电费	人工费	折旧费	运输费	其他	合计
月	日									
7	31	记 51	材料费用分配	6 800.00						6 800.00
7	31	记 52	分配动力费用		160.00					160.00
7	31	记 53	分配职工薪酬			3 970.00				3 970.00
7	31	记 54	分配折旧费				3 500.00			3 500.00
7	31	记 55	分配其他费用						800.00	800.00
7	31	记 56	分配运输费					14 430.00		14 430.00
			合计	6 800.00	160.00	3 970.00	3 500.00	14 430.00	800.00	29 660.00
7	31	记 57	分配结转制造费用	-6 800.00	-160.00	-3 970.00	-3 500.00	-14 430.00	-800.00	-29 660.00

【知识与技能训练】

一、选择题（下列选项中有一项或多项是正确的，请将正确的选项填入括号中）

1.“制造费用”账户（　　）。

A. 一般有借方余额

B. 一般有贷方余额

C. 转入“本年利润”账户后，期末无余额

D. 除季节性生产企业外，期末无余额

2. 机器工时分配法适用于（　　）的生产单位。

A. 制造费用中折旧费用的比重较小

B. 制造费用中折旧费用的比重较大

C. 制造费用中管理人员薪酬的比重较小

D. 制造费用中管理人员薪酬的比重较大

3. 采用计划费用分配率分配制造费用时，“制造费用”账户（　　）。

A. 应有借方余额

B. 应有贷方余额

C. 只有年末有借方余额

D. 年末差额分配结转后，应无余额

4.“制造费用”明细账，应当按照（　　）设置。

A. 不同生产单位（分厂、车间）

B. 不同费用项目

C. 不同产品品种

D. 不同成本核算对象

5. 制造费用（　　）。

A. 属于间接费用

B. 一般为间接计入费用

C. 属于综合性费用项目

D. 属于基本费用

6. 下列费用中属于制造费用项目的有（　　）。

A. 生产单位管理人员的薪酬

B. 生产单位全体人员的薪酬

C. 生产单位的固定资产折旧费

D. 企业行政管理部门的固定资产折旧费

7. 制造费用的分配方法有（　　）等。

A. 生产工人工时比例分配法

B. 机器工时比例分配法

C. 生产工人工资比例分配法

D. 年度计划分配率法

二、判断题（正确的在括号内打“√”，错误的打“×”）

1.（　　）制造费用是各生产单位发生的间接计入费用。

2.（　　）“制造费用”成本项目属于综合性费用项目。

3.（　　）企业应当按照制造费用项目设置制造费用明细账。

4.（　　）企业制造费用分配方法一经确定，不得随意变更。

5.（　　）采用计划费用分配率分配制造费用，“制造费用”明细账应留有年末余额。

6.（　　）在产品生产的机械化程度比较高的车间，宜采用机器工时比例分配法分配制造费用。

7.（　　）生产车间内不论是生产人员、技术人员还是管理人员的工资及福利，均应计入“制造费用”账户。

8.（　　）在只生产一种产品的车间中，其制造费用是直接计入费用。

三、实务训练

实训（一）：制造费用的分配——生产工时比例分配法

［资料］光明公司基本生产车间生产 A、B、C 三种产品，5 月份共发生制造费用 36 000 元，A 产品生产工时为 2 500 小时，B 产品生产工时为 3 500 小时，C 产品生产工时为 4 000 小时。

［要求］采用生产工时比例分配法分配制造费用，编制制造费用分配表，并编制会计分录。

基本生产车间制造费用分配表

202×年 5 月

应借账户		生产工时	分配率	分配金额
基本生产成本	A 产品			
	B 产品			
	C 产品			
合　　计				

实训（二）：制造费用的分配——年度计划分配率分配法

［资料］圆通工厂二车间 202×年全年计划制造费用总额为 1 032 000 元，全年本车间各种产品的计划产量为：甲产品 6 000 件，乙产品 3 600 件；甲产品单件工时定额为 5 小时，乙产品单件工时定额为 6 小时。1 月份实际产量为：甲产品 400 件，乙产品 300 件。

［要求］按年度计划分配率法分配 1 月份的制造费用并编制相应的会计分录。

任务八　损失性费用的归集与分配

一、工作任务

完成桂南有限公司 7 月份不可修复废品的核算任务。

二、必备知识

损失性费用是指企业在生产过程中由于生产工艺、生产的外部条件、原材料质量、生产工人的技术水平、生产组织和管理等各种原因的影响而造成的人力、物力上的损耗的货币表现。

微课动画
废品损失概述、归集与分类

在现有的生产条件下，企业发生一定的损失性费用是不可避免的，我们可以理解为获得合格品而连带发生的一些费用；所以，损失性费用绝大多数构成生产性支出，并由产品成本负担。损失性费用越多，产品成本就越高，企业的经济效益就越低；因此，必须加强对损失性费用的控制，及时分析造成损失性费用的原因，加以防范。损失性费用按其发生的原因可分为废品损失、停工损失以及在产品盘亏和毁损等。本任务主要介绍废品损失和停工损失的核算。

（一）废品和废品损失概述

1. 废品的含义

废品是指不符合规定的技术标准、不能按照原定用途使用或者需要加工修理后才能使用的在产品、半成品和产成品。

微课视频
废品损失的含义及分类

2. 废品的分类

（1）废品按其产生的原因，分为工废品和料废品。工废品是指由于工人操作方面的过失而产生的废品，工废品的出现应该是操作工人的责任。料废品是指用来加工产品的原材料、外购半成品及零部件等不符合质量要求而产生的废品，料废品的出现应该是材料供应部门的责任。因此，分清工废品和料废品有利于分清产生废品的责任。

（2）根据废品是否可以修复，可以将其分为可修复废品和不可修复废品两种。可修复废品，是指经过修理可以使用，而且花费的修复费用在经济上合算的废品；不可修复废品，是指不能修复或者所花费的修复费用在经济上不合算的废品。经济上是否合算，是指修复费用是否超过重新生产同一产品的费用。

3. 废品损失

废品损失是指由于废品的产生而形成的损失性费用，包括不可修复废品的生产成本和可修复废品的修复费用，在扣除回收的残料价值和应由过失单位或个人赔偿款后的净损失，废品损失应由本月同种合格产品成本负担。因此，废品损失的发生会使合格产品单位成本升高。正确组织废品损失的核算，对于改进生产技术、提高产品质量、降低产品成本，都有着重要意义。

【特别提示】

以下各项发生的损失不属于废品损失：

（1）产品入库后，由于管理不善等原因而损坏变质的废品，属于管理上的问题，其损失应作为“管理费用”处理。

（2）实行包修、包退、包换“三包”的企业，在产品出售后退回的废品。

（3）质量虽不符合规定的标准，但经质量检验部门鉴定不需要返修可以降价出售的产品，其降价损失作为销售损失体现。

（二）废品损失的归集与分配

企业为了便于分清责任，实行有效的控制，在废品核算时需要有关人员提供相关的凭证。涉及的凭证主要有废品通知单、废品交库单、返修用料领料单等。“废品通知单”是计算废品损失的主要原始凭证。它是由企业质量检验部门发现废品时填制的，也可由产生废品的单位（分厂、车间或班组）填制。该单一式三联：一联由生产单位存查，一联交质检部门，一联交财会部门核算废品损失。只有审核无误的“废品通知单”，才能作为核算废品损失的原始凭证。“废品交库单”是在出现不可修复废品送交仓库时另填的凭证。在填制“废品交库单”时，应注明废品的残料价值，因其可作为残料入库的依据。对于可修复废品，在返修时所领用的各种材料和所耗工时，应另填“领料单”“工作通知单”等，单上应注明返修废品费用，作为核算修复费用的依据。

实务中，废品的核算形式有单独核算和不单独核算两种形式。

为了单独核算废品损失，应增设“废品损失”账户；在成本计算单（或生产成本明细账）的成本项目中应增设“废品损失”成本项目。“废品损失”账户用来归集和分配废品的损失性费用。该账户的借方登记从成本计算单（或生产成本明细账）转入的不可修复废品的生产成本和归集的可修复废品的修复费用；贷方登记回收的残料价值和应收的赔偿款，以及结转到成本计算单（或生产成本明细账）“废品损失”成本项目的废品净损失（废品净损失是指不可修复废品的生产成本和可修复废品的修复费用减去回收的残料价值和应收赔偿款后的余额，废品净损失一般应由本月同种产品完工的产成品成本负担）；期末无余额。该账户的明细账应按成本计算对象设置，并按成本项目设专栏。

1. 不可修复废品的核算

（1）单独核算

微课视频
不可修复废品的核算与工作过程

不可修复废品的损失是指不可修复废品的生产成本减去废品残料价值、责任人赔偿款后废品净损失。由于废品出现前发生的各项费用是与合格产品一起计算的，为了单独核算不可修复费用的损失，要将废品出现前与合格产品计算在一起的各项费用，在废品与合格品之间进行分配，计算出废品成本。转出不可修复废品成本时，借记“废品损失”账户，贷记“基本生产成本”账户（图 3-15）；确认废品残料回收价值和应收赔款时，借记“原材料”“其他应收款”等账户，贷记“废品损失”账户；将废品净损失从“废品损失”账户转入“基本生产成本”账户中的“废品损失”项目，借记“基本生产成本”账户，贷记“废品损失”账户。不可修复废品成本计算可采用实际成本法和定额成本法。

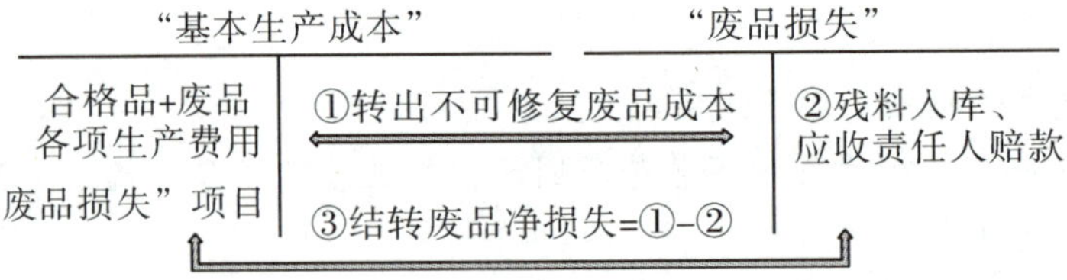

图 3-15　不可修复废品损失单独核算流程

①按实际成本计算不可修复废品成本

当不可修复废品在完工入库时发现时，单位废品负担的各项生产费用与单位合格产品完全相同的，可以按合格品产量和废品数量比例分配各项生产费用，其计算公式为

$$费用分配率=\frac{待分配生产费用}{合格品产量+不可修复废品数量}$$

$$不可修复废品应承担的费用=不可修复废品数量\times费用分配率$$

当不可修复废品在生产过程中发现时，单位废品和单位合格品承担不同等的费用，若材料一次投入，则材料费用可以以合格品和废品的产量为分配标准，其他费用以合格品和废品的生产工时为分配标准；若材料为分次投入，则材料费用的分配应以约当产量为分配

标准，该方法将在任务九中的约当产量法中学习。

按实际成本计算不可修复废品成本，其结果较为准确，但工作量较大，并且只能在月末生产费用计算出后才能进行，不利于及时控制废品损失。

②按定额成本计算不可修复废品成本

在消耗定额和费用定额比较健全的企业，也可以按废品所耗定额费用计算不可修复废品的生产成本，即按废品的实际数量和各项消耗定额、费用定额计算不可修复废品的生产成本，不可修复废品实际成本与定额成本的差异全部由合格产品负担。

【案例 13】四通机械厂三车间生产丁产品，202×年 11 月验收入库时发现有 10 件不可修复废品（见表 3-79“废品通知单”），每件丁产品的费用定额为：直接材料 200 元、直接人工 60 元、制造费用 30 元，要求：按定额成本核算废品成本和废品损失。（假设该企业单独核算废品损失）

表 3-79　废品通知单

202×年 11 月 30 日

<table>
<tr><td>生产车间</td><td colspan="4">三车间</td><td>责任人</td><td colspan="2">钟强</td></tr>
<tr><td>报废原因</td><td colspan="7">产品强度、耐压力不符合要求，渗水</td></tr>
<tr><td rowspan="2">产品名称</td><td rowspan="2">单位</td><td rowspan="2">废品
数量</td><td colspan="3">其　中</td><td rowspan="2">实际
工时</td><td rowspan="2">残值</td></tr>
<tr><td>工废</td><td>料废</td><td>返修</td></tr>
<tr><td>丁产品</td><td>件</td><td>10</td><td>10</td><td></td><td></td><td></td><td>0.00</td></tr>
<tr><td>处理意见</td><td colspan="7">出现 10 件废品属责任事故，由责任人钟强赔偿，赔款金额 500 元
签名：吴伟</td></tr>
<tr><td>备注</td><td colspan="7"></td></tr>
</table>

生产车间负责人：李立　　　　生产组长：秦平　　　　检验员：黄飞

核算步骤：

第一步：根据上述资料编制“废品损失计算表”（表 3-80）。

表 3-80　废品损失计算表

产品名称：丁产品　　　　202×年 11 月　　　　废品数量：10 件

单位：元

项目	直接材料	直接人工	制造费用	合计
费用定额	200.00	60.00	30.00	290.00
废品定额成本	2 000.00	600.00	300.00	2 900.00
减赔款		500.00		500.00
废品净损失	2 000.00	100.00	300.00	2 400.00

第二步：根据废品损失计算表及废品通知单等，填制如下记账凭证（表 3-81～表 3-83）：

表 3-81　记账凭证

202×年 11 月 30 日　　　　第 41 号

摘要	总账科目	明细科目	借方金额	√	贷方金额	√
结转不可修复废品成本	废品损失	丁产品	2 900.00	√		
	基本生产成本	丁产品			2 900.00	√
合　计			¥2 900.00		¥2 900.00	

会计主管：李平　记账：韩翃　出纳：　复核：李平　制单：韩翃　附件：2 张

表 3-82　记账凭证

202×年 11 月 30 日　　　　第 42 号

摘要	总账科目	明细科目	借方金额	√	贷方金额	√
应收责任人赔款	其他应收款	钟强	500.00	√		
	废品损失	丁产品			500.00	√
合　计			¥500.00		¥500.00	

会计主管：李平　记账：韩翃　出纳：　复核：李平　制单：韩翃　附件：见 41 号 张

表 3-83　记账凭证

202×年 11 月 30 日　　　　第 43 号

摘要	总账科目	明细科目	借方金额	√	贷方金额	√
结转废品净损失	基本生产成本	丁产品	2 400.00	√		
	废品损失	丁产品			2 400.00	√
合　计			¥2 400.00		¥2 400.00	

会计主管：李平　记账：韩翃　出纳：　复核：李平　制单：韩翃　附件：见 41 号 张

第三步：根据记账凭证登记有关明细账，分别见表 3-84、表 3-85。

表 3-84　基本生产成本明细账

产品名称：丁产品　　　　单位：元

202×年		凭证字号	摘　要	直接材料	直接人工	制造费用	废品损失	合计
月	日							
11	30		生产费用合计	52 000.00	13 000.00	8 200.00		73 200.00
11	30	记 41	结转不可修复废品成本	-2 000.00	-600.00	-300.00		-2 900.00
11	30	记 43	转入废品净损失				2 400.00	2 400.00
			产品总成本	50 000.00	12 400.00	7 900.00	2 400.00	72 700.00

表 3-85　废品损失明细账

产品名称：丁产品　　　　　　　　　　　　　　　　　　　　　　　　　单位：元

202×年		凭证字号	摘要	直接材料	直接人工	制造费用	合计
月	日						
11	30	记 41	不可修复废品成本	2 000.00	600.00	300.00	2 900.00
11	30	记 42	应收过失人赔款		-500.00		-500.00
			合计	2 000.00	100.00	300.00	2 400.00
11	30	记 43	结转废品净损失	-2 000.00	-100.00	-300.00	-2 400.00

采用定额成本计算不可修复废品成本方法简便，计算及时，有利于控制废品损失，因此应用较为广泛。

（2）不单独核算

不单独核算废品损失，就不需要设置“废品损失”账户；也不需要在成本计算单（或生产成本明细账）的成本项目中增设“废品损失”成本项目。出现不可修复废品时废品成本不需计算转出，废品的残料价值和责任人赔款直接冲减基本生产成本明细账中的“直接材料”和“直接人工”成本项目。

【案例 14】沿用【案例 13】资料，假设该企业不单独核算废品损失。

核算步骤：

第一步：根据废品通知单（表 3-79）填制记账凭证（表 3-86）。

表 3-86　记账凭证

202×年 11 月 30 日　　　　　　　　　　　　第 41 号

摘要	总账科目	明细科目	借方金额	√	贷方金额	√
应收责任人赔款	其他应收款	钟强	500.00	√		
	基本生产成本	丁产品			500.00	√
合　　计			¥500.00		¥500.00	

会计主管：李平　　记账：韩翃　　出纳：　　　　复核：李平　　制单：韩翃　　附件：1　张

第二步：根据记账凭证和所附原始凭证，登记相关明细账（表 3-87）。

表 3-87　基本生产成本明细账

产品名称：丁产品　　　　　　　　　　　　　　　　　　　　　　　　　单位：元

202×年		凭证字号	摘要	直接材料	直接人工	制造费用	合计
月	日						
11	30		生产费用合计	52 000.00	13 000.00	8 200.00	73 200.00
11	30	记 41	应收责任人赔款		-500.00		-500.00
			产品总成本	52 000.00	12 500.00	8 200.00	72 700.00

2. 可修复废品的核算

可修复废品是经过修复可以重新入库出售的产品。它给企业带来的损失就是在修复过程中发生的各项修复费用，这些费用最终由该类产品的成本负担。所以，修复费用的核算成为可修复废品的主要核算内容。

微课视频
可修复废品的核算

(1) 单独核算

可修复废品在返修之前发生的生产费用，不是废品损失，不必计算其生产成本，应留在“基本生产成本”账户和所属有关产品成本明细账中，不必转出。

可修复废品的修复费用包括材料费用、人工费用和制造费用等。材料费用一般可以根据有关领料凭证直接确定；人工费用有的可以直接确定，有的需要根据修复废品实际消耗的工时和小时工资率计算确定；制造费用可以根据修复废品实际消耗的工时和小时费用率计算确定。返修发生的各项费用，应根据各种费用分配表，记入“废品损失”账户的借方。确认废品残料的回收价值和应收赔款时，借记“原材料”“其他应收款”等账户，贷记“废品损失”账户（图 3-16）。废品修复费用减去残值和赔款后的净损失，由本月同种合格产品成本负担，借记“基本生产成本”账户，贷记“废品损失”账户。

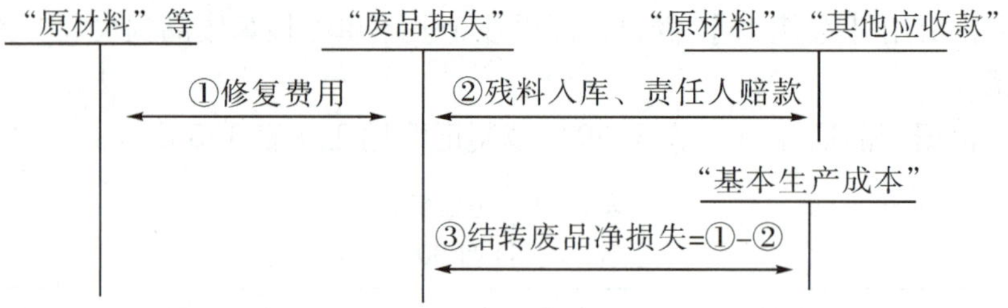

图 3-16 可修复废品损失单独核算流程

【案例 15】四通机械厂四车间生产 B 产品，在生产中发现 10 件可修复废品。在修复过程中，领用材料的实际成本为 500 元、耗用工时 80 小时，每小时工资率为 10 元，每小时制造费用 7 元。收回残料价值 200 元，应由责任人赔款 100 元。根据上述资料编制会计分录如下：

发生修复费时：

借：废品损失——B 产品	1 860	
贷：原材料		500
应付职工薪酬		800
制造费用		560

收回残料价值和确认责任人赔款时：

借：原材料	200	
其他应收款	100	
贷：废品损失——B 产品		300

结转废品净损失时：

借：基本生产成本——B 产品	1 560	

贷：废品损失——B 产品　　1 560

（2）不单独核算

在不单独核算废品损失的企业中，不需要设置“废品损失”账户，也不需要在成本计算单（或生产成本明细账）的成本项目中增设“废品损失”成本项目。可修复废品返修时发生修复费用，直接记入“基本生产成本”账户的有关成本项目；可修复废品的废品残料价值收入和应收赔偿款，直接冲减“基本生产成本”账户的有关成本项目。

【案例 16】沿用【案例 15】资料，假设该企业不单独核算废品损失，根据上述资料编制会计分录如下：

发生修复费时：

借：基本生产成本——B 产品　　1 860
　贷：原材料　　500
　　　应付职工薪酬　　800
　　　制造费用　　560

收回残料价值和确认责任人赔款时：

借：原材料　　200
　　其他应收款　　100
　贷：基本生产成本——B 产品　　300

三、停工损失的核算

（一）停工损失的定义及范围

停工损失是指在生产单位或车间内某个班组在停工期间发生的各项费用，包括停工期间发生的原材料费用、人工费用和制造费用等。不满一个工作日的停工，一般不计算停工损失。

企业的停工可以分为正常停工和非正常停工。正常停工包括季节性停工、正常生产周期内的修理期间的停工、计划内减产停工等。非正常停工包括原材料或工具等短缺停工、设备故障停工、电力中断停工、自然灾害停工等。季节性停工、修理期间的正常停工费用在产品成本核算范围内，应计入产品成本。非正常停工费用应计入企业当期损益。

（二）停工损失的核算

1. 计算停工损失的原始凭证

停工报告单是计算停工损失的主要原始凭证。在停工时，车间应该填写停工报告单，并在考勤记录中进行登记。会计部门和车间核算人员应对停工报告单所列停工范围、时数及其原因和过失单位或个人等事项进行审核。只有经过审核的停工报告单，才能作为停工核算的依据。

2. 单独核算停工损失

单独核算停工损失的企业，为了考核和控制企业停工期间发生的各项费用，应设置“停工损失”账户，在成本项目中增设“停工损失”成本项目。根据停工报告单和各种费用分配汇总表等有关凭证，将停工期间发生的、应列入停工损失的费用记入“停工损失”账户的借方进行归集；应由过失人员或保险公司负担的赔款，应从该账户的贷方转入“其他应收款”等账户的借方。期末，将停工净损失从该账户贷方转出，属于自然灾害部分转入“营业外支出”账户的借方；应由本月产品成本负担的部分，则转入“基本生产成本”账户的借方。在停工的车间生产多种产品时，还要采用合理的分配标准，分配记入该车间各产品成本明细账的“停工损失”成本项目。“停工损失”账户月末应无余额，如图 3-17 所示。

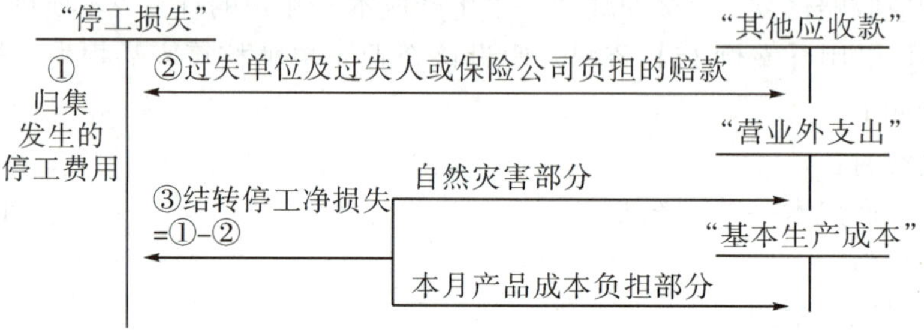

图 3-17　停工损失单独核算流程图

【案例 17】四通机械厂二车间生产乙产品，202×年 11 月停工三天，正在生产的乙产品发生停工损失 10 000 元，其中：材料损失 4 000 元，生产人员职工薪酬 4 000 元，应负担的制造费用 2 000 元。经查明二车间停工三天是由于工人操作不规范造成的，经质量检验部门认定应由责任人赔偿 5 000 元，其余计入产品成本。

根据资料，编制会计分录如下：

（1）归确认停工损失时：

借：停工损失——二车间	10 000	
贷：原材料		4 000
应付职工薪酬		4 000
制造费用		2 000

（2）确认应收赔偿款时：

借：其他应收款	5 000	
贷：停工损失——二车间		5 000

（3）结转停工净损失时：

借：基本生产成本——乙产品	5 000	
贷：停工损失——二车间		5 000

3. 不单独核算停工损失

不单独核算停工损失的企业，不需要设置“停工损失”账户，停工期间发生的停工损失直接反映在“制造费用”和“营业外支出”等账户中。辅助生产一般不单独核算停工损失。

四、工作过程

说明：根据本企业管理要求及本企业生产情况，对废品损失和停工损失均采用不单独核算。

步骤一：填制废品核算记账凭证。

根据废品通知单（表 3-88）、收料单（表 3-89）和不可修复废品情况汇总表（表 3-90）填制记账凭证（表 3-91）。

表 3-88　废品通知单

202×年 7 月 31 日　　金额单位：元

生产车间	一车间				责任人	程宏钢		
废品原因	产品密度、耐压力不符合要求							
产品名称	单位	废品数量	其　中			实际工时	残值
			工废	料废	返修		
甲产品	件	10	10				120 元
乙产品	件	5	5				40 元
处理意见	出现 15 件废品属责任事故，由责任人程宏钢赔偿，赔款金额 75 元。签名：李培						
备注							

生产车间负责人：陈武　　生产组长：韦考　　检验员：吴继明

表 3-89　收料单

供货单位：一车间　　凭证编号：52#

发票编号：　　202×年 7 月 31 日　　材料仓库：一号

类别	名称	规格	单位	数　量		实际成本			
				应收	实收	单价/元	金额/元	运费/元	合计/元
原料	A 材料		千克	3	3	40	120		120
原料	B		千克	2	2	20	40		40

第二联　交财会部门

主管：　　记账：　　仓库保管：刘丹萍　　经办人：秦宏

表 3-90　不可修复废品汇总表

202×年 7 月

产品名称	数量/件	废品残料回收金额/元	责任人赔款金额/元	合计/元
甲	10	120	50	170
乙	5	40	25	65
合计	15	160	75	235
备注：责任人均为程宏钢				

表 3-91　记账凭证

202×年 7 月 31 日　　　　第 58 号

摘要	总账科目	明细科目	借方金额	√	贷方金额	√
废品残料入库、应收赔款	原材料	A 材料	120.00	√		
	原材料	B 材料	40.00	√		
	其他应收款	程宏钢	75.00	√		
	基本生产成本	甲产品			170.00	√
	基本生产成本	乙产品			65.00	√
合　计			¥235.00		¥235.00	

会计主管：王丹　记账：吴红　出纳：　复核：王丹　制单：李伟　附件：3 张

步骤二：登记相关成本明细账。

根据记账凭证及相关的原始凭证登记明细账（见表 3-92、表 3-93）。

表 3-92　基本生产成本明细账（接表 3-74）

车间名称：一车间　　　　产品名称：甲产品

单位：元

202×年		凭证字号	摘要	直接材料	燃料及动力	直接人工	制造费用	合计
月	日							
7	1		月初余额	2 500.00	50.00	200.00	300.00	3 050.00
7	31	记 51	分配材料费用	142 000.00				142 000.00
7	31	记 52	分配动力费用		6 240.00			6 240.00
7	31	记 53	分配职工薪酬			142 350.00		142 350.00
7	31	记 57	分配制造费用				45 136.00	45 136.00
7	31	记 58	废品残值入库等	-120.00		-50.00		-170.00
			本月合计	141 880.00	6 240.00	142 300.00	45 136.00	335 556.00

表 3-93　基本生产成本明细账（接表 3-75）

车间名称：一车间　　　　产品名称：乙产品

单位：元

202×年		凭证字号	摘要	直接材料	燃料及动力	直接人工	制造费用	合计
月	日							
7	31	记 51	分配材料费用	112 000.00				112 000.00
7	31	记 52	分配动力费用		3 360.00			3 360.00
7	31	记 53	分配职工薪酬			76 650.00		76 650.00
7	31	记 57	分配制造费用				22 224.00	22 224.00
7	31	记 58	废品残值入库等	-40.00		-25.00		-65.00
			本月合计	111 960.00	3 360.00	76 625	22 224.00	214 169.00

【知识与技能训练】

一、选择题（下列选项中有一项或多项是正确的，请将正确的选项填入括号中）

1. 由于生产工人操作上的原因造成的废品，称为（　　）

A. 可修复废品　　B. 不可修复废品　　C. 工废品　　D. 料废品

2. 经鉴定不需要返修就可以降价出售的不合格品，其售价与生产成本的差额体现为（　　）。

A. 废品损失　　B. 营业外支出　　C. 修复费用　　D. 销售损益

3. 废品损失中，应由过失人赔偿的款项，应记入（　　）。

A. "废品损失"明细账户的借方　　B. "废品损失"明细账户的贷方

C. "营业外支出"账户的贷方　　D. "其他应收款"账户的贷方

4. 废品净损失应由（　　）。

A. 营业成本负担　　B. 同种合格产品成本负担

C. 营业外支出负担　　D. 税后利润负担

5. 机器设备大修理期间的停工损失，列作（　　）。

A. 制造费用　　B. 销售费用　　C. 管理费用　　D. 长期待摊费用

6. 废品损失包括的内容有（　　）。

A. 不可修复废品的净损失　　B. 销售退回废品的生产成本

C. 可修复废品的修复费用　　D. 保管不善产生废品的报废费用

7. 计算不可修复废品净损失应考虑的因素有（　　）。

A. 不可修复废品的生产成本

B. 废品回收材料和废料价值

C. 应由造成废品的过失人负担的赔偿款

D. 应由企业负担的销售退回废品的运输费用

二、判断题（正确的在括号内打"√"，错误的打"×"）

1.（　　）损失性费用没有创造价值，不应计入产品成本。

2.（　　）可修复废品是指技术上可以修复的废品。

3.（　　）不可修复废品是指技术上不能修复，或者技术上可以修复但修复费用在经济上不合算的废品。

4.（　　）销售后发现的废品，包括废品的生产成本和运输费用等，都应列作废品损失。

5.（　　）停工损失包括停工期内应支付的生产工人薪酬、所耗用燃料和动力费、应负担的制造费用等。

6.（　　）产品入库以后由于保管不善等原因而损坏变质的损失，应当计入当期损益。

三、实务训练

实训（一）：不可修复废品的核算（单独核算废品）

［资料］申花厂第一生产车间202×年6月份完工D产品4 000件，验收入库时合格品

3 960 件，不可修复废品 40 件。本月生产费用总额 65 000 元，其中：直接材料 45 000 元、人工费用 12 000 元、制造费用 8 000 元；废品残值估价 50 元，已入库，应收过失人赔款 20 元。

损失费用计算表

产品：D 产品　　202×年 6 月　　金额单位：元

项目	直接材料	直接人工	制造费用	合　计
生产费用合计	45 000.00	12 000.00	8 000.00	65 000.00
合格品数量 +不可修复废品数量	4 000	4 000	4 000	4 000
费用分配率				
40 件废品成本				
减：废品残值 应收赔款				
废品净损失				

［要求］

1. 根据以上资料完成损失费用计算表。

2. 采用单独核算废品损失方式编制会计分录。

（1）编制转出废品成本会计分录。

（2）编制废品残料入库和应收赔款会计分录。

（3）编制结转废品净损失会计分录。

实训（二）：不可修复废品的核算（不单独核算废品）

［资料］见实训（一）资料。

［要求］采用不单独核算废品损失方式，编制废品残料入库和应收赔款的会计分录。

实训（三）：可修复废品的核算（单独核算废品）

［资料］五合公司一车间生产甲产品，在生产中发现 15 件可修复废品。在修复过程中，领用材料的实际成本为 800 元、耗用工时 9 小时，每小时工资率为 20 元，每小时制造费用 8 元；应收责任人赔款 150 元。

［要求］采用单独核算废品方式，编制发生修复费用、应收责任人赔款和结转废品净损失的会计分录。

实训（四）：可修复废品的核算（不单独核算废品）

［资料］见实训（三）资料。

［要求］采用不单独核算废品方式，编制发生修复费用、应收责任人赔款的会计分录。

实训（五）：停工损失的核算

［资料］天威公司第一车间大量生产丁产品，202×年 6 月，由于外部原材料供应商违约停工 2 天，停工期间应支付生产工人薪酬 3 000 元，应负担制造费用 800 元；原材料供应商已同意赔偿 2 500 元。

［要求］编制发生停工损失、应收赔款和结转净损失的会计分录。

任务九　生产费用在完工产品与在产品之间的分配

一、工作任务

完成桂南有限公司七月份生产费用在完工产品与在产品之间分配和完工产品结转任务。

二、必备知识

微课视频
完工产品与在产品的分配过程

（一）在产品的核算

1. 认识在产品

在产品是指没有完成全部生产过程，不能作为商品销售的产品。在产品通常有广义和狭义之分。

广义的在产品是就整个企业而言的，是指产品生产从投料开始，到最终制成产成品验收入库前的一切产品，包括正在车间加工中的在产品和已经完成一个或几个生产步骤但仍需要继续加工的半成品，尚未验收入库的产成品和正在返修或等待返修的废品等。比如，某汽车生产企业，一车间生产发动机，二车间生产汽车底盘，三车间生产轮胎，四车间汽车装配。相对于汽车而言，前三个车间生产的产品无论是完工产品还是月末在产品，都是广义的在产品。

狭义的在产品是就某个生产车间或生产步骤来说的，它仅指本生产车间或生产步骤正在加工尚未完成的产品。本项目所指的在产品是狭义的在产品。

2. 在产品数量的核算

在产品数量的核算，主要内容包括两个方面：一方面，要做好在产品收发结存的日常核算工作；另一方面，要做好在产品的定期和不定期地清查盘点，落实数量，查明盈亏的原因和责任。

（1）在产品收发结存日常核算

为进行在产品收发结存的日常核算，应在车间内按产品的品种和在产品的品名（如零部件的品名）设置“在产品收发结存账”（或“在产品台账”），用以反映车间各种在产品的转入、转出和结存的数量。根据生产工艺特点和管理要求，必要时还需进一步按照加工工序组织在产品的数量核算。在产品在车间之间或车间内部的转移，应认真做好计量验收的交接工作。在此基础上，根据领料凭证、在产品内部转移凭证、产品检验凭证和产品交库凭证，及时登记在产品收发结存账，该账可由车间核算人员登记，也可以由各班组的核算员登记，如表 3-94 所示。

表 3-94 在产品收发结存账

生产车间：二车间　　产品名称：丙产品　　零件名称或编号：5001　　单位：件

202×年		摘要	收入		转出		结存	
月	日		凭证号	数量	凭证号	合格品	已完工	未完工
7	1	上月结转						40
7	10	收入	701	120	702	40		120
7	25	发出			703	40		80

（2）在产品清查

在产品的管理与企业的其他的资产一样，要定期和不定期进行清查，做到在产品账实相符，保证在产品的安全与完整。清查时，根据实际盘点的实存数编制“在产品盘存单”；并以实存数与在产品收发结存账相核对，编制“在产品盘点盈亏报告表”，列明实存数、账面数、盘盈盘亏数，以及盘亏的原因和处理意见等。对于报废和损毁的在产品还要登记残值。成本核算人员应对在产品盘点盈亏报告表进行认真审核，并报有关部门审批，同时对在产品的盘盈、盘亏及时进行账务处理。

（二）完工产品成本与在产品成本的关系

微课动画
完工产品与在产品成本的关系

企业在生产过程中发生的生产费用经过前述一系列归集和分配后（见任务一到任务八），计入各种产品成本的各项生产费用，都已归集在“基本生产成本”账户及其所属的产品成本明细账中，并按成本项目予以反映（见表 3-92、表 3-93、表 3-76）。

月初在产品成本、本月生产费用、本月完工产品成本和月末在产品成本之间的关系，可用下列公式表示：

月初在产品成本+本月生产费用=本月完工产品成本+月末在产品成本

一般情况下，企业产品的生产情况分为以下三种：

一是期末生产的某产品全部完工，没有在产品的产品。此时，计入该种产品成本的累计生产费用，就是完工产品总成本，即月初在产品成本+本月生产费用=本月完工产品成本。

二是期末生产的某种产品全部都没有完工。此时，计入该种产品成本的全部生产费用，就是月末在产品成本，即月初在产品成本+本月生产费用=月末在产品成本。

三是期末生产的某种产品既有完工产品，又有在产品，此时，就需要采用适当的方法，将该产品本月累计生产费用（月初在产品成本+本月生产费用）在完工产品和月末在产品之间进行分配，分别计算出完工产品和期末在产品成本。

上述三种情况中前两种情况比较特殊，不存在累计生产费用在完工产品和在产品之间分配的问题。在实际工作中，期末完工产品与在产品同时存在的情况较多。因此，将一定时期的累计生产费用在完工产品和在产品之间进行分配，也就成为成本核算的重要环节。做好核算工作，对于合理确定完工产品成本和在产品成本，正确确认当期损益具有重要意义。

（三）生产费用在完工产品与在产品之间的分配方法

生产费用在完工产品与月末在产品之间的分配，在成本计算中是一个重要并且比较复杂的环节。企业应当根据在产品数量的多少、各月在产品数量变化的大小、各项费用比重的大小，以及定额管理基础的好坏等具体条件，选择既合理又简便的分配方法。将生产费用在完工产品与在产品之间进行分配，常用的分配方法有：不计算在产品成本法、在产品成本按年初固定成本计价法、约当产量比例法、定额成本法、定额比例法、在产品按所耗直接材料成本计价法、在产品按完工产品成本计价法等。

1. 不计算在产品成本法

不计算在产品成本法，是指虽然月末有结存的在产品，但月末在产品数量很少，价值较低，并且各月在产品数量比较稳定，从而可对月末在产品成本忽略不计的一种方法。

这种方法的特点是本月完工产品成本等于本月生产费用，并且基本生产成本明细账的账面上没有月末在产品成本，用计算公式表示为

本月完工产品成本＝本月生产费用

采用这种方法，月末虽然有在产品，但由于数量很少，或是各月末在产品数量相差不大，变化较小，月初在产品成本与月末在产品成本的差额较小，不计算在产品成本对产成品成本核算的正确性影响不大，如食品行业、煤炭企业、自来水厂等可采用此法。

2. 在产品成本按年初固定成本计价法

在产品成本按年初固定成本计价法，是指各月月末在产品成本都按年初在产品成本计算的方法。采用这种方法的特点是年内各月的在产品成本都按年初在产品成本固定不变，这样，每月发生的生产费用等于该月完工产品成本，基本生产成本明细账的账面上有月末在产品成本，用计算公式表示为

本月完工产品成本＝月初在产品成本（年初固定数额）＋本月生产费用－月末在产品成本（年初固定数额）＝本月生产费用

即：

本月完工产品成本＝本月生产费用

采用这种方法，企业必须在每年年末根据实际盘点的在产品数量重新调整计算确定在产品的实际成本，以此作为次年在产品计价的依据。以免在产品的账面成本与实际成本相差太大，影响到成本计算的正确性。

这种方法适用于各月末在产品数量较小，或者在产品数量虽大，但各月在产品数量比较稳定的产品。例如，冶炼企业和化工企业的产品，由于高炉和化学反应装置的容积固定，在产品数量较稳定，可采用这种方法。

3. 约当产量比例法

约当产量，也称为在产品约当产量，是指月末在产品数量按其完工程度或投料程度折算为相当于完工产品的数量。

微课视频
约当产量比例法（1）

约当产量比例法，是指按完工产品的产量和月末在产品约当产量的比例来分配生产费用，以确定完工产品成本和月末在产品成本的方法。由于约当产量比例法只要在正确统计月末在产品结存数量和正确估计月末在产品完工程度和投料程度的前提下，就可以比较客观、简便地划分完工产品与

月末在产品的成本。因此，约当产量比例分配法的适用范围较广。这种方法适用于月末在产品数量较多，各月末在产品数量变化较大，产品中各个成本项目所占比重相差不大的产品。

约当产量比例法计算步骤和计算公式如下：

第一步，确定各成本项目在产品约当产量。

$$在产品约当产量=在产量数量\times在产品完工程度（或投料程度）$$

其中：

①直接材料项目约当产量的确定，取决于产品生产过程中的投料情况。

$$直接材料项目在产品约当产量=在产品数量\times投料程度$$

②直接人工、制造费用项目约当产量的确定，取决于完工程度。

$$直接人工、制造费用项目在产品约当产量=在产品数量\times完工程度$$

第二步，计算各成本项目费用分配率。

$$某项费用分配率=\frac{该项费用总额}{完工产品产量+在产品约当产量}$$

第三步，计算完工产品和在产品应分配的各项费用。

$$在产品应分配某项费用=在产品约当产量\times该项费用分配率$$

$$完工产品应分配某项费用=完工产品产量\times该项费用分配率$$

或：$$完工产品应分配某项费用=该项费用总额-月末在产品应分配的该项费用$$

第四步，计算完工产品总成本和单位成本。

$$完工产品总成本=完工产品应分配的直接材料+完工产品应分配的直接人工+完工产品应分配的制造费用$$

$$完工产品单位成本=\frac{完工产品总成本}{完工产品产量}$$

（1）完工程度的确定

完工程度是指在产品实耗（或定额）工时占完工产品应耗（或定额）工时的百分比。完工程度的计算一般分以下两种情况。

①按平均完工程度计算

如果企业生产进度比较均衡，各道工序在产品数量和加工量上都相差不大时，后面各工序在产品多加工的部分可以抵补前面各工序少加工的部分。为简化核算，月末在产品的完工程度均通常按50%平均计算。期末在产品约当产量计算公式如下：

$$直接人工、制造费用项目在产品约当产量=在产品数量\times50\%$$

【案例18】A 产品本月完工产品200件，月末在产品100件，在产品完工程度为50%，月初在产品和本月发生的直接人工和制造费用分别为55 000元和8 500元。要求采用约当产量法计算分配完工产品和月末在产品的直接人工和制造费用。

直接人工、制造费用项目月末在产品约当产量=100×50%=50（件）

$$直接人工费用分配率=\frac{55\ 000}{200+50}=220（元/件）$$

月末在产品应分配直接人工费用=50×220=11 000（元）

完工产品应分配直接人工费用＝200×220＝44 000（元）

$$制造费用分配率=\frac{8\ 500}{200+50}=34（元/件）$$

月末在产品应分配制造费用＝50×34＝1 700（元）

完工产品应分配制造费用＝200×34＝6 800（元）

②各工序分别测定完工程度

如果各工序在产品数量和加工量上相差较大，后面各工序在产品多加工的程度不足以弥补前面各工序少加工的程度，则要分工序分别计算在产品的完工程度，计算公式为

$$某工序在产品完工程度=\frac{前面各道工序工时定额之和+本道工序工时定额\times50\%}{完工产品工时定额}\times100\%$$

【特别提示】

在上列公式中，本工序（在产品所在工序）的工时定额乘以50%，是因为该工序中各在产品的加工程度不尽相同，为简化测算工作，在本道工序均按平均完工程度50%计算；在产品从上一道工序转入下一道工序时，其上一道工序已经完工，因而前面各道工序的工时定额应按100%计算。

【案例19】B产品单位工时定额50小时，经两道工序制成。其中第一道工序的工时定额为30小时，第二道工序的工时定额为20小时。本月完工产品400件，月末在产品200件，其中：第一道工序140件，第二道工序60件，月初在产品和本月发生的直接人工和制造费用分别为58 800元和14 210元。要求采用约当产量比例法计算分配完工产品和月末在产品应分配的直接人工和制造费用（见表3-95）。

表3-95　完工程度和在产品约当产量计算表

工序	月末在产品数量	工时定额	完工程度	在产品约当产量/件
一	140	30	$\frac{30\times50\%}{50}\times100\%=30\%$	140×30%＝42
二	60	20	$\frac{30+20\times50\%}{50}\times100\%=80\%$	60×80%＝48
合计	200	50		90

$$直接人工费用分配率=\frac{58\ 800}{400+90}=120（元/件）$$

月末在产品应分配直接人工费用＝90×120＝10 800（元）

完工产品应分配直接人工费用＝400×120＝48 000（元）

$$制造费用分配率=\frac{14\ 210}{400+90}=29（元/件）$$

月末在产品应分配制造费用＝90×29＝2 610（元）

完工产品应分配制造费用＝400×29＝11 600（元）

（2）投料程度的确定

在产品投料程度是指在产品已投材料（各工序材料的消耗定额）占完工产品应投材料（完工产品材料的消耗定额）的百分比。实务中，不同产品的生产原材料投料方式不同，有的产品耗用材料是在生产开始时一次投入，有的产品所耗原材料是分步骤投入，分步骤投入又有在各工序开始时一次投入和在各工序随加工步骤陆续投入等情况，因此，确定各工序在产品投料程度时，应分别采用不同方法进行计算。

微课视频
约当产量比例法（2）

① 原材料在生产开始时一次投入

如果某种产品所耗原材料是在生产开始时一次投入，投料程度为100%，即在第一道工时开始就将材料全部投入，不论哪一道工序的在产品，其单位在产品所耗的材料均与单位完工产品所耗的材料是相同的。因此，用以分配直接材料费用的在产品的约当产量即在产品的实际数量。

【案例20】接【案例19】，B产品本月完工产品400件，月末在产品200件，原材料在生产开始时一次投入，月初在产品和本月发生的原材料费用为123 000元。要求采用约当产量法计算分配完工产品和月末在产品的直接材料费用，并计算出完工B产品总成本和单位成本。

由于原材料在生产开始时一次投入，投料程度＝100%

在产品约当产量＝200×100%＝200（件）

$$直接材料费用分配率=\frac{123\ 000}{400+200}=205（元/件）$$

月末在产品应分配直接材料费用＝200×205＝41 000（元）

完工产品应分配直接材料费用＝400×205＝82 000（元）

完工B产品总成本＝ 48 000+11 600+82 000＝141 600（元）

$$完工B产品单位成本=\frac{141\ 600}{400}=354（元/件）$$

②原材料分工序陆续投入

原材料在各工序随加工步骤陆续投入，可根据各工序在产品的累计材料消耗定额占完工产品材料消耗定额的比率，确定各工序在产品的投料程度。其计算公式如下：

$$某工序在产品投料程度=\frac{前面各道工序材料消耗定额之和+本道工序材料消耗定额\times 50\%}{完工产品材料消耗定额}\times 100\%$$

公式中本道工序（在产品所在工序）材料消耗定额乘以50%，是因为该工序中每件在产品的投料程度不同，为了简化投料程度的测算工作，在本道工序每件在产品按平均投料程度50%计算。

【案例21】C产品经过两道工序制成，原材料在生产过程中分工序陆续投入，第一道工序原材料消耗定额为60千克，第二道工序原材料消耗定额为90千克。本月完工产品500件，月末在产品300件，其中：第一道工序160件，第二道工序140件，月初在产品和本月发生的原材料费用为34 650元。要求采用约当产量法计算分配完工产品和月末在产品材料费用（见表3-96）。

表 3-96　投料程度和在产品约当产量计算表

产品名称：C 产品　　　　　　　　202×年 6 月

工序	月末在产品数量	材料消耗定额	投料程度	在产品约当产量/件
一	160	60	$\frac{60\times50\%}{150}\times100\%=20\%$	160×20%＝32
二	140	90	$\frac{60+90\times50\%}{150}\times100\%=70\%$	140×70%＝98
合计	300	150		130

$$\text{直接材料费用分配率}=\frac{34\ 650}{500+130}=55\text{（元/件）}$$

月末在产品应分配直接材料费用＝130×55＝7 150（元）

完工产品应分配直接材料费用＝500×55＝27 500（元）

③原材料分次投入，并在各道工序开始时一次投入

原材料分次投入，并在每道工序开始时一次投入，即在每道工序开始时一次性投入本工序所耗原材料，同一工序所有产品无论其是否完工，所耗用的原材料数量是相同的，因而在确定各工序在产品投料程度时，对于本工序材料消耗定额，原材料的投料程度为100%。其计算公式如下：

$$\text{某工序在产品投料程度}=\frac{\text{前面各道工序材料消耗定额之和+本工序材料消耗定额}}{\text{完工产品材料消耗定额}}\times100\%$$

【案例 22】D 产品经过两道工序制成，原材料在各工序开始时一次性投入，第一道工序原材料消耗定额为 90 千克，第二道工序原材料消耗定额为 110 千克。本月完工产品 800 件，月末在产品 260 件。其中：第一道工序 200 件，第二道工序 60 件，月初在产品和本月发生的原材料费用为 31 160 元。要求采用约当产量法计算分配完工产品和月末在产品材料费用（见表 3-97）。

表 3-97　投料程度和在产品约当产量计算表

产品名称：D 产品　　　　　　　　202×年 7 月

工序	月末在产品数量	材料消耗定额	投料程度	在产品约当产量/件
一	200	90	$\frac{90}{200}\times100\%=45\%$	200×45%＝90
二	60	110	$\frac{90+110}{200}\times100\%=100\%$	60×100%＝60
合计	260	200		150

$$\text{直接材料费用分配率}=\frac{31\ 160}{800+150}=32.8\text{（元/件）}$$

月末在产品应分配直接材料费用＝150×32. 8＝4 920（元）

完工产品应分配直接材料费用＝800×32. 8＝26 240（元）

4. 定额成本法

定额成本法又称在产品按定额成本计价法，是指月末在产品按定额成本计算，该产品的全部生产费用（月初在产品费用与本月发生的费用合计数）减去按定额成本计算的月末在产品后，计算出本月完工产品成本的方法。显然，采用这种方法每月生产费用脱离定额的差异，全部由完工产品负担。这种方法适用于定额管理基础较好，各项消耗定额或费用定额比较准确、稳定，而且各月在产品数量变化不大的产品。

微课视频
定额成本法

在产品按定额成本计价法的计算公式如下：

在产品定额材料成本＝在产品数量×在产品材料消耗定额×材料单价

在产品定额人工成本＝在产品数量×在产品工时消耗定额×小时工资率

在产品定额制造费用＝在产品数量×在产品工时消耗定额×小时制造费用率

月末在产品定额成本＝在产品定额材料成本+在产品定额人工成本+在产品定额制造费用

完工产品成本＝月初在产品定额成本+本月发生的生产费用−月末在产品定额成本

【案例23】某企业生产E产品。7月份月初在产品定额成本：直接材料费用1 000元、直接人工费用1 500元、制造费用500元；本月发生费用：直接材料费用8 000元、直接人工费用10 500元、制造费用3 000元；本月完工产品200件，月末在产品30件。月末在产品单位产品工时定额为3小时，直接材料费用定额为35元，小时工资率为20元，小时制造费用率为5.2元。

要求：采用在产品按定额成本计价法计算完工产品和月末在产品成本。

计算过程和结果如表3-98所示。

表3-98　产品成本计算表

产品：E　　　　202×年7月　　　　单位：元

项目	直接材料	直接人工	制造费用	合计
月初在产品定额成本①	1 000.00	1 500.00	500.00	3 000.00
本月发生费用②	8 000.00	10 500.00	3 000.00	21 500.00
成本费用合计③＝①+②	9 000.00	12 000.00	3 500.00	24 500.00
月末在产品定额成本④	30×35＝1 050.00	30×3×20＝1 800.00	30×3×5.2＝468.00	3 318.00
完工产品成本⑤＝③−④	7 950.00	10 200.00	3 032.00	21 182.00

5. 定额比例法

定额比例法是产品的生产费用按完工产品和月末在产品的定额消耗量或定额费用的比例，分配计算完工产品和月末在产品成本的方法。通常情况下直接材料费用的分配，按原材料的定额消耗量或定额费用的比例分配；直接人工费用、制造费用等加工费用，按定额工时比例分配。

微课视频
定额比例法

定额比例法计算公式如下：

（1）材料分配

$$直接材料费用分配率=\frac{月初在产品直接材料实际费用+本月发生的直接材料实际费用}{完工产品直接材料定额费用+月末在产品直接材料定额费用}$$

或：

$$\text{直接材料费用分配率}=\frac{\text{月初在产品直接材料实际费用}+\text{本月发生的直接材料实际费用}}{\text{完工产品直接材料定额消耗量}+\text{月末在产品直接材料定额消耗量}}$$

完工产品应分配直接材料实际费用=完工产品材料定额费用(量)×直接材料费用分配率

月末在产品应分配直接材料费用=月末在产品材料定额费用(量)×直接材料费用分配率

（2）人工费用分配

$$\text{人工费用分配率}=\frac{\text{月初在产品直接人工实际费用}+\text{本月发生的直接人工实际费用}}{\text{完工产品定额工时}+\text{月末在产品定额工时}}$$

完工产品应分配实际人工费用=完工产品定额工时×人工费用分配率

月末在产品应分配实际人工费用=月末在产品定额工时×人工费用分配率

（3）制造费用分配

$$\text{制造费用分配率}=\frac{\text{月初在产品实际制造费用}+\text{本月发生实际制造费用}}{\text{完工产品定额工时}+\text{月末在产品定额工时}}$$

完工产品应分配实际制造费用=完工产品定额工时×制造费用分配率

月末在产品应分配实际制造费用=月末在产品定额工时×制造费用分配率

【案例24】天豪公司F产品，202×年8月完工2 000件，月末在产品500件。完工产品直接材料消耗定额为30千克，工时定额为8小时。月末在产品投料程度为80%，完工程度为40%。生产F产品发生的费用资料如表3-99所示：

表3-99 生产费用表

产品：F　　　　202×年8月　　　　单位：元

项目	直接材料	直接人工	制造费用	合计
月初在产品成本	80 000.00	9 400.00	6 500.00	95 900.00
本月生产费用	100 000.00	38 120.00	14 620.00	152 740.00
生产费用合计	180 000.00	47 520.00	21 120.00	248 640.00

要求：采用定额比例分配法分配本月生产费用。

（1）材料分配

完工产品直接材料定额消耗量=2 000×30=60 000（千克）

月末在产品直接材料定额消耗量=500×80%×30=12 000（千克）

$$\text{直接材料费用分配率}=\frac{180\ 000}{60\ 000+12\ 000}=2.50\text{（元/千克）}$$

完工产品应分配直接材料费用=60 000×2.50=150 000（元）

月末在产品应分配直接材料费用=12 000×2.50=30 000（元）

（2）人工费用分配

完工产品定额工时=2 000×8=16 000（小时）

月末在产品定额工时=500×40%×8=1 600（小时）

$$\text{人工费用分配率}=\frac{47\ 520}{16\ 000+1\ 600}=2.70\text{（元/小时）}$$

完工产品应分配人工费用=16 000×2.70=43 200（元）

月末在产品应分配人工费用=1 600×2.70=4 320（元）

（3）制造费用分配

$$制造费用分配率=\frac{21\ 120}{16\ 000+1\ 600}=1.20（元/小时）$$

完工产品应分配制造费用=16 000×1.20=19 200（元）

月末在产品应分配制造费用=1 600×1.20=1 920（元）

（4）完工产品成本和月末在产品成本

完工产品成本=150 000+43 200+19 200=212 400（元）

月末在产品成本=30 000+4 320+1 920=36 240

根据计算结果编制生产费用分配表，见表3-100。

表3-100　产品成本计算单（定额比例分配法）

产品：E　　202×年8月　　金额单位：元

成本项目	直接材料	直接人工	制造费用	合计
生产费用合计	180 000.00	47 520.00	21 120.00	248 640.00
费用分配率	2.50	2.70	1.20	
完工产品成本	150 000.00	43 200.00	19 200.00	212 400.00
月末在产品成本	30 000.00	4 320.00	1 920.00	36 240.00

采用定额比例分配法将生产费用分配到完工产品和月末在产品，分配结果比较准确，同时还便于将实际费用和定额费用进行比较，考核和分析定额的执行情况。这种方法适用于企业定额管理基础比较好，各项消耗定额或费用定额比较准确、稳定，各月末在产品的数量变动较大的产品。

【特别提示】

在产品按定额成本计价法与定额比例法的区别：在产品按定额成本计价，其实际成本与定额成本的差异全部由完工产品成本负担；而采用定额比例法分配生产费用，实际成本与定额成本的差异，需在完工产品和月末在产品之间按比例分配，从而提高了产品成本计算的正确性。

6. 在产品按所耗直接材料成本计价法

在产品按所耗直接材料成本计价法，就是月末在产品只计算其耗用的直接材料费用，不计算直接人工费用和制造费用等加工费，产品的加工费用全部由完工产品成本负担。这种方法适用于月末在产品数量较多，各月在产品数量变化较大，以及直接材料费用项目在产品成本中所占较大的比重的产品。例如，造纸、酿酒和纺织等行业可以采用这种方法。

其计算步骤及计算公式为

（1）分配直接材料费用（以约当产量比例法为例）

$$材料费用分配率=\frac{材料费用总额}{完工产品产量+在产品约当产量}$$

月末在产品应分配材料费用=在产品约当产量×材料费用分配率

完工产品应分配材料费用=完工产品产量×材料费用分配率

（2）月末在产品成本=月末在产品应分配材料费用

（3）完工产品成本=（月初在产品成本+本月生产费用）-月末在产品成本

或　完工产品成本=完工产品应分配材料费用+（直接人工费用+制造费用）

【案例25】天豪公司生产G产品，该产品直接材料费用在产品成本中所占比重较大。月初在产品直接材料费用（月初在产品成本）为14 550元；本月发生的生产费用为：直接材料费用56 000元、直接人工费用1 500元、制造费用800元；本月完工产品1 200件，月末在产品500件；原材料在生产开始时一次投入。要求采用在产品按所耗直接材料成本计算法计算本月完工产品成本（见表3-101）。

计算分配如下：

直接材料费用分配率 $=\dfrac{14\ 550+56\ 000}{1\ 200+500\times100\%}=41.50$

月末在产品应负担的直接材料费用=500×100%×41.50=20 750（元）

月末在产品成本=月末在产品应负担的直接材料费用=20 750（元）

完工产品应负担的直接材料费用=1 200×41.50=49 800（元）

完工产品成本=72 850-20 750=52 100（元）

或　完工产品成本=49 800+1 500+800=52 100（元）

G产品成本计算单见表3-101。

表3-101　产品成本计算单

产品：G　　　　202×年8月　　　　单位：元

摘要	直接材料	直接人工	制造费用	合计
月初在产品成本	14 550.00			14 550.00
本月生产费用	56 000.00	1 500.00	800.00	58 300.00
生产费用合计	70 550.00	1 500.00	800.00	72 850.00
月末在产品成本	20 750.00			20 750.00
本月完工产品成本	49 800.00	1 500.00	800.00	52 100.00

7. 在产品按完工产品成本计价法

在产品按完工产品成本计价法是将在产品视同完工产品计算、分配生产费用，适用于月末在产品已接近完工，或产品已加工完毕但尚未验收或尚未包装入库的产品。因为在这种情况下的在产品已基本加工完毕或已加工完毕，在产品成本也就已经接近或等于完工产品成本。为了简化在产品成本计算工作，可以把在产品视同完工产品，按两者的数量比例分配生产费用。

（四）结转完工产品成本

企业生产产品所发生的各项生产费用，先在各种产品之间进行分配，然后再将累计生产费用在完工产品和月末在产品之间进行分配，从而计算出各种完工产品和月末在产品的实际成本。将完工产品成本转入“库存商品”账户，月末在产品成本应留在产品成本明细账上，作为下月的月初在产品成本。

1. 编制产品成本汇总表

为了便于结转完工产品成本，期末企业可根据成本计算资料（如表3-100、表3-101）编制“产品成本汇总表”，其格式如表3-102所示。

表3-102 产品成本汇总表

202×年8月　　　　金额单位：元

产品名称	完工产量/件	直接材料	直接人工	制造费用	总成本	单位成本
E产品	2 000	150 000	43 200	19 200	212 400	106.20
G产品	1 200	49 800	1 500	800	52 100	43.42
合计		169 800	44 700	20 000	264 500	

2. 结转完工产品成本

生产费用在完工产品和月末在产品成本之间分配后，完工产品的成本已经计算出来，可据以进行完工产品成本结转的账务处理。

根据表3-102编制结转会计分录如下：

借：库存商品——E产品　　212 400

　　　　　　——G产品　　52 100

　贷：基本生产成本——E产品　　212 400

　　　　　　　　　——G产品　　52 100

三、工作过程

步骤一：编制成本计算单。

根据本月登记甲、乙、丙明细账（表3-92、表3-93、表3-76）中有关数据和表3-103、3-104、表3-105、表3-106，编制成本计算单（表3-107、表3-108、图3-18）。

表3-103 生产费用分配方法一览表

202×年7月　　　　单位：件

产品名称	生产费用在完工产品与在产品之间分配方法	备注
甲产品	在产品成本按年初固定成本计价法	
乙产品	不计算在产品成本法	
丙产品	约当产量比例法	在产品完工程度50% 在产品投料程度100%

表3-104 在产品结存汇总表

产品名称	月末在产品结存数量	备注
甲产品	100	根据一车间、二车间在产品收发结存账汇总
乙产品	30	
丙产品	800	

表 3-105 产成品入库单

交货单位：一车间　　202×年 7 月 31 日　　编号：20110701

产品名称	单位	交付数量	检验结果		实收数量
			合格	不合格	
甲产品	件	5 000	4 990	10	4 990
乙产品	件	3 500	3 495	5	3 495

交货人签章：莫伟　　检验签章：黄易欧　　仓库验收签章：吴桐

表 3-106 产成品入库单

交货单位：二车间　　202×年 7 月 31 日　　编号：20110702

产品名称	单位	交付数量	检验结果		实收数量
			合格	不合格	
丙产品	件	4 000	4 000		4 000

交货人签章：刘浩杰　　检验签章：黄易欧　　仓库验收签章：吴桐

表 3-107 产品成本计算单

完工产品数量：4 990 件

产品名称：甲产品　　202×年 7 月　　月末在产品数量：100 件

单位：元

项目	直接材料	燃料及动力	直接人工	制造费用	合计
月初在产品成本	2 500. 00	50. 00	200. 00	300. 00	3 050. 00
本月发生生产费用	141 880. 00	6 240. 00	142 300. 00	45 136. 00	335 556. 00
生产费用合计	144 380. 00	6 290. 00	142 500. 00	45 436. 00	338 606. 00
完工产品总成本	141 880. 00	6 240. 00	142 300. 00	45 136. 00	335 556. 00
完工产品单位成本	28. 43	1. 25	28. 52	9. 05	67. 25
月末在产品成本	2 500. 00	50. 00	200. 00	300. 00	3 050. 00

说明：采用在产品成本按年初固定成本计价法。

表 3-108 产品成本计算单

完工产品数量：3 495 件

产品名称：乙产品　　202×年 7 月　　月末在产品数量：30 件

单位：元

项目	直接材料	燃料及动力	直接人工	制造费用	合计
本月发生生产费用	111 960. 00	3 360. 00	76 625. 00	22 224. 00	214 169. 00
完工产品总成本	111 960. 00	3 360. 00	76 625. 00	22 224. 00	214 169. 00
完工产品单位成本	32. 03	0. 96	21. 92	6. 36	61. 27

说明：采用不计算在产品成本法。

	A	B	C	D	E	F
1		产品成本计算单		完工产品数量：4 000件		
2	产品名称：丙产品	202×年7月		月末在产品数量：800件		
3					单位：元	
4	项目	直接材料	燃料及动力费用	直接人工	制造费用	合计
5	生产费用合计 ①	300000.00	6200.00	24800.00	32660.00	363660.00
6	完工产品数量 ②	4000	4000	4000	4000	
7	月末在产品数量 ③	800	800	800	800	
8	投料程度/完工程度 ④	100%	50%	50%	50%	
9	月末在产品约当产量⑤=③*④	800	400	400	400	
10	约当总产量 ⑥=②+⑤	4800	4400	4400	4400	
11	分配率（单位成本）⑦=①/⑥	62.50	1.41	5.64	7.42	
12	月末在产品成本 ⑧=⑤*⑦	50000.00	564.00	2256.00	2968.00	55788.00
13	完工产品成本 ⑨=①-⑧	250000.00	5636.00	22544.00	29692.00	307872.00
14	完工产品单位成本 ⑩=⑨/②	62.5	1.41	5.64	7.42	76.97

图 3-18 产品成本计算单示例

注：采用约当产量法。在产品投料率 100%，完工程度 50%。

采用 Excel 表计算编制丙产品成本计算单，设定的公式详见产品成本单中项目栏，计算结果如图 3-18 所示。

步骤二：编制产成品成本汇总表。

根据产品成本计算单（表 3-107、表 3-108、图 3-18），编制产成品成本汇总表（表 3-109）。

表 3-109 产成品成本汇总表

202×年 7 月　　　　单位：元

产品名称	直接材料	燃料及动力	直接人工	制造费用	合计
甲产品	141 880.00	6 240.00	142 300.00	45 136.00	335 556.00
乙产品	111 960.00	3 360.00	76 625.00	22 224.00	214 169.00
丙产品	250 000.00	5 636.00	22 544.00	29 692.00	307 872.00
合计	503 840.00	15 236.00	241 469.00	97 052.00	857 597.00

步骤三：填制产成品入库记账凭证。

根据产成品入库单（表 3-105、表 3-106）、产成品成本汇总表（表 3-109）和产品成本计算单（表 3-107、表 3-108、图 3-18）等原始凭证填制记账凭证（表 3-110）。

表 3-110 记账凭证

202×年 7 月 31 日　　　　第 59 号

摘要	总账科目	明细科目	借方金额	√	贷方金额	√
结转入库完工产品成本	库存商品	甲产品	335 556.00	√		
		乙产品	214 169.00	√		
		丙产品	307 872.00	√		
	基本生产成本	甲产品			335 556.00	√
		乙产品			214 169.00	√

表3-110(续)

摘要	总账科目	明细科目	借方金额	√	贷方金额	√
		丙产品			307 872.00	
合　　计			￥857 597.00		￥857 597.00	

会计主管：王丹　　记账：吴红　　出纳：　　复核：王丹　　制单：李伟　　附件：6 张

步骤四：登记相关明细账。

根据记账凭证及相关的原始凭证登记相关明细账（表 3-111～表 3-113）。

表 3-111　基本生产成本明细账（接表 3-92）

车间名称：一车间　　　　产品名称：甲产品

单位：元

202×年		凭证字号	摘要	直接材料	燃料及动力	直接人工	制造费用	合计
月	日							
7	31		月初余额	2 500.00	50.00	200.00	300.00	3 050.00
7	31	记 51	分配材料费用	142 000.00				142 000.00
7	31	记 52	分配动力费用		6 240.00			6 240.00
7	31	记 53	分配职工薪酬			142 350.00		142 350.00
7	31	记 57	分配制造费用				45 136.00	45 136.00
7	31	记 58	废品残值入库等	-120.00		-50.00		-170.00
			本月合计	141 880.00	6 240.00	142 300.00	45 136.00	335 556.00
7	31	记 59	结转完工产品成本	-141 880.00	-6 240.00	-142 300.00	-45 136.00	-335 556.00
7	31		月末余额	2 500.00	50.00	200.00	300.00	3 050.00

表 3-112　基本生产成本明细账（接表 3-93）

车间名称：一车间　　　　产品名称：乙产品

单位：元

202×年		凭证字号	摘要	直接材料	燃料及动力	直接人工	制造费用	合计
月	日							
7	31	记 51	分配材料费用	112 000.00				112 000.00
7	31	记 52	分配动力费用		3 360.00			3 360.00
7	31	记 53	分配职工薪酬			76 650.00		76 650.00
7	31	记 57	分配制造费用				22 224.00	22 224.00
7	31	记 58	废品残值入库等	-40.00		-25.00		-65.00
			本月合计	111 960.00	3 360.00	76 625.00	22 224.00	214 169.00
7	31	记 59	结转完工产品成本	-111 960.00	-3 360.00	-76 625.00	-22 224.00	-214 169.00

表 3-113　基本生产成本明细账（接表 3-76）

车间名称：二车间　　　　产品名称：丙产品

单位：元

202×年 月	202×年 日	凭证字号	摘要	直接材料	燃料及动力	直接人工	制造费用	合计
			月初余额	30 000.00	600.00	1 500.00	3 000.00	35 100.00
7	31	记 51	分配材料费用	270 000.00				270 000.00
7	31	记 52	分配动力费用		5 600.00			5 600.00
7	31	记 53	分配职工薪酬			23 300.00		23 300.00
7	31	记 57	分配制造费用				29 660.00	29 660.00
			本月合计	270 000.00	5 600.00	23 300.00	29 660.00	328 560.00
			生产费用合计	300 000.00	6 200.00	24 800.00	32 660.00	363 660.00
7	31	记 59	结转完工产品成本	-250 000.00	-5 636.00	-22 544.00	-29 692.00	-307 872.00
7	31		月末余额	50 000.00	564.00	2 256.00	2 968.00	55 788.00

【职业道德与企业伦理】

【案例背景】

疫情面前，“中国速度”震惊全球

2020 年初新冠疫情暴发后，民众对医用口罩需求激增，各地口罩迅速断货。随着疫情的发展，一线临床口罩出现短缺，线上线下一罩难求，这不仅使得本已经无法维持经营的口罩企业，由于疫情的原因“活”了过来，还促使多家企业响应国家发展改革委等三部委的鼓励，硬核跨界生产抗疫物资，为疫情防控提供支持，如上汽通用五菱、中石化、比亚迪等非医疗企业纷纷“转行”生产口罩，不仅让外界看到了企业在危急时刻强大的生产能力和行动能力，也凸显出了在灾难面前，企业的强烈责任感和良心。

其中，上汽通用五菱作为第一个生产口罩的车企，跨界生产口罩的做法也给人留下了深刻的印象。上汽通用五菱为抗疫成立了“950 项目”，全力以赴跨界转产口罩。最开始的三天下线 20 万个，到累计产量一亿多个，在其自身强大的制造能力、高效的应变能力以及齐全的配套能力的支撑下，为控制疫情带来了强有力的支援。

【问题】上汽通用五菱主营业务是生产汽车，转型生产口罩的核算成本方法与汽车是否一致？应该采取何种方法？

【分析】口罩属于大量大批单步骤生产的产品，可以采用品种法核算。在疫情这场战争中，上汽通用五菱迎难而上，为抗疫作出了巨大的贡献。对于非专业医疗企业来说，捐款捐物更为方便，但是跨界制造口罩等医疗物资却更能缓解物资紧缺的燃眉之急，不但协助了国家疫情防控，还进一步为企业在公众面前树立了良好形象。在口罩生产上更是向全世界展现了“中国速度”，用实际行动诠释了中国企业的责任与担当。

【拓展思考】优化民企发展环境，奋斗同创美好未来。优化民营企业发展环境，依法保护民营企业产权和企业家权益，促进民营企业发展壮大，完善中国特色现代企业制度，弘扬企业家精神，加快建设世界一流企业。回顾改革开放40多年以来的发展，我们从1978年GDP总量仅相当于美国的1/16.7，人均GDP仅相当于美国的1/67.7，分别追赶到1/1.3与1/5.5，这是相当成功的，也是令人鼓舞的。党的二十大报告有关未来经济体制与对外开放的确定性论述，必将进一步增强民营企业等相关市场主体与社会公众的信心。

（案例来源：车载娱乐V. 五菱“神车”，“五菱牌”口罩，热血五菱造人民所需［EB/OL］.（2021-02-10）［2023-03-01］. https://baijiahao.baidu.com/s?id=1691292603907227751&wfr=spider&for=pc.）

【知识与技能训练】

一、选择题（下列选项中有一项或多项是正确的，请将正确的选项填入括号中）

1. 不计算在产品成本法的适用范围是（　　）。

A. 在产品数量较大，且各月数量大体稳定

B. 在产品数量较小，且各月数量变动不大

C. 材料费用占产品成本的比重较大

D. 在产品已接近完工

2. 登记在产品台账的依据有（　　）。

A. 有关领料（或结转自制半成品）凭证　B. 在产品内部转移凭证

C. 产品检验凭证　D. 产品交库单

3. 某厂生产的甲产品经过第一、第二两道工序加工，原材料在第一工序生产开始时投入90%，第二工序生产开始时投入10%，则第二工序月末在产品的投料率为（　　）。

A. 10%　B. 90%　C. 5%　D. 100%

4. 在产品数量的日常核算应设置（　　）。

A. 生产成本明细账　B. 在产品台账

C. 制造费用明细账　D. 原材料明细账

5. 采用在产品成本按年初固定成本计价法，1~11月各月完工产品成本等于（　　）。

A. 月初在产品成本　B. 本月发生生产费用

C. 生产费用合计数　D. 生产费用累计数

6. 采用约当产量法，如果产品生产过程中直接人工费用和制造费用的发生都比较均衡，在产品直接人工费用和制造费用项目的完工程度可以按（　　）计算。

A. 25%　B. 50%　C. 60%　D. 100%

7. 某厂生产的甲产品顺序经过第一、第二两道工序加工，单位产品定额工时为100小时，其中，第一工序为60小时，第二工序为40小时，各工序加工费用发生比较均衡，则第二工序月末在产品的完工率为（　　）。

A. 20%　B. 40%　C. 100%　D. 80%

8. 生产费用在完工产品与在产品之间的分配方法有（　　）等。

A. 不计算在产品成本法　B. 定额成本法

C. 约当产量法　　D. 定额比例法

9. 本月发生的直接人工费用和制造费用，不计入月末在产品成本的方法有（　　）。

A. 不计算在产品成本法　　B. 定额成本法

C. 在产品按所耗直接材料成本计价法　　D. 约当产量比例法

二、判断题（正确的在括号内打“√”，错误的打“×”）

1.（　　）在产品约当量是指期末在产品按其完工程度或投料程度折算为相当于完工产品数量。

2.（　　）月末在产品数量变化较大时，可以采用固定在产品成本法计算在产品成本。

3.（　　）在产品约当量也就是在产品盘点数量。

4.（　　）在产品只计算材料成本法仅适用于材料费用占产品成本比重较大的产品。

5.（　　）正确确定本期完工产品成本，关键是正确计算期末在产品成本。

6.（　　）因意外事故或自然灾害等造成的在产品毁损，扣除保险公司赔款和残料回收价值以后，净损失计入营业外支出。

7.（　　）定额比例法的分配标准是单位完工产品和在产品的消耗定额或费用定额。

8.（　　）采用约当产量比例法，分配原材料费用与分配加工费所用的投料率和完工率是一致的。

9.（　　）采用在产品按定额成本计价法，月末在产品的实际成本与定额成本的差异全部由完工产品承担。

三、实务训练

实训（一）：完工程度确定——按各工序分别测定

［资料］202×年10月A产品经过三道工序制成，第一道工序的工时定额为10小时，第二道工序的工时定额为15小时，第三道工序的工时定额为25小时。本月完工产品500件，月末在产品300件，其中：第一道工序50件，第二道工序100件，第三道工序150件，月初在产品和本月发生的直接人工和制造费用分别为30 471.75元和8 352元。

［要求］计算完工程度和在产品约当产量（在以下表格计算并列式子），采用约当产量法计算分配完工产品和月末在产品的直接人工和制造费用。

完工程度和在产品约当产量计算表

产品名称：A产品　　　　年　　月

工序	月末在产品数量/件	工时定额/小时	完 工 程 度	在产品约当产量
一	50	10		
二	100	15		
三	150	25		
合计	300	50		

实训（二）：投料程度确定——原材料陆续投入，且投料程度与完工程度不一致

【资料】202×年5月B产品经过三道工序制成，原材料在生产过程中分工序陆续投入，第一道工序原材料消耗定额为50千克，第二道工序原材料消耗定额为80千克，第三道工序原材料消耗定额为150千克。本月完工产品800件，月末在产品600件，其中：第一道工序250件，第二道工序150件，第三道工序200件，月初在产品和本月发生的原材料费用为30 851.25元。

［要求］计算投料程度和在产品约当产量（在以下表格计算并列式子），采用约当产量法计算分配完工产品和月末在产品材料费用。

投料程度和在产品约当产量计算表

产品名称：B产品　　　　　　　　　　年　　月

工序	月末在产品数量	材料消耗定额	投料程度	在产品约当产量/件
一				
二				
三				
合计				

实训(三)：约当产量法

【资料】202×年5月C产品经过两道工序制成，原材料在各工序开始时一次性投入，第一道工序原材料消耗定额为150千克，第二道工序原材料消耗定额为250千克；在产品完工程度为50%。本月完工产品500件，月末在产品360件，其中：第一道工序150件，第二道工序210件，月初在产品和本月发生的原材料费用为14 099元，直接人工费用26 180元，制造费用8 500元。

［要求］计算投料程度和在产品约当产量（在以下表格计算并列式子），采用约当产量法计算分配完工产品和月末在产品各项生产费用。

投料程度和在产品约当产量计算表

产品名称：C产品　　　　　　　　　　年　　月

工序	月末在产品数量	材料消耗定额	投料程度	在产品约当产量/件
一				
二				
合计				

实训(四)：定额成本计价法

［资料］202×年6月某企业生产D产品。月初在产品定额成本：直接材料费用1 200元、直接人工费用1 800元、制造费用600元；本月发生费用：直接材料费用12 000元、直接人工费用12 800元、制造费用5 200元；本月完工产品500件，月末在产品80件。完工产品直接材料费用定额为15.6元，工时定额为8小时，小时工资率为12元，小时制造费用率为1.2元。月末在产品投料程度为70%，完工程度为50%。

［要求］采用在产品按定额成本计价法计算完工产品和月末在产品成本（在产品成本计算表中计算）。

产品成本计算表

产品：D　　　　　　　　　　　　　　　　　　　年　月

项目	直接材料	直接人工	制造费用	合计
月初在产品定额成本				
本月发生费用				
成本费用合计				
月末在产品定额成本				
完工产品成本				

实训（五）：定额比例分配法

[资料] 伟业公司生产 F 产品，202×年 9 月完工 3 000 件，月末在产品 800 件。完工产品直接材料消耗定额为 50 千克，工时定额为 9 小时。月末在产品投料程度为 60%，完工程度为 50%。生产 F 产品发生的费用资料如下表所示。

生产费用表

产品：F　　　　　　　　202×年 9 月　　　　　　　　单位：元

项目	直接材料	直接人工	制造费用	合计
月初在产品成本	90 000. 00	8 800. 00	6 500. 00	105 300. 00
本月生产费用	120 000. 00	59 120. 00	12 620. 00	191 740. 00
生产费用合计	210 000. 00	67 920. 00	19 120. 00	297 040. 00

[要求] 采用定额比例分配法分配本月生产费用。

综合技能强化实操——品种法

【实训目的】

掌握品种法产品成本计算和账务处理的方法。

【实训资料】

宇鑫公司设有一个基本生产车间，大量生产甲、乙两种产品，根据生产特点和管理要求，公司对甲、乙两种产品采用品种法计算产品成本；同时公司还设有供水和运输两个辅助生产车间，辅助生产车间不单独核算制造费用。

1. 该公司202×年8月有关成本计算资料见表3-114至表3-117。

2. 本月发生的生产费用包括材料费用（见表3-118领料凭证汇总表）、外购动力费用、职工薪酬、折旧费用及其他费用等资料见表3-118至表3-122。

3. 有关费用分配方法如下：

（1）材料费用分配采用定额消耗量比例分配法；

（2）基本生产车间生产人员薪酬和制造费用的分配均采用生产工时比例分配法；

（3）辅助生产费用分配采用直接分配法；

（4）生产费用在完工产品和月末在产品的分配：甲产品采用在产品成本按年初固定成本计价法；乙产品采用约当产量法，在产品完工程度为50%，投料程度为100%。

【实操要求】

1. 设置相关成本费用明细账。（说明：本实操要求设置并登记以下成本费用明细账，成本核算中涉及的其他账户忽略不需登记）

（1）基本生产成本——甲产品（表3-130）

（2）基本生产成本——乙产品（表3-131）

（3）制造费用——基本生产车间（表3-132）

（4）辅助生产成本——供水车间（表3-133）

（5）辅助生产成本——运输车间（表3-134）

根据月初在产品成本（表3-115），把甲、乙产品月初在产品成本过账到基本生产成本明细账（表3-130、表3-131）。

2. 根据发出领料凭证汇总表（表 3-118），编制材料费用分配汇总表（表 3-123），填制记账凭证，并登记有关费用成本明细账。

3. 根据外购动力费用分配表（表 3-119），填制记账凭证，并登记有关费用成本明细账。

4. 根据职工薪酬结算汇总表（表 3-120 ），编制职工薪酬费用分配汇总表（表 3-124），填制记账凭证，并登记有关费用成本明细账。

5. 根据固定资产折旧费用计算表（表 3-121），填制记账凭证，并登记有关费用成本明细账。

6. 根据其他费用支出汇总表（表 3-122），填制记账凭证，并登记有关费用成本明细账。

7. 根据辅助生产成本明细账（表 3-133、表 3-134）归集本月发生的辅助生产费用以及辅助生产产品及劳务供应量（表 3-117），编制辅助生产费用分配表（表 3-125），填制记账凭证，并登记有关费用成本明细账。

8. 根据制造费用明细账（表 3-132）归集本期发生的制造费用和工时记录汇总表（表 3-116），采用工时比例分配法编制制造费用分配表（表 3-126），填制记账凭证，并登记有关费用成本明细账。

9. 根据甲、乙产品基本生产成本明细账所归集的全部生产费用（表 3-130、表 3-131）和产品产量资料（表 3-114），填制产品成本计算单（表 3-127、表 3-128）和完工产品成本汇总表（表 3-129），编制结转完工产品成本记账凭证并登记有关成本明细账。

表 3-114　产品产量资料

202×年 8 月　　单位：件

产品名称	甲产品	乙产品
期初在产品	200	1 600
本月投产	20 000	5 000
本月完工	20 000	6 000
月末在产品	200	600

表 3-115　月初在产品成本

202×年 8 月　　单位：元

产品名称	直接材料	燃料及动力费用	直接人工	制造费用	合计
甲产品	800	900	700	400	2 800
乙产品	8 000	5 500	3 600	2 200	19 300

表 3-116　工时记录汇总表

202×年 8 月　　单位：小时

项　目		生产工时
基本生产车间	甲产品	2 600
	乙产品	3 400
合　计		6 000

表 3-117　辅助生产产品及劳务供应量

202×年 8 月

受益部门	供水车间/吨	运输车间/千米
供水车间		270
运输车间	500	
基本生产车间	50 000	14 900
销售部门	500	2 000
行政管理部门	400	1 400
合计	51 400	18 570

表 3-118　领料凭证汇总表

202×年 8 月　　　　单位：元

领料部门及用途	A 材料	B 材料	C 材料	合计
甲产品	80 000			80 000
乙产品	90 000			90 000
甲、乙产品		276 000		276 000
基本生产车间			8 000	8 000
供水车间			17 000	17 000
运输车间			10 000	10 000
合计	170 000	276 000	35 000	481 000

表 3-119　外购动力费用分配表

202×年 8 月　　　　单位：元

应借科目		成本费用项目	动力费用分配			电费分配		
			生产工时	分配率	分配金额	用电度数	单价	电费金额
基本生产成本	甲产品	燃料及动力	2 600.00		13 000.00	—		13 000.00
	乙产品	燃料及动力	3 400.00		17 000.00	—		17 000.00
	小计	—	6 000.00	5.00	30 000.00	50 000	0.60	30 000.00
制造费用	基本生产车间	电费				7 000	0.60	4 200.00
辅助生产成本	供水车间	电费				10 000	0.60	6 000.00
	运输车间	电费				5 000	0.60	3 000.00
管理费用		电费				4 000	0.60	2 400.00
销售费用		电费				6 000	0.60	3 600.00
合计						82 000		49 200.00

说明：公司每个月支付电费时间不固定。

表 3-120　职工薪酬结算汇总表

202×年 8 月 31 日　　　　单位：元

部门人员		基本工资		津贴补贴		奖金	应付职工薪酬	代扣款项					实发金额
		计时工资	计件工资	夜班补贴	岗位津贴			医疗保险	养老保险	失业保险	住房公积金	小计	
基本生产车间	生产人员	250 000	10 000	3 000	5 000	8 000	276 000	27 600	44 160	2 208	33 120	107 088	168 912
	管理人员	30 000			700	1 000	31 700	3 170	5 072	253. 6	3 804	12 299. 6	19 400. 4
供水车间		25 000		500	200	300	26 000	2 600	4 160	208	3 120	10 088	15 912
运输车间		20 000			500	500	21 000	2 100	3 360	168	2 520	8 148	12 852
管理部门		90 000			2 000	1 000	93 000	9 300	14 880	744	11 160	36 084	56 916
销售部门		76 000				4 000	80 000	8 000	12 800	640	9 600	31 040	48 960
合计		491 000	10 000	3 500	8 400	14 800	527 700	52 770	84 432	4 221. 6	63 324	204 748	322 952

表 3-121　固定资产折旧费用计算表

202×年 8 月　　　　单位：元

应借科目	车间或部门	上月应提折旧额	上月增加固定资产		上月减少固定资产		本月应提折旧额
			原值	折旧额	原值	折旧额	
制造费用	基本生产车间	6 000	120 000	1 000			7 000
辅助生产成本	供水车间	1 500					1 500
	运输车间	2 000					2 000
管理费用	行政管理部门	1 400					1 400
销售费用	销售部门	1 100					1 100
合计		12 000	120 000	1 000			13 000

注：202×年 7 月 5 日基本生产车间增加一套设备，当月投入使用，总价值 120 000 元，预计使用年限 10 年，没有净残值，采用平均年限法计提折旧。

表 3-122　其他费用支出汇总表

202×年 7 月　　　　单位：元

应借科目	车间或部门	邮电费	租赁费	保险费	合计
制造费用	基本生产车间	800	400	100	1 300
辅助生产成本	供水车间	400			400
	运输车间	600			600
管理费用	行政管理部门	5 000			5 000
销售费用	销售部门	1 000	1 000		2 000
合 计		7 800	1 400	100	9 300

表 3-123　材料费用分配汇总表

202×年 8 月　　　　单位：元

应借科目		成本费用项目	直接计入费用	间接计入费用					合计
				产量/件	消耗定额	定额消耗量	分配率	分配额	
基本生产成本	甲产品	直接材料		20 000	1				
	乙产品	直接材料		5 000	42				
	小计								
制造费用	基本生产车间	材料费							
辅助生产成本	供水车间	材料费							
	运输车间	材料费							
合计									

建议：材料费用分配通过 Excel 表格计算。

表 3-124　职工薪酬费用分配汇总表

202×年 8 月　　　　单位：元

应借科目		成本或费用项目	直接计入费用	间接计入费用			合计
				生产工时	分配率	分配金额	
基本生产成本	甲产品	直接人工					
	乙产品	直接人工					
	小计						
制造费用	基本生产车间	人工费					
辅助生产成本	供水车间	人工费					
	运输车间	人工费					
管理费用			薪酬费用				
销售费用			薪酬费用				
合计							

建议：职工薪酬费用分配通过 Excel 表格计算。

表 3-125　辅助生产费用分配表（直接分配法）

202×年 8 月　　单位：元

辅助生产车间名称			供水车间	运输车间	金额合计
待分配费用					
辅助生产车间以外受益对象的劳务总量					
费用分配率（单位成本）					
辅助生产车间以外受益部门	基本生产车间	数量			
		金额			
	销售部门	数量			
		金额			
	行政管理部门	数量			
		金额			
分配金额合计					

建议：辅助生产费用分配通过 Excel 表格计算。

表 3-126　制造费用分配表

202×年 8 月　　金额单位：元

应借科目		生产工时	分配率	分配金额
基本生产成本	甲产品			
	乙产品			
合计				

建议：制造费用分配通过 Excel 表格计算。

表 3-127　产品成本计算单

202×年 8 月

完工产品数量：20 000

月末在产品数量：200

产品名称：甲产品

单位：元

项　目	直接材料	燃料及动力	直接人工	制造费用	合计
月初在产品成本①					
本月生产费用②					
月初及本月生产费用合计③=①+②					
完工产品总成本 ④=②					
完工产品数量⑤					
完工产品单位成本⑥=④/⑤					
月末在产品成本⑦=①					

说明：采用在产品成本按年初固定数计算法，建议通过 Excel 表格计算。

表 3-128　产品成本计算单

202×年 8 月

完工产品数量：6 000

月末在产品数量：600

产品名称：乙产品

单位：元

项　目	直接材料	燃料及动力	直接人工	制造费用	合计
月初及本月生产费用合计 ①					
完工产品数量 ②					
月末在产品数量 ③					
投料程度/完工程度 ④					
月末在产品约当产量 ⑤= ③ * ④					
约当总产量 ⑥=②+⑤					
分配率（单位成本）⑦=①/⑥					
月末在产品成本 ⑧=⑤ * ⑦					
完工产品成本 ⑨=①-⑧					
完工产品单位成本 ⑩=⑨/②					

说明：采用约当产量法，建议通过 Excel 表格计算。

表 3-129　完工产品成本汇总表

202×年 8 月　　　　单位：元

成本项目	甲产品（产量 20 000 件）		乙产品（产量 6 000）	
	总成本	单位成本	总成本	单位成本
直接材料				
燃料及动力				
直接人工				
制造费用				
合计				

表 3-130　基本生产成本明细账

车间名称：基本生产车间　　　　产品名称：甲产品

202×年		凭证号	摘要	直接材料	燃料及动力	直接人工	制造费用	合计
月	日							

表 3-131　基本生产成本明细账

车间名称：基本生产车间　　　　产品名称：乙产品

202×年		凭证号	摘要	直接材料	燃料及动力	直接人工	制造费用	合计
月	日							

表 3-132　制造费用明细账

部门：基本生产车间

202×年		凭证号	摘要	材料费	水电费	人工费	折旧费	运输费	其他	合计
月	日									

表 3-133　辅助生产成本明细账

部门：供水车间

202×年		凭证号	摘要	材料费	水电费	人工费	折旧费	其他	合计
月	日								

表 3-134　辅助生产成本明细账

部门：运输车间

202×年		凭证号	摘要	材料费	水电费	人工费	折旧费	其他	合计
月	日								

记账凭证

年　月　日　　　　字第　号

摘　要	总账科目	明细科目	借方金额	贷方金额	√
合　计					

附件　张

会计主管：　记账：　出纳：　复核：　制单：

记账凭证

年　月　日　　　　字第　号

摘　要	总账科目	明细科目	借方金额	贷方金额	√
合　计					

附件　张

会计主管：　记账：　出纳：　复核：　制单：

记账凭证

年　月　日　　　　字第　号

摘　要	总账科目	明细科目	借方金额	贷方金额	√
合　计					

附件　张

会计主管：　记账：　出纳：　复核：　制单：

记账凭证

年　月　日　　　　字第　号

摘　要	总账科目	明细科目	借方金额	贷方金额	√
合　计					

附件　张

会计主管：　记账：　出纳：　复核：　制单：

记账凭证

年　月　日　　　　字第　号

摘　要	总账科目	明细科目	借方金额	贷方金额	√
合　计					

附件　张

会计主管：　记账：　出纳：　复核：　制单：

记账凭证

年　月　日　　　　字第　号

摘　要	总账科目	明细科目	借方金额	贷方金额	√
合　计					

附件　张

会计主管：　记账：　出纳：　复核：　制单：

记账凭证

年　月　日　　　　　　　　　　　　字第　　号

摘　要	总账科目	明细科目	借方金额	贷方金额	√
合　计					

附件　张

会计主管：　　记账：　　出纳：　　复核：　　制单：

记账凭证

年　月　日　　　　　　　　　　　　字第　　号

摘　要	总账科目	明细科目	借方金额	贷方金额	√
合　计					

附件　张

会计主管：　　记账：　　出纳：　　复核：　　制单：

项目四 产品成本计算的分批法

学习目标

知识目标

1. 了解分批法的特点、类型和分批法的适用范围；
2. 掌握产品成本计算分批法的计算程序；
3. 熟练应用一般分批法和简化分批法的基本原理解决实际问题。

技能目标

1. 能够根据分批法的特点和类型，选择合适的企业和产品加以应用；
2. 能根据分批法的计算原理借助 Excel 表格完成产品成本的计算；
3. 能熟练使用简化分批法完成产品成本的计算及核算。

素养目标

1. 通过运用分批法完成生产成本的计算，养成认真细致的工作态度；
2. 通过 Excel 表格辅助完成各项费用的计算分配，在工作中善于创新和灵活运用。

导入案例

甲服装有限责任公司是一家专门生产职业装的服装企业，属于一般纳税人，该公司接受小批量订单生产，管理上不要求分步骤计算产品成本。工厂设有裁剪车间、缝制车间和整理车间三个基本生产车间。裁剪车间的任务是将布料按照服装样板进行裁剪，然后将裁剪好的布料送到缝制车间进行进一步加工；缝制车间的任务是将裁剪好的面料进行缝制；整理车间负责整理、包装服装等。根据产品目前市场销售情况及近期需求走向，项目产品方案确定如下（根据市场变化可调整品种）：

女装上衣	10 万件/年	80 元/件
女装裙子	10 万件/年	120 元/件
男装上衣	8 万件/年	90 元/件
男装裤子	8 万件/年	110 元/件

问题：企业的若干型号服装按企业的计划组织生产，其产品成本该如何计算呢？

分析： 甲服装有限责任公司生产的每一款职业装划分为几种不同规格，不同规格的服装划归为一个小批组织生产，虽然产品在生产过程中分为三个步骤，但因每一步骤的半成品不具经济意义，所以不按步骤计算其生产成本，而其成本计算采用分批法。因为分批法适用于单件、小批生产的企业和车间。这些企业或车间的共同特点是一批产品通常不重复生产，即使重复生产，也是不定期的。

【工作总任务】

1. 产品成本计算的一般分批法及实例操作。
2. 产品成本计算的简化分批法及实例操作。

【项目任务知识】

产品成本计算的分批法，是以产品批别作为成本核算对象，按批别设置生产成本明细账，进行生产费用的归集，计算产品成本的一种方法。产品成本计算分批法是产品成本计算基本方法之一，具有自身显著的特点：一是以产品批别或订单作为成本计算对象，设置生产成本明细账。二是以产品的生产周期作为成本计算期，与会计报告期不一致，完工产品的成本计算期因各批次产品的生产周期不同而不同。三是通常情况下，生产成本不需要在完工产品与在产品之间分配。若批内产品出现跨月陆续完工交付，企业需要计算完工产品成本时，可采用定额成本或计划成本等计算暂时结转完工产品成本，批内全部产品完工时再重新计算全部产品的实际成本和单位成本。由于间接成本分配计入方法不同，分批法分为一般分批法和简化分批法两种。一般分批法要求分批计算在产品成本，称为分批计算在产品成本的分批法；简化分批法不需要分批计算在产品成本，因此，也称为不分批计算在产品成本的分批法。分批法一般适用于单件、小批生产类型企业，如重型机械、船舶、精密仪器生产，时装、新产品的试制、加工修理等企业。

任务一　一般分批法的应用

一、工作任务

八达集团下属的桂海有限公司，202×年 8 月承接了三个产品生产订单，并按要求分三个批别组织生产。其中，A 产品 200 件，批号为 801，8 月份投产当月全部完工；B 产品 300 件，批号为 802，8 月投产，当月完工 80 件；C 产品 400 件，批号为 803，8 月投产，尚未完工。

微课视频
一般分批法的应用

1. 8 月份发生了如下各项生产成本费用：

（1）根据领料单汇总发生的甲材料费用为 1 053 200 元，其中：801

批号 A 产品耗用材料 250 000 元；802 批号 B 产品耗用材料 334 000 元；803 批号 C 产品耗用材料 452 000 元；生产车间一般耗用材料 17 200 元；材料发出采用实际成本计价。

（2）根据工资发放表汇总资料，本月生产工人工资 39 200 元；车间管理人员工资 4 200 元。生产工人工资按产品实际耗用工时比例分配。

（3）本月计提生产车间固定资产折旧费 7 600 元。

（4）以银行存款支付车间的水电费 4 800 元，支付其他费用 500 元。

2. 车间制造费用按产品实际耗用工时比例分配。

3. 各批别产品实际耗用工时：801 号 A 产品生产工时为 36 000 小时；802 号 B 产品生产工时为 40 000 小时；803 号 C 产品生产工时为 22 000 小时。

4. 跨月生产的 802 号产品，本月完工的 80 件按定额成本计算结转。该产品的定额成本为：直接材料 1 100 元，直接人工 70 元，制造费用 50 元。

根据公司的基本生产资料，采用一般分批法进行产品成本计算。

二、必备知识

（一）一般分批法

一般分批法，是产品生产间接成本按月分配计入各批次生产成本明细账，并分批计算在产品成本的方法。

（二）一般分批法的计算程序

1. 按产品批别设置基本生产成本明细账（或成本计算单）

会计人员要根据生产任务书确定的批次，开设基本生产成本明细账进行归集生产成本，并按成本管理要求设置成本项目。同时，根据需要设置制造费用明细账，归集车间的生产费用。

2. 编制各要素费用分配表

根据生产费用的相关凭证，编制各要素费用分配表，按产品批别归集和分配本月发生的各种费用，直接或者通过适当的方法分配计入各批别的产品成本明细账。

3. 分配辅助生产费用

归集辅助生产车间发生的费用，按其提供的产品或劳务数量将辅助生产费用分配给各个受益对象。

4. 分配结转制造费用

按基本生产车间归集制造费用，月末按照“受益原则”将归集的制造费用分配给各产品批别。

5. 完工产品成本的计算和结转

月末，根据完工批别的成本明细账所归集的生产费用进行汇总，计算出该批别完工产品的总成本和单位成本，并结转完工产品成本。对批内跨月完工需要计算完工产品成本的，应采用适当的方法将生产成本在完工产品和在产品之间进行分配，计算出已完工产品成本。

三、工作过程

步骤一：按产品批别设置生产成本明细账。

根据公司成本核算要求，以产品批别为成本计算对象，开设生产成本明细账和制造费用等账户，进行成本归集核算，后文有示例，见表4-6、表4-7、表4-8、表4-9。

步骤二：归集和分配材料费用。

根据材料领料单等资料按用途汇总材料费用，编制材料费用分配表，见图4-1。

材料费用分配表

202×年8月　　单位：元

应借科目		成本费用项目	直接计入	间接计入			合计
				分配标准	分配率	分配额	
基本生产成本	801A产品	直接材料	250000.00				250000.00
	802B产品	直接材料	334000.00				334000.00
	803C产品	直接材料	452000.00				452000.00
	小计		1036000.00				1036000.00
制造费用	生产车间	物料消耗	17200.00				17200.00
合　计			1053200.00				1053200.00

图4-1　材料费用分配表示例

根据材料费用分配表（图4-1），填制记账凭证，见表4-1。

表4-1　记账凭证

202×年8月31日　　第51号

摘要	总账科目	明细科目	借方金额	√	贷方金额	√
分配材料费用	基本生产成本	801A产品	250 000.00	√		
	基本生产成本	802B产品	334 000.00	√		
	基本生产成本	803C产品	452 000.00	√		
	制造费用	物料消耗	17 200.00	√		
	原材料	甲材料			1 053 000.00	√
合　计			¥1 053 000.00		¥1 053 000.00	

会计主管：宋波　记账：黄诗慧　出纳：　复核：张雪倩　制单：胡飞扬　附件：　张

根据记账凭证及所附原始凭证登记相关成本明细账，见表4-6～表4-9；原材料账户（略）。

步骤三：归集和分配人工费用。

根据工资汇总表原始资料，编制职工薪酬分配表（图4-2）。

职工薪酬费用分配表

202×年8月　　　　单位：元

应借科目		成本或费用项目	直接计入	分配计入			工资费用合计
				生产工时	分配率	分配金额	
基本生产成本	801A产品	直接人工		36000		14400.00	14400.00
	802B产品	直接人工		40000		16000.00	16000.00
	803C产品	直接人工		22000		8800.00	8800.00
	小计			98000	0.4	39200.00	39200.00
制造费用	生产车间	人工费	4200.00				4200.00
合计							43400.00

图 4-2　职工薪酬费用分配表示例

采用 Excel 计算分配职工薪酬费用，设定以下公式：

（1）基本生产车间生产人员薪酬费用分配率 F8＝基本生产车间职工薪酬费用总额 G8/各种产品生产工时之和 E8；

（2）801A 产品应分配的薪酬费用 G5＝801A 产品生产工时 E5×薪酬费用分配率 F8，

802B 产品应分配的薪酬费用 G6＝802B 产品生产工时 E6×薪酬费用分配率 F8

803C 产品应分配的薪酬费用 G7＝803C 产品生产工时 E7×薪酬费用分配率 F8

（3）薪酬费用总额 H10＝Σ（H8～H9），计算结果如图 4-2 所示。

根据职工薪酬费用分配表，填制记账凭证，见表 4-2。

表 4-2　记账凭证

202×年 8 月 31 日　　　　第 52 号

摘要	总账科目	明细科目	借方金额	√	贷方金额	√
分配职工薪酬费用	基本生产成本	801A 产品	14 400.00	√		
	基本生产成本	802B 产品	16 000.00	√		
	基本生产成本	803C 产品	8 800.00	√		
	制造费用	工资	4 200.00	√		
	应付职工薪酬	工资			43 400.00	√
合　　计			¥43 400.00		¥43 400.00	

会计主管：宋波　　记账：黄诗慧　　出纳：　　复核：张雪倩　　制单：胡飞扬　　附件：1 张

登记产品生产成本明细账和制造费用明细账（见表 4-6～表 4-9）、应付职工薪酬账户（略）。

步骤四：归集和分配其他成本费用。

计提车间固定资产折旧费用，并填制会计凭证，见表 4-3。

表 4-3　记账凭证

202×年 8 月 31 日　　　　第 53 号

摘要	总账科目	明细科目	借方金额	√	贷方金额	√
计提固定资产折旧	制造费用	折旧费	7 600.00	√		
	累计折旧				7 600.00	√
合　　计			¥7 600.00		¥7 600.00	

会计主管：宋波　记账：黄诗慧　出纳：　　复核：张雪倩　制单：胡飞扬　附件：1 张

归集计算其他费用，并填制记账凭证，见表 4-4。

表 4-4　记账凭证

202×年 8 月 31 日　　　　第 54 号

摘要	总账科目	明细科目	借方金额	√	贷方金额	√
支付水电费及其他费用	制造费用	水电费	4 800.00	√		
	制造费用	其他	500.00	√		
	银行存款				5 300.00	√
合　　计			¥5 300.00		¥5 300.00	

会计主管：宋波　记账：黄诗慧　出纳：李燃　复核：张雪倩　制单：胡飞扬　附件：1 张

登记制造费用明细账（见表 4-9）、累计折旧和银行存款账户（略）。

步骤五：归集和分配生产车间制造费用。

根据生产车间制造费用明细账归集的成本数，编制制造费用分配表，见图 4-3。

	A	B	C	D	E	F
1	制造费用分配表					
2			202×年8月		单位：元	
3	应借账户		成本项目	实际工时	分配率	应分配金额
4	基本生产成本	801A产品	制造费用	36000		12600.00
5		802B产品	制造费用	40000		14000.00
6		803C产品	制造费用	22000		7700.00
7	合计			98000	0.35	34300.00

图 4-3　制造费用分配表示例

采用 Excel 计算分配制造费用，设定以下公式：

（1）生产车间制造费用分配率 E7 = 生产车间制造费用总额 F7/本车间生产各种产品实际工时之和 D7；

（2）801A 产品应分配的制造费用 F4 = 801A 产品实际工时 D4×车间制造费用分配率 E7，802B 产品应分配的制造费用 F5 = 802B 产品实际工时 D5×车间制造费用分配率 E7，803C 产品应分配的制造费用 F6 = 803C 产品实际工时 D6×车间制造费用分配率 E7，计算结果如图 4-3 所示。

根据制造费用分配表，填制记账凭证，见表 4-5。

表 4-5　记账凭证

202×年 8 月 31 日　　第 55 号

摘要	总账科目	明细科目	借方金额	√	贷方金额	√
分配结转制造费用	基本生产成本	801A 产品	12 600. 00	√		
	基本生产成本	802B 产品	14 000. 00	√		
	基本生产成本	803C 产品	7 700. 00	√		
	制造费用	物料消耗			17 200. 00	√
	制造费用	工资			4 200. 00	√
	制造费用	折旧费			7 600. 00	√
	制造费用	水电费			4 800. 00	√
	制造费用	其他			500. 00	√
合　　计			¥34 300. 00		¥34 300. 00	

会计主管：宋波　记账：黄诗慧　出纳：　复核：张雪倩　制单：胡飞扬　附件：1 张

登记生产成本明细账和制造费用明细账，见表 4-6～表 4-9。

表 4-6　基本生产成本明细账

批号：801　　开工日期：8 月 1 日

产品名称：A 产品　　批量：200　　完工日期：8 月 31 日

单位：元

202×年		凭证字号	摘要	直接材料	直接人工	制造费用	合计
月	日						
8	31	记 51	分配材料费用	250 000. 00			250 000. 00
8	31	记 52	分配职工薪酬		14 400. 00		14 400. 00
8	31	记 55	分配制造费用			12 600. 00	12 600. 00
8	31		本月生产成本合计	250 000. 00	14 400. 00	12 600. 00	277 000. 00
8	31	记 56	结转本月完工产品成本	-250 000. 00	-14 400. 00	-12 600. 00	-277 000. 00
8	31		单位成本	1 250. 00	72. 00	63. 00	1 385. 00

表 4-7　基本生产成本明细账

批号：802　　　　　　　　　　　　　　　　　　　　　　开工日期：8 月 1 日

产品名称：B 产品　　批量：300　　完工：80　　　　　　完工日期：　月　日

单位：元

202×年		凭证字号	摘要	直接材料	直接人工	制造费用	合计
月	日						
8	31	记 51	分配材料费用	334 000.00			334 000.00
8	31	记 52	分配职工薪酬		16 000.00		16 000.00
8	31	记 55	分配制造费用			14 000.00	14 000.00
8	31		本月生产成本合计	334 000.00	16 000.00	14 000.00	364 000.00
8	31	记 57	结转本月完工产品成本	-88 000.00	-5 600.00	-4 000.00	-97 600.00
8	31		月末在产品成本	246 000.00	10 400.00	10 000.00	266 400.00

注：采用定额成本计算完工产品成本为：直接材料 = 80×1 100 = 88 000（元）；直接人工 = 80×70 = 5 600（元）；制造费用 = 80×50 = 4 000（元）；合计成本：97 600 元。

表 4-8　基本生产成本明细账

批号：803　　　　　　　　　　　　　　　　　　　　　　开工日期：8 月 1 日

产品名称：C 产品　　　　批量：400　　　　　　　　　　完工日期：　月　日

单位：元

202×年		凭证字号	摘要	直接材料	直接人工	制造费用	合计
月	日						
8	31	记 51	分配材料费用	452 000.00			452 000.00
8	31	记 52	分配职工薪酬		8 800.00		8 800.00
8	31	记 55	分配制造费用			7 700.00	7 700.00
8	31		本月生产成本合计	452 000.00	8 800.00	7 700.00	468 500.00

表 4-9　制造费用明细账

车间名称：基本生产车间　　　　　　　　　　　　　　　　单位：元

202×年		凭证字号	摘要	物料消耗	工资	折旧费	水电费	其他	合计
月	日								
8	31	记 51	分配材料费用	17 200.00					17 200.00
8	31	记 52	分配职工薪酬		4 200.00				4 200.00
8	31	记 53	计提折旧费			7 600.00			7 600.00
8	31	记 54	支付其他费用				4 800.00	500.00	5 300.00
8	31		本月生产费用合计	17 200.00	4 200.00	7 600.00	4 800.00	500.00	34 300.00
8	31	记 55	结转本月制造费用	-17 200.00	-4 200.00	-7 600.00	-4 800.00	-500.00	-34 300.00

步骤六：计算并结转完工产品成本。

计算并结转已全部完工的批别产品成本，编制完工产品成本计算单，见表4-10。

表4-10 产品成本计算单

批号：801　　订货单位：××　　开工日期：8月1日

产品名称：A产品　　批量：200　　完工日期：8月31日

单位：元

项目	直接材料	直接人工	制造费用	合计
本月生产成本累计	250 000.00	14 400.00	12 600.00	277 000.00
本月完工产品成本总成本	250 000.00	14 400.00	12 600.00	277 000.00
单位成本	1 250.00	72.00	63.00	1 385.00

根据表4-10，编制记账凭证，见表4-11；登记生产成本明细账（见表4-6），登记库存商品明细账（略）。

表4-11 记账凭证

202×年8月31日　　第56号

摘要	总账科目	明细科目	借方金额	√	贷方金额	√
结转完工产品成本	库存商品	A产品	277 000.00	√		
	基本生产成本	801 A产品			277 000.00	√
合　计			¥277 000.00		¥277 000.00	

会计主管：宋波　记账：黄诗慧　出纳：　复核：张雪倩　制单：胡飞扬　附件：1张

计算批别内跨月完工产品成本，编制产品成本计算单，见图4-4。

K20

	A	B	C	D	E	F
1	产品成本计算单					
2	批号：802	订货单位：飞凤公司		开工日期：8月1日		
3	产品名称：B产品　批量：300		完工日期：　月　日　单位：元			
4	项目	完工产量（件）	直接材料	直接人工	制造费用	合计
5	定额成本		1100.00	70.00	50.00	1220.00
6	本月完工产品总成本	80	88000.00	5600.00	4000.00	97600.00

图4-4 产品成本计算单示例

根据产品成本计算单，编制记账凭证，见表4-12；登记生产成本明细账（见表4-7），登记库存商品明细账（略）。

表 4-12 记账凭证

202×年 8 月 31 日　　　　第 57 号

摘要	总账科目	明细科目	借方金额	√	贷方金额	√
结转完工产品成本	库存商品	B 产品	97 600.00	√		
	基本生产成本	802 B 产品			97 600.00	√
合　计			¥97 600.00		¥97 600.00	

会计主管：宋波　记账：黄诗慧　出纳：　复核：张雪倩　制单：胡飞扬　附件：1 张

【知识与技能训练】

一、选择题（下列选项中有一项或多项是正确的，请将正确的选项填入括号中）

1. 产品成本计算的分批法，是指以产品的（　　）作为成本核算对象。

   A. 品名　　B. 类别

   C. 生产步骤　　D. 批别（单件生产为件别）

2. 分批法的适用范围是（　　）。

   A. 分步生产　　B. 大量生产　　C. 小批、单件生产　　D. 大量、大批生产

3. 分批法的计算程序与（　　）一致。

   A. 品种法　　B. 分类法　　C. 分步法　　D. 定额法

4. 在采用分批法时，产品成本明细账的设立和结账，应与（　　）的签发和结束密切配合，协调一致，以保证各批产品成本计算的正确性。

   A. 生产任务通知单（或生产令号）　　B. 领料单

   C. 订单　　D. “生产成本”总账

5. 如果在同一期内，在几张订单中规定有相同的产品，则计算成本时可以（　　）。

   A. 按订单分批组织生产　　B. 按品种分批组织生产

   C. 按产品的组成部分分批组织生产　　D. 将相同产品合为一批组织生产

6. 在小批、单件多步骤生产的情况下，如果管理上不要求分步计算产品成本，应采用的成本计算方法是（　　）。

   A. 分批法　　B. 分步法　　C. 品种法　　D. 定额成本法

7. 下列各项中，采用分批法时可以作为一个成本核算对象的有（　　）。

   A. 不同订单中的同种产品　　B. 同一订单中的不同种产品

   C. 同一订单中的同种产品　　D. 一件大型复杂产品的某个组成部分

8. 关于分批法的说法中不正确的有（　　）。

   A. 分批法也称定额法

   B. 分批法适用于小批单件用大批生产

C. 按产品批别计算产品成本也就是按照订单计算产品成本

D. 如果一张订单中规定有几种产品，也应合为一批组织生产

9. 产品成本计算分批法的特点有（　　）。

A. 成本计算期与生产周期基本一致

B. 与会计报告期不一致

C. 一般不需要在完工产品与在产品之间分配生产成本

D. 需要在完工产品与在产品之间分配生产成本

二、判断题（正确的在括号内打“√”，错误的打“×”）

1.（　　）分批法应按产品批次（订单）开设产品成本计算单。

2.（　　）分批法是按照产品的生产步骤归集生产费用，计算产品成本的一种方法。

3.（　　）分批法适用于大量大批的单步骤生产或管理上不要求分步计算成本的多步骤生产。

4.（　　）分批法一般不需要在完工产品和期末在产品之间分配生产费用，但当一批产品跨月陆续完工时，也需要进行分配。

5.（　　）分批法成本计算期与产品生产周期一致。

三、实务训练

实训：产品成本计算的分批法

［资料］某企业小批组织生产 A、B、C 三种产品，材料均在生产开始时一次投入，采用分批法计算成本。

该企业 9 月份的产品批号及投产情况如下：

1. 9 份生产的产品批号有：

901 号：A 产品 20 台，本月投产，本月完工 12 台。

902 号：B 产品 40 台，本月投产，本月尚未完工。

903 号、C 产品 20 台，本月投产，本月完工 4 件。

2. 9 月份各批号的生产费用资料如下表所示。

各批号生产费用表

单位：元

批号	直接材料	直接人工	制造费用
901	67 200.00	47 500.00	56 000.00
902	35 160.00	17 814.00	12 178.00
903	92 000.00	61 000.00	39 600.00

其中：901 批号 A 产品完工数量较多，原材料在生产开始时一次投入，其他费用在完工产品与在产品之间采用约当产量法分配，在产品完工程度为 50%。903 批号 C 产品完工数量少，完工产品按计划成本结转。每台产品计划成本为：直接材料 4 600 元，直接人工 3 500 元，制造费用 2 400 元。

［要求］根据上述资料，采用分批法登记产品成本明细账，并计算各批产品的完工成本和月末在产品成本。

任务二　简化分批法的运用

一、工作任务

八达集团下属的桂东公司所生产的产品批别较多，生产周期长，月末未完工的产品批次数量也较多。因此，公司采用简化分批法计算产品成本。公司202×年9月份各批产品的生产资料如下：

（1）9月份生产产品的批号及完工情况资料如表4-13所示：

表4-13　9月份生产产品的批号及完工情况

批号	产品名称	批量/件	投产日期	完工数量	完工日期
901	A产品	16	202×年8月15日	16	202×年9月30日
902	B产品	20	202×年8月20日	8	
903	C产品	10	202×年9月10日		未完工
904	D产品	30	202×年9月15日		未完工
905	E产品	24	202×年9月20日		未完工

（2）各批次生产资料如表4-14所示，基本生产成本二级账资料如表4-15所示。

表4-14　各批次生产资料　　金额单位：元

批号	产品名称	月份	原材料	生产工时	职工薪酬	制造费用	金额合计
901	A产品	8	16 000.00	8 000			
		9	20 000.00	10 040			
902	B产品	8	8 000.00	3 000			
		9	40 000.00	40 000			
903	C产品	9	11 200.00	6 400			
904	D产品	9	10 400.00	6 000			
905	E产品	9	10 000.00	4 200			

表4-15　基本生产成本二级账资料

项目	月份	原材料	生产工时	职工薪酬	制造费用	金额合计
月初在产品成本		24 000.00	11 000	6 211.00	9 316.00	39 527.00
本月发生成本	9	91 600.00	66 640	24 845.00	37 268.00	153 713.00
本月累计成本	9	115 600.00	77 640	31 056.00	46 584.00	193 240.00

（3）原材料在开始生产时一次投入；

（4）月末，901 批 A 产品全部完工，实际生产工时为 18 040 小时；902 批 B 产品部分完工，按定额工时确定的已完工产品生产工时为 28 000 小时。

（5）根据上述资料，归集并计算产品生产成本。

二、必备知识

微课视频
简化分批法概述

1. 简化分批法的含义及适用范围

简化分批法是指为了减少间接费用分配的工作量，将企业所有批别的全部生产成本都集中在基本生产成本二级账中反映，各批别的产品生产成本明细账平时只登记材料成本和生产工时，而不登记人工费等间接成本，待产品完工时，通过二级账提供的间接成本分配率再计算完工批别的间接成本和完工产品成本的一种成本计算方法，也称为不分批计算在产品成本的分批法。适用于同一月份投产的产品批次很多，而且月末未完工产品批数也较多的企业。

2. 简化分批法的特点

（1）必须设置基本生产成本二级账，核算全部产品的所发生的成本和生产工时。

简化分批法同样按产品批别设置生产成本明细账，但平时各批次只登记所发生的材料成本和工时，各批产品的间接成本都汇总记入基本生产成本二级账中。二级账反映了所有批次产品的全部累计生产成本和生产工时资料，同时能提供间接成本（加工费等）累计分配率，以及反映了所有批次产品的月末在产品成本合计数。

（2）各批次完工产品的间接成本采用间接分配计入方法进行核算。一般按完工产品累计生产工时比例分配，计算公式为

$$\text{某项间接成本累计分配率}=\frac{\text{全部产品累计间接成本}}{\text{全部产品累计生产工时}}$$

某批完工产品应负担的间接计入成本＝该批完工产品累计工时×间接成本累计分配率

（3）不分批计算在产品成本。

各批别的生产成本明细账不反映该批别在产品成本，各批别在产品成本以总额的形式集中反映在基本生产成本的二级账中。

3. 简化分批法的计算程序

（1）根据产品生产批别开设各产品生产成本明细账，同时按全部产品设置一个基本生产成本二级账，分别对企业所发生的成本费用进行归集核算。

（2）根据材料费用分配表和产品生产工时记录等，将各批别耗用的材料成本和工时分别平行记入各批别生产成本明细账和基本生产成本二级账中，月末要核对，确保数字相符。

（3）对各批别共同发生的间接费用，记入基本生产成本二级账，暂不在各批次之间进行分配。

（4）月末，若有完工产品，则通过基本生产成本二级账的累计间接成本和累计工时计算出间接成本累计分配率，计算应计入完工产品的间接成本，登记入完工产品的基本生产成本明细账。

（5）计算并结转完工产品成本，将汇总的完工产品总成本登记入基本生产成本二级账中，并结出二级账所反映的全部批别产品月末在产品的成本数。

三、工作过程

步骤一：设置生产成本明细账和基本生产成本二级账。

根据公司成本资料和成本管理需要，按产品批别设置产品生产成本明细账和基本生产成本二级账，登记月初生产成本和本月发生的生产成本，见表4-16~表4-21。

微课视频
简化分批法工作过程

表4-16　基本生产成本二级账

生产单位：桂东公司　　　　金额单位：元

202×年		凭证字号	摘要	直接材料	生产工时	直接人工	制造费用	金额合计
月	日							
9	1	略	月初在产品成本	24 000.00	11 000	6 211.00	9 316.00	39 527.00
9	30		本月发生成本	91 600.00	66 640	24 845.00	37 268.00	153 713.00
9	30		生产成本累计	115 600.00	77 640	31 056.00	46 584.00	193 240.00
9	30		间接成本分配率			0.4	0.6	
9	30		本月完工产品成本	-55 200.00	-46 040	-18 416.00	-27 624.00	-101 240.00
9	30		月末在产品成本	60 400.00	31 600	12 640.00	18 960.00	92 000.00

表4-17　基本生产成本明细账

批号：901　　　　开工日期：8月15日
产品名称：A产品　　　批量：16　　　　完工日期：9月30日
金额单位：元

202×年		凭证字号	摘要	直接材料	生产工时	直接人工	制造费用	金额合计
月	日							
8	31	略	本月发生成本	16 000.00	8 000			16 000.00
8	31		本月累计成本	16 000.00	8 000			16 000.00
9	30		本月发生成本	20 000.00	10 040			20 000.00
9	30		本月累计成本	36 000.00	18 040			36 000.00
9	30		间接成本分配率			0.4	0.6	
9	30		分配间接成本			7 216.00	10 824.00	18 040.00
9	30		本月完工产品成本	36 000.00	18 040	7 216.00	10 824.00	54 040.00
9	30	记61号	结转本月完工产品成本	-36 000.00	-18 040	-7 216.00	-10 824.00	-54 040.00

表 4-18　基本生产成本明细账

批号：902　　　　　　　　　　　　　　开工日期：8 月 20 日
产品名称：B 产品　　批量：20　　　　完工日期：9 月 30 日
金额单位：元

202×年		凭证字号	摘要	直接材料	生产工时	直接人工	制造费用	合计
月	日							
8	31	略	本月发生成本	8 000.00	3 000			8 000.00
8	31		本月累计成本	8 000.00	3 000			8 000.00
9	30		本月发生成本	40 000.00	40 000			40 000.00
9	30		本月累计成本	48 000.00	43 000			48 000.00
9	30		间接成本分配率			0.4	0.6	
9	30		本月完工产品（8 件）成本	19 200.00	28 000	11 200.00	16 800.00	47 200.00
9	30	记 61 号	结转本月完工产品成本	-19 200.00	-28 000	-11 200.00	-16 800.00	-47 200.00
9	30		月末在产品	28 800.00	15 000			

注：B 产品的完工产品原材料按约当产量计算为 48 000÷（12+8）×8=19 200。

表 4-19　基本生产成本明细账

批号：903　　　　　　　　　　　　　　开工日期：9 月 10 日
产品名称：C 产品　　批量：10　　　　完工日期：　月　日
金额单位：元

202×年		凭证字号	摘要	直接材料	生产工时	直接人工	制造费用	合计
月	日							
9	30	略	本月发生成本	11 200.00	6 400			11 200.00
9	30		本月累计成本	11 200.00	6 400			11 200.00

表 4-20　基本生产成本明细账

批号：904　　　　　　　　　　　　　　开工日期：9 月 15 日
产品名称：D 产品　　批量：30　　　　完工日期：　月　日
金额单位：元

202×年		凭证字号	摘要	直接材料	生产工时	直接人工	制造费用	合计
月	日							
9	30	略	本月发生成本	10 400.00	6 000			10 400.00
9	30		本月累计成本	10 400.00	6 000			10 400.00

表 4-21　基本生产成本明细账

批号：905　　　　　　　　　　　　　　开工日期：9 月 20 日
产品名称：E 产品　　批量：24　　　　完工日期：　月　日
金额单位：元

202×年		凭证字号	摘要	直接材料	生产工时	直接人工	制造费用	合计
月	日							
9	30	略	本月发生成本	10 000.00	4 200			10 000.00
9	30		本月累计成本	10 000.00	4 200			10 000.00

步骤二：计算间接成本累计分配率，并登记到相关明细账中。

计算间接成本累计分配率；并记入基本生产成本二级账和901、902批别产品成本明细账中，见表4-16~表4-18。

直接人工累计分配率=31 056÷77 640=0.4

制造费用累计分配率=46 584÷77 640=0.6

步骤三：计算完工产品应分配的间接成本和总成本。

根据完工产品累计工时（或定额工时）和间接成本累计分配率计算出完工产品应分配的间接成本和总成本，并登记基本生产成本二级账和有完工产品批别的生产成本明细账，见表4-16、表4-17、表4-18。

901号A产品应分配间接成本：

直接人工=18 040×0.4=7 216（元）

制造费用=18 040×0.6=10 824（元）

902号B产品应分配间接成本（按定额工时计算）：

直接人工=28 000×0.4=11 200（元）

制造费用=28 000×0.6=16 800（元）

步骤四：填制记账凭证，结转完工产成品成本，登记相关明细账。

计算完工产品成本，并汇总各批次完工产品总成本，填制产成品入库的记账凭证（表4-22），分别登记“基本生产成本二级账”和相应的“基本生产成本明细账”，见表4-16~表4-18。

1. 901批A产品成本：36 000+7 216+10 824=54 040（元）
2. 902批B产品成本：19 200+11 200+16 800=47 200（元）
3. 完工产品汇总成本：54 040+47 200=101 240（元）

表4-22 记账凭证

202×年9月30日 第61号

摘要	总账科目	明细科目	借方金额	√	贷方金额	√
结转完工产品成本	库存商品	A产品	54 040.00	√		
		B产品	47 200.00	√		
	基本生产成本	901批A产品			54 040.00	√
		902批B产品			47 200.00	√
合 计			¥101 240.00		¥101 240.00	

会计主管：刘爱玲 记账：杨芳芳 出纳： 复核：周美莉 制单：唐美忠 附件： 张

【职业道德与企业伦理】

【案例背景】

服装人上新节奏如何选择

株洲芦淞服饰传媒有限公司（以下简称“芦淞服饰”）成立于2010年，是株洲服饰千亿产业战略计划的推动者和重要参与者。它将与服饰产业园、服饰市场群及配套服务群一道组成株洲服饰产业飞奔前进的世纪豪车的四个车轮，与株洲人民一道实现株洲服饰产业的千亿计划。又到了换季换新装的时候了，服装人把握好服装上新节奏，对提升下半年旺季销售额至关重要。

【问题】采货回来后是一次性上架好还是分批次上架好？为什么？

【分析】采货回来后分批次上架好。原因是：

一次性上货存在弊端：

（1）过量的商品陈列会导致卖场空间显得异常局促，超出适宜展示的范畴，进而对门店的整体美观度和专业形象造成不利影响。

（2）当店员面对这么多新款时，会无法记住各种款式的特点，也无法着力推荐重点款式。

（3）当所有新款同时出现，无法陈列，即使陈列，效果也不好。

（4）最重要的一点，当消费者在相对集中的区域当中，看见满场的新款后，过了一个星期再来，看到的仍然是一样的货品，会让消费者认为门店更新频率低下，之后也不会再来。

分批上货的步骤：

（1）采货回来先看有多少类别。

（2）看门店的现有的库存数据：哪些小类是充足的，哪些是缺少的？哪些货是当下已经不适合销售的？把这些腾出来上新品。

（3）看一下历史同期，在未来的一个星期或半个月主力销售的类别是哪些？

（4）如果是经营多家门店，而有些款式只会下两三手，不是所有门店都能分到，就按照区域风格或者店员的搭配能力来进行分发。

在实际操作中我们60%的老板都会选择一次性上，其中大多数还都是新手以及嫌麻烦的店主。别看分批次上货步骤好像很复杂，其实操作起来很简单，也没有什么技术含量在里面。只是操作思路上，需要有所转变，当店主有了转变，门店的店员也会跟着转变而转变，慢慢会朝着比较专业的方向去做。最终的结果是能够让货品快速地流转，避免有货的时候超级多，没货时到处空着。正确的上货节奏是可以持续不断地保持店铺货量的均衡，也能够达到业绩目标以及降低库存压力的效果。

【拓展思考】习近平总书记代表第十九届中央委员会向中国共产党第二十次全国代表大会所作的报告，明确提出：从现在起，中国共产党的中心任务就是团结带领全国各族人民全面建成社会主义现代化强国、实现第二个百年奋斗目标，以中国式现代化全面推进中华民族伟大复兴。中国式现代化是一项伟大而艰巨的事业。前进的道路上，必须坚持和加强党的全面领导，坚持中国特色社会主义道路，坚持以人民为中心的发展思想，坚持深化改革开放，坚持发扬斗争精神。要增强全党全国各族人民的志气、骨气、底气，不信邪、不怕鬼、不怕压，知难而进、迎难而上，统筹发展和安全，全力战胜前进道路上各种困难和挑战，依靠顽强斗争打开事业发展新天地。

（案例来源：公众号“芦淞服饰市场”）

【知识与技能训练】

一、选择题（下列选项中有一项或多项是正确的，请将正确的选项填入括号中）

1. 简化的分批法不宜在下列（　　）情况下采用。

A. 各月间接费用水平相差较大　　B. 各月间接费用水平相差不大

C. 月末未完工产品批量数较多　　D. 投产批数繁忙

2. 累计间接费用分配率应用于（　　）。

A. 简化品种法　　B. 简化分批法　　C. 分批法　　D. 分步法

3. 简化分批法的适用范围是（　　）。

A. 投产批数较少而且在产品批数也较少的企业

B. 投产批数较多而且在产品批数也较多的企业

C. 投产批数较多而在产品批数较少的企业

D. 投产批数较少而在产品批数较多的企业

4. 采用简化分批法，分配间接计入费用并计算登记该批完工产品的成本是在（　　）。

A. 月末时　　B. 季末时　　C. 年末时　　D. 有产品完工时

5. 在简化的分批下，基本生产成本明细账登记的内容有（　　）。

A. 直接计入成本的费用　　B. 完工月份分配结转的直接计入费用

C. 完工月份分配结转的间接计入费用　　D. 当月发生的生产工时

6. 分批法与品种法的主要区别是（　　）不同。

A. 成本计算对象　　B. 成本计算期　　C. 生产周期　　D. 会计核算期

7. 累计间接费用分配率是（　　）。

A. 在各车间产品之间分配间接费用的依据

B. 在各批产品之间分配间接费用的依据

C. 在完工批别与月末在产品批别之间分配该项费用的依据

D. 在某批产品的完工产品与月末在产品之间分配该项费用的依据

二、判断题（正确的在括号内打“√”，错误的打“×”）

1.（　　）采用简化的分批法，必须设立基本生产成本二级账。

2.（　　）采用累计间接费用分配法，在间接费用水平相差悬殊的情况下，会影响成本的正确。

3.（　　）简化分批法就是不分批计算在产品成本的分批法。

三、实务训练

实训：产品成本计算的简化分批法。

［资料］1. 某企业的基本生产成本二级账户如下表所示。

基本生产成本二级账

摘要	材料费/元	工时/小时	人工费用/元	制造费用/元	合计/元
8 月发生	120 000	8 000	48 000	32 000	200 000
9 月发生	160 000	12 000	72 000	48 000	280 000
10 月发生	100 000	10 000	60 000	40 000	200 000
累计数					
累计间接费用分配率					
完工转出成本					
完工产品单位成本					

2. 该企业 A 产品的成本明细账如下表所示。

产品成本明细账

产品名称：A 产品　　　　批号：801　　　　投产量：60 件

摘要	材料费/元	工时/小时	人工费用/元	制造费用/元	合计/元
8 月发生	120 000	8 000			
9 月发生		4 000			
10 月发生		2 000			
累计数					
累计间接费用分配率					
完工转出成本					
完工产品单位成本					

3. 该企业 B 产品的成本明细账如下表所示。

产品成本明细账

产品名称：B 产品　　　　批号：901　　　　投产量：40 件

摘要	材料费/元	工时/小时	人工费用/元	制造费用/元	合计/元
9 月发生	160 000	8 000			
10 月发生		5 000			
累计数					
累计间接费用分配率					
完工转出成本					
完工产品单位成本					

4. 该企业C产品的成本明细账如下表所示。

产品成本明细账

产品名称：C产品　　　　批号：1001　　　　投产量：30件

摘要	材料费/元	工时/小时	人工费用/元	制造费用/元	合计/元
10月发生	100 000	3 000			

5. 月末，A产品全部完工，B产品完工4件，C产品全部在制。完工的B产品的生产工时为3 000小时. 材料分配采取约当产量法。

[要求]

1. 根据资料，登记基本生产成本二级账和各批产品成本明细账。
2. 计算和登记累计间接费用分配率。
3. 计算各批完工产品成本。

项目五　产品成本计算的分步法

学习目标

知识目标

1. 了解分步法的特点、种类及其适用范围；
2. 熟悉逐步结转分步法和平行结转分步法的计算程序；
3. 掌握分项结转分步法；
4. 掌握综合结转分步法及成本还原；
5. 掌握平行结转分步法。

技能目标

1. 能根据企业的生产特点和管理要求，选择正确的成本计算方法；
2. 能根据分步法中的具体计算方法，借助 Excel 表格完成各产品成本的核算；
3. 具备灵活运用分步法进行成本计算的能力。

素养目标

1. 根据企业的生产特点和管理要求，选择正确的成本计算方法，培养学生具体问题具体分析的能力；
2. 通过学习产品成本计算的分步法，培养学生做事有条理、严谨、细致的工作态度；
3. 通过 Excel 表格辅助完成产品成本的计算，在工作中善于创新和运用。

导入案例

富强针织服装公司是一家主营生产销售针织服装，兼有部分毛线、布匹的销售，该公司共有三个纺纱车间，二个编织车间，一个裁剪缝制车间，另外还有为纺纱、编织等车间服务的辅助生产车间。针织服装的工艺流程：纺纱→编织→验布→裁剪→缝制→整烫→检验。其中纺纱和编织车间生产出来的半成品除了提供本企业的下一步骤生产使用外，还有部分用于对外销售。

丰收机械厂生产的产品需要经过第一、第二、第三共三个车间连续加工制成，原材料于第一车间生产开始时一次投入，第二、第三车间均不再投入材料。第一、二车间生产出来的半成品仅供本企业的下一步骤加工使用，各步骤生产的半成品不需要计算半成品的成本。

问题：上述富强针织服装公司和丰收机械厂应该采用什么方法核算产品成本，为什么？

分析：富强针织服装公司应采用综合逐步结转分步法。由于富强针织服装公司纺纱和编织车间生产的半成品不仅满足下一车间使用还有部分对外销售，对外销售需要结转销售成本，同时为了加强在产品的实物管理和生产资金管理，因此富强针织服装公司采用综合结转分步法核算（半）产品的成本。丰收机械厂采用平行结转分步法核算产品成本。丰收机械厂各步骤生产出来的半成品仅供本企业下一步骤使用，不对外销售，为了简化成本核算工作，可以不计算半产品成本，只要从各步骤加工费用中计算出应计入产成品成本中的份额，并从成本明细账中转出，然后将各步骤相同产品的成本份额平行地汇总起来，求出产成品成本。

【工作总任务】

1. 综合结转分步法及实例操作；
2. 分项结转分步法及实例操作；
3. 平行结转分步法及实例操作。

【项目任务知识】

微课视频
分步法概述

产品成本计算的分步法，是指以产品的品种及其经过的生产步骤为成本计算对象，开设成本明细账来归集生产成本，计算产品成本的一种方法，是产品成本计算最基本方法之一。分步法适用于大量大批多步骤生产且管理上要求按生产步骤计算成本的生产企业，如冶金、纺织、造纸以及机械制造等行业。分步法的主要特点有，一是以产品及其所经过的步骤为成本计算对象，二是按月计算成本，成本计算期与会计报告期一致而与产品生产周期不一致，三是生产成本一般需要在完工产品与在产品之间分配，四是需要在各步骤之间结转半成品成本。由于产品生产工艺过程的特点和企业在成本管理中对各生产步骤成本资料要求不同，产品成本计算的分步法又分为逐步结转分步法（要求计算半成品成本）和平行结转分步法（不要求计算半成品成本）两种方法。另外，逐步结转分步法在实际运用中，按照结转半成品成本到下一个生产步骤的明细账中的反映方法不同，可进一步分为综合结转分步法和分项结转分步法。

任务一　综合结转分步法的应用

一、工作任务

八达集团下属的桂西配件厂专门为本公司生产 A 配件，A 配件的生产工艺经过铸造、加工和组装三个步骤，设有第一车间、第二车间和第三车间。第一车间（第一步骤）生产出甲半成品，甲半成品转入第二车间（第二步骤）加工生产出乙半成品，乙半成品转入第三车间（第三步骤）组装生产出 A 产成品。该厂没有设置自制半成品库收发各步骤完工的半成品。

微课视频
综合结转分步法的应用

1. 成本核算要求和产品成本计算方法

（1）桂西配件厂采用综合结转分步法进行产品成本计算，即 A 产品及其所经过的生产步骤第一车间、第二车间和第三车间作为成本计算对象，并逐步结转各步骤半成品成本，最后计算出完工产品的成本。

（2）投料方式：原材料在第一车间生产开始时一次投入，第二、第三车间不再投入材料。

（3）基本生产车间按约当产量比例法计算各步骤完工产品成本及在产品成本。

2. 各生产步骤生产情况及在产品完工程度

各生产步骤生产情况及在产品完工程度如表 5-1 所示：

表 5-1　各生产步骤生产情况及在产品完工程度

项目	第一车间	第二车间	第三车间
月初在产品件数	3	4	3
本月投产或上车间转入件数	62	60	62
本月完工产品件数	60	62	60
月末在产品数	5	2	5
月末在产品完工程度/%	60	50	60

3. 登记总分类账和明细账

各生产车间发生的各项费用已按成本计算对象归集和分配，编制了记账凭证，并已登记总分类账和明细账，各生产步骤生产成本明细账如表 5-2～表 5-4 所示：

表 5-2　基本生产成本明细账

车间名称：第一车间　　　　产品名称：甲半产品

202×年		凭证字号	摘要	直接材料	直接人工	制造费用	合计
月	日						
7	1		月初在产品成本	3 900. 00	3 690. 00	4 353. 00	11 943. 00
7	31	记 50	分配材料费用	80 600. 00			80 600. 00

表5-2（续）

202×年 月	日	凭证字号	摘要	直接材料	直接人工	制造费用	合计
7	31	记 51	分配职工薪酬		31 275.00		31 275.00
7	31	记 52	分配制造费用			24 375.00	24 375.00

表 5-3 基本生产成本明细账

车间名称：第二车间　　产品名称：乙半产品

202×年 月	日	凭证字号	摘要	直接材料（甲半成品）	直接人工	制造费用	合计
7	1		月初在产品成本	7 900.00	3 180.00	3 020.00	14 100.00
7	31	记 51	分配职工薪酬		38 022.00		38 022.00
7	31	记 52	分配制造费用			21 424.00	21 424.00

表 5-4 基本生产成本明细账

车间名称：第三车间　　产品名称：A 产成品

202×年 月	日	凭证字号	摘要	直接材料（乙半成品）	直接人工	制造费用	合计
7	1		月初在产品成本	3 236.00	2 506.00	3 830.00	9 572.00
7	31	记 51	分配职工薪酬		35 420.00		35 420.00
7	31	记 52	分配制造费用			25 150.00	25 150.00

4. 计算各步骤半成品成本及产成品成本

要求根据有关资料采用综合结转分步法计算各步骤半成品成本及产成品成本。

二、必备知识

（一）逐步结转分步法及其特点

1. 逐步结转分步法的概念

逐步结转分步法是指在计算各步骤生产成本时，逐步计算并结转半成品成本，上一步骤所完成的半成品成本，要随同半成品实物的结转相应地从上一步骤成本明细账中转入下一步骤产品成本明细账中，直到最后一个步骤，以便计算出每个步骤半成品成本和最后一个步骤产成品成本的一种成本计算方法，也称计算半成品成本分步法。

2. 逐步结转分步法的特点

（1）各步骤完工的半成品成本的结转同实物流转一致，随实物的流转在各生产步骤之间顺序结转。

（2）各步骤归集的生产成本（含上步骤结转的半成品成本）需要在本步骤完工产品与本步骤狭义在产品之间进行分配。

（3）各生产步骤的生产成本明细账的账面期末余额，即为该步骤的在产品成本。

3. 逐步结转分步法的结转方式

采用逐步结转分步法结转半成品成本时，半成品成本从上一步骤转入下一生产步骤的生产成本明细账时，可以用半成品成本的成本合计数在成本项目中反映，也可以按照半成品的成本项目分别反映，因此，根据半成品成本结转方式不同，逐步结转分步法分为综合结转分步法和分项结转分步法。

（二）逐步结转分步法的成本计算程序

逐步结转分步法的成本计算程序，因各步骤完工的半成品是否通过自制半成品仓库的收发核算而有所不同。

1. 半成品不通过半成品仓库收发的计算程序

（1）根据第一生产步骤的产品基本生产成本明细账上所归集的生产成本，计算出本步骤完工的半成品成本，并将该完工半成品成本结转入第二步骤产品生产成本明细账中。半成品结转时，借记“基本生产成本——第二步骤”账户，贷记“基本生产成本——第一步骤”。

（2）第二生产步骤根据第一生产步骤转来的半成品成本，加上本步骤所发生的各项费用，计算出第二步骤完工的半成品成本，并将完工半成品成本转入第三生产步骤产品生产成本明细账上。

（3）以此类推，直至最后一个生产步骤，最后一个生产步骤的完工产品成本即为完工产成品的生产成本。

半成品不通过半成品仓库收发核算的流程如图 5-1 所示。

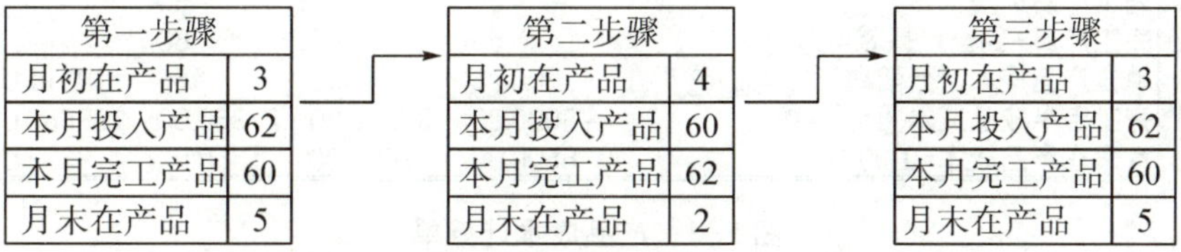

图 5-1　半成品不通过半成品仓库收发核算的流程

2. 半成品通过半成品仓库收发核算的计算程序

（1）根据第一生产步骤的产品基本生产成本明细账上所归集的生产成本，计算出本步骤完工的半成品成本。半成品验收入库时，借记“自制半成品——××半成品”账户，贷记“基本生产成本——第一步骤”账户。

（2）第二步骤从半成品仓库领用第一步骤半成品时，借记“基本生产成本——第二步骤”账户，贷记“自制半成品——××半成品”，将所领用的半成品成本记入相应的成本项目中。根据第二步骤产品生产成本明细账所归集的生产成本计算出第二步骤完工半成品成本，并办理完工半成品入库和领用会计业务。

（3）以此类推，直至最后一个生产步骤，最后一个生产步骤的完工产品成本即为完工产成品的生产成本。

半成品通过半成品仓库收发核算的流程如图 5-2 所示。

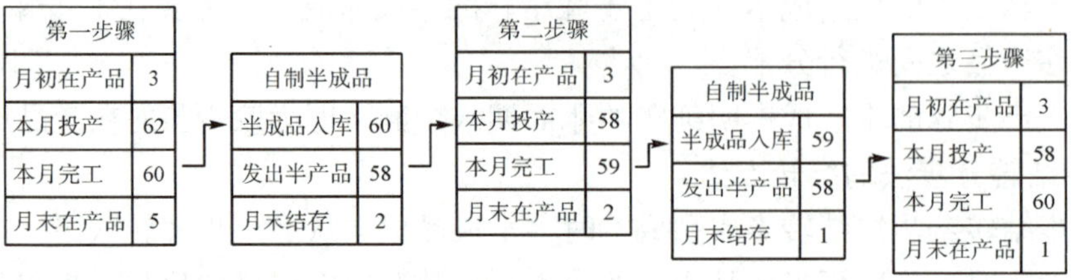

图 5-2　半成品通过半成品仓库收发核算的流程

三、工作过程

步骤一：编制第一步骤产品成本计算单，并计算该步骤完工半成品成本。

根据第一车间的生产成本明细账资料，编制第一车间的产品成本计算单，采用约当产量法并运用 Excel 表计算出第一车间完工甲半成品成本和在产品成本，设定的公式详见产品成本计算单中项目栏。计算过程及结果见图 5-3。

	A	B	C	D	E
1	产品成本计算单				
2	生产车间：一车间			产量：60件	
3	产品名称：甲半成品　　202×年07月31日			金额单位：元	
4	项　目	直接材料	直接人工	制造费用	成本合计
5	月初在产品成本①	3900.00	3690.00	4353.00	11943.00
6	本月生产费用②	80600.00	31275.00	24375.00	136250.00
7	生产费用合计③=①+②	84500.00	34965.00	28728.00	148193.00
8	月末在产品数量④	5	5	5	
9	投料率/完工率⑤	100%	60%	60%	
10	月末在产品约当产量⑥=④*⑤	5	3	3	
11	完工产品产量（台）⑦	60	60	60	
12	完工产量+约当产量⑧=⑦+⑥	65	63	63	
13	单位产品成本（分配率）⑨=③/⑧	1300.00	555	456	2311.00
14	完工甲半成品成本⑩=⑦*⑨	78000.00	33300.00	27360.00	138660.00
15	月末在产品成本=⑥*⑨	6500.00	1665.00	1368.00	9533.00

图 5-3　产品成本计算单

步骤二：填制记账凭证，结转第一步骤完工半成品成本。

根据一车间成本计算单，填制结转一车间完工甲半成品成本记账凭证，见表 5-5。

表 5-5　记账凭证

202×年 7 月 31 日　　　　第 53 号

摘要	总账科目	明细科目	借方金额	√	贷方金额	√
结转一车间完工	基本生产成本	二车间（乙半成品）	138 660. 00	√		
甲半成品成本	基本生产成本	一车间（甲半成品）			138 660. 00	√
合　计			¥138 660. 00		¥138 660. 00	

会计主管：韩雨欣　记账：吴欣然　出纳：　复核：李子萱　制单：何丽娜　附件：1 张

步骤三：登记第一步骤和第二步骤生产成本明细账。

根据一车间成本计算单及记账凭证，登记一车间和二车间生产成本明细账，见表 5-6、表 5-7。

表 5-6 基本生产成本明细账

车间名称：第一车间　　　　产品名称：甲半成品

单位：元

202×年		凭证字号	摘要	直接材料	直接人工	制造费用	合计
月	日						
7	1		月初在产品成本	3 900.00	3 690.00	4 353.00	11 943.00
7	31	记 50	分配材料费用	80 600.00			80 600.00
7	31	记 51	分配职工薪酬		31 275.00		31 275.00
7	31	记 52	分配制造费用			24 375.00	24 375.00
7	31		本月生产成本合计	80 600.00	31 275.00	24 375.00	136 250.00
7	31		本月生产成本累计	84 500.00	34 965.00	28 728.00	148 193.00
7	31	记 53	结转完工产品成本	-78 000.00	-33 300.00	-27 360.00	-138 660.00
7	31		月末在产品成本	6 500.00	1 665.00	1 368.00	9 533.00

表 5-7 基本生产成本明细账（接表 5-3）

车间名称：第二车间　　　　产品名称：乙半产品

202×年		凭证字号	摘要	直接材料（甲半成品）	直接人工	制造费用	合计
月	日						
7	1		月初在产品成本	7 900.00	3 180.00	3 020.00	14 100.00
7	31	记 51	分配职工薪酬		38 022.00		38 022.00
7	31	记 52	分配制造费用			21 424.00	21 424.00
7	31	记 53	从一车间转入成本	138 660.00			138 660.00
7	31		本月生产成本合计	138 660.00	38 022.00	21 424.00	198 106.00
7	31		本月生产成本累计	146 560.00	41 202.00	24 444.00	212 206.00

步骤四：编制第二步骤产品成本计算单，并计算该步骤完工半成品成本。

根据第二车间的生产成本明细账资料，编制第二车间的产品成本计算单，采用约当产量法并运用 Excel 计算出第二车间完工乙半成品成本和在产品成本，设定的公式详见产品成本单计算中的项目栏。计算过程及结果见图 5-4。

	A	B	C	D	E
1	产品成本计算单				
2	生产车间：二车间			产量：62件	
3	产品名称：乙半成品	202×年07月31日		金额单位：元	
4	项　目	直接材料	直接人工	制造费用	成本合计
5	月初在产品成本①	7900.00	3180.00	3020.00	14100.00
6	本月生产费用②	138660.00	38022.00	21424.00	198106.00
7	生产费用合计③=①+②	146560.00	41202.00	24444.00	212206.00
8	月末在产品数量④	2	2	2	
9	投料率/完工率⑤	100%	50%	50%	
10	月末在产品约当产量⑥=④*⑤	2	1	1	
11	完工产品产量（台）⑦	62	62	62	
12	完工产量+约当产量⑧=⑦+⑥	64	63	63	
13	单位产品成本（分配率）⑨=③/⑧	2290.00	654.00	388.00	3332.00
14	完工乙半成品成本⑩=⑦*⑨	141980.00	40548.00	24056.00	206584.00
15	月末在产品成本=⑥*⑨	4580.00	654.00	388.00	5622.00

图 5-4　产品成本计算单示例

步骤五：填制记账凭证，结转第二步骤完工半成品成本。

根据二车间成本计算单，填制结转二车间完工半成品成本记账凭证，见表 5-8。

表 5-8　记账凭证

202×年 7 月 31 日　　　　第 54 号

摘要	总账科目	明细科目	借方金额	√	贷方金额	√
结转二车间完工	基本生产成本	三车间（A 产品）	206 584.00	√		
乙半产品成本	基本生产成本	二车间(乙半成品)			206 584.00	√
合　计			¥206 584.00		¥206 584.00	

会计主管：韩雨欣　记账：吴欣然　出纳：　复核：李子萱　制单：何丽娜　附件：1 张

步骤六：登记第二步骤和第三步骤生产成本明细账。

根据记账凭证及二车间成本计算单，登记二车间和三车间生产成本明细账，见表 5-9、表 5-10。

表 5-9　基本生产成本明细账（接表 5-7）

车间名称：第二车间　　　　产品名称：乙半产品

202×年		凭证字号	摘要	直接材料（甲半成品）	直接人工	制造费用	合计
月	日						
7	1		月初在产品成本	7 900.00	3 180.00	3 020.00	14 100.00
7	31	记 51	分配职工薪酬		38 022.00		38 022.00
7	31	记 52	分配制造费用			21 424.00	21 424.00
7	31	记 53	从一车间转入成本	138 660.00			138 660.00
7	31		本月生产成本合计	138 660.00	38 022.00	21 424.00	198 106.00
7	31		本月生产成本累计	146 560.00	41 202.00	24 444.00	212 206.00
7	31	记 54	结转完工产品成本	-141 980.00	-40 548.00	-24 056.00	-206 584.00
7	31		月末在产品成本	4 580.00	654.00	388.00	5 622.00

表 5-10　基本生产成本明细账（接表 5-4）

车间名称：第三车间　　　　　　　　　　　　　　　　　　　　　　产品名称：A 产成品

202×年		凭证字号	摘要	直接材料（乙半成品）	直接人工	制造费用	合计
月	日						
7	1		月初在产品成本	3 236. 00	2 506. 00	3 830. 00	9 572. 00
7	31	记 51	分配职工薪酬		35 420. 00		35 420. 00
7	31	记 52	分配制造费用			25 150. 00	25 150. 00
7	31	记 54	从二车间转入成本	206 584. 00			206 584. 00
7	31		本月生产成本合计	206 584. 00	35 420. 00	25 150. 00	267 154. 00
7	31		本月生产成本累计	209 820. 00	37 926. 00	28 980. 00	276 726. 00

步骤七：编制第三步骤成本计算单，计算该步骤完工产品成本。

根据第三车间的生产成本明细账资料，编制第三车间的成本计算单，采用约当产量法并运用 Excel 计算出第三车间完工 A 产成品成本和在产品成本，设定的公式详见产品成本计算单中的项目栏，计算过程及结果见图 5-5。

	A	B	C	D	E
1	产品成本计算单				
2	生产车间：三车间			产量：60件	
3	产品名称：A产成品	202×年07月31日		金额单位：元	
4	项　目	直接材料（乙半成品）	直接人工	制造费用	成本合计
5	月初在产品成本①	3236.00	2506.00	3830.00	9572.00
6	本月生产费用②	206584.00	35420.00	25150.00	267154.00
7	生产费用合计③=①+②	209820.00	37926.00	28980.00	276726.00
8	月末在产品数量④	5	5	5	
9	投料率/完工率⑤	100%	60%	60%	
10	月末在产品约当产量⑥=④*⑤	5	3	3	
11	完工产品产量（台）⑦	60	60	60	
12	完工产量+约当产量⑧=⑦+⑥	65	63	63	
13	单位产品成本（分配率）⑨=③/⑧	3228.00	602.00	460.00	4290.00
14	完工A产成品成本⑩=⑦*⑨	193680.00	36120.00	27600.00	257400.00
15	月末在产品成本=⑥*⑨	16140.00	1806.00	1380.00	19326.00

图 5-5　产品成本计算单示例

步骤八：填制记账凭证，结转第三步骤完工产品成本。

根据三车间成本计算单，编制三车间结转完工入库 A 产品成本记账凭证（表 5-11）。

表 5-11　记账凭证

202×年 7 月 31 日　　第 55 号

摘要	总账科目	明细科目	借方金额	√	贷方金额	√
结转完工入库	库存商品	A 产品	257 400. 00	√		
A 产成品成本	基本生产成本	三车间(A 产成品)			257 400. 00	√
合　计			¥257 400. 00		¥257 400. 00	

会计主管：韩雨欣　记账：吴欣然　出纳：　复核：李子萱　制单：何丽娜　附件：1 张

步骤九：登记第三步骤生产成本明细账及库存商品明细账。

根据记账凭证及成本计算单，登记三车间生产成本明细账（表 5-12）和库存商品明细账（略）。

表 5-12　基本生产成本明细账（接表 5-10）

车间名称：第三车间　　产品名称：A 产成品

202×年		凭证字号	摘要	直接材料（乙半成品）	直接人工	制造费用	合计
月	日						
7	1		月初在产品成本	3 236. 00	2 506. 00	3 830. 00	9 572. 00
7	31	记 51	分配职工薪酬		35 420. 00		35 420. 00
7	31	记 52	分配制造费用			25 150. 00	25 150. 00
7	31	记 54	从二车间转入成本	206 584. 00			206 584. 00
7	31		本月生产成本合计	206 584. 00	35 420. 00	25 150. 00	267 154. 00
7	31		本月生产成本累计	209 820. 00	37 926. 00	28 980. 00	276 726. 00
		记 55	结转完工产品成本	-193 680. 00	-36 120. 00	-27 600. 00	-257 400. 00
			月末在产品成本	16 140. 00	1 806. 00	1 380. 00	19 326. 00

从表 5-12 中可以看出，完工 A 产成品成本 257 400. 00 元中的乙半成品成本为 193 680. 00 元，占比 75. 24%，而其他费用（直接人工、制造费用）只是最后步骤发生的费用，在产品成本中所占比重为 24. 76%。这不符合产品成本构成的实际情况，因而不能据以从整个企业角度分析和考核产品成本的构成水平。为了有利于成本分析，寻求降低成本的途径，我们需要将综合结转计算出来的产成品成本进行成本还原，按原始成本项目反映成本资料。

四、综合结转法的成本还原

1. 成本还原的含义

成本还原是指从最后一个步骤起，把本月产成品成本中所耗上一步骤半成品的综合成本还原为直接材料、直接人工和制造费用等原始成本项目，从而求得按原始成本项目反映的产成品成本资料。

2. 成本还原的步骤

成本还原的步骤是从最后的生产步骤开始，一个步骤、一个步骤地将各步骤所耗上一步骤的半成品综合成本，按上步骤的成本项目进行分解，然后将还原后的各步骤成本项目数加总起来，计算出产成品成本按原始成本项目反映的成本资料。

3. 成本还原的方法

成本还原率法，是将产成品成本中半成品综合成本按所耗上一步骤本月所产该种半成品总成本的比重进行成本还原。

$$成本还原率=\frac{待还原的半成品成本}{本月生产该半成品总成本}$$

还原后该半成品各个成本项目金额=本月生产该种半成品成本中各成本项目金额×成本还原率

步骤十：成本还原计算。

根据各车间成本计算单的资料，计算和编制 A 产成品的成本还原计算表，见图 5-6 所示。

	A	B	C	D	E	F	G	H
1	产成品成本还原计算表							
2	产品名称：A产品		202×年07月31日			金额单位：元		
3	项目	成本还原率	乙半成品	甲半成品	直接材料	直接人工	制造费用	合计
4	还原前A产成品成本		193680.00			36120.00	27600.00	257400.00
5	二车间完工乙半成品成本			141980.00		40548.00	24056.00	206584.00
6	第一次成本还原	0.93754	-193680.00	133112.00		38015.00	22553.00	
7	一车间完工甲半成品成本				78000.00	33300.00	27360.00	138660.00
8	第二次成本还原	0.95999		-133112.00	74879.00	31968.00	26265.00	
9	还原后A产成品总成本				74879.00	106103.00	76418.00	257400.00

图 5-6　产品成本还原计算表示例

说明：成本还原率保留小数点后 5 位，还原后各成本项目金额取整数。

采用 Excel 表对 A 产成品成本中的乙半成品进行还原，设定以下公式：

（1）第一次成本还原率 B6=待还原的乙半成品成本 C4/本月生产乙半成品总成本 H5

=193 680.00/ 206 584.00

≈0.937 54

（2）还原乙半成品各个成本项目：

①甲半成品成本 D6=本月生产乙半成品成本中甲半成品成本 D5×成本还原率 B6

=141 980.00×0.937 54

=133 112.00（元）

②直接人工 F6=本月生产乙半成品成本中直接人工 F5×成本还原率 B6

=40 548.00×0.937 54

=38 015.00（元）

③制造费用 G6=本月生产乙半成品成本中制造费用 G5×成本还原率 B6

=24 056.00×0.937 54

=22 553.00（元）

（3）第二次成本还原率 B8＝待还原的甲半成品成本 D6/本月生产甲半成品总成本 H7
＝133 112. 00/ 138 660. 00
≈0. 959 99

（4）还原甲半成品各个成本项目：

①直接材料 E8＝本月生产甲半成品成本中直接材料 E7×成本还原率 B8
＝78 000. 00×0. 959 99
＝74 879. 00（元）

②直接人工 F8＝本月生产甲半成品成本中直接人工 F7×成本还原率 B8
＝33 300. 00×0. 959 99
＝31 968. 00（元）

③制造费用 G8＝本月生产甲半成品成本中制造费用 G7×成本还原率 B8
＝27 360. 00×0. 959 99
＝26 265. 00（元）

（5）还原后 A 产成品成本＝还原前 A 产成品成本（第 4 行）+第一次成本还原（第 6 行）+第二次成本还原（第 8 行）

①直接材料 E9＝74 879. 00（元）

②直接人工 F9＝36 120. 00+38 015. 00+31 968. 00＝106 103. 00（元）

③制造费用 G9＝27 600. 00+22 553. 00+26 265. 00＝76 418. 00（元）

从以上的实例可以看出，采用综合结转分步法，从各步骤的产品成本明细账中可以看出各步骤所耗上一步骤半成品费用的水平和本步骤加工费用的水平，从而有利于各步骤的管理。但如果管理上要求提供按原始成本项目反映的产成品成本资料，就需要进行成本还原。如果生产多种产品，产品生产经过多个生产步骤，成本还原工作繁重。因而，综合结转分步法适用于管理上要求计算各步骤完工产品所耗半成品费用，不要求进行成本还原的情况。

【知识与技能训练】

一、选择题（下列选项中有一项或多项是正确的，请将正确的选项填入括号中）

1. 采用分步法计算产品成本时，生产成本明细账的设立应按照（　　）。

A. 生产批别　　B. 生产步骤和产品品种

C. 生产车间　　D. 成本项目

2. 分步法主要适用于（　　）生产组织形式的多步骤生产。

A. 大量、小批生产　　B. 小量、大批生产

C. 小量、小批生产　　D. 大量、大批生产

3. 在逐步结转分步法下，在产品是指（　　）。

A. 广义在产品　　B. 各步骤自制半成品

C. 狭义在产品　　D. 各步骤的半成品和在产品

4. 成本还原的对象是（　　）。

A. 产成品成本

B. 各步骤所耗上一步骤半成品的综合成本

C. 各步骤半成品成本

D. 最后步骤的产成品成本

5. 逐步结转分步法的特征有（　　）。

A. 管理上要求计算半成品成本　　B. 最后生产步骤计算的是产成品的成本

C. 半成品实物转移成本随之结转　　D. 期末在产品指狭义在产品

6. 产品成本计算的分步法，具有的主要特点包括（　　）。

A. 以产品的品种及所经生产步骤作为成本计算对象

B. 成本计算定期按月进行，成本计算期与产品生产周期不一致

C. 通常需要在完工产品与在产品之间分配生产耗费和支出

D. 在各步骤之间需要结转半成品成本

二、判断题（正确的在括号内打"√"，错误的打"×"）

1.（　　）逐步结转分步法有利于各步在产品的实物管理和成本管理。

2.（　　）成本还原改变了产成品成本的构成，但不会改变产成品的成本总额。

3.（　　）在大量、大批、多步骤生产下，都应该采用分步法计算成本。

4.（　　）采用逐步结转分步法，半成品成本的结转与半成品实物的转移是不一致的。

5.（　　）在逐步结转分步法下，不论是综合结转还是分项结转，半成品成本都是随着半成品实物的转移而逐步结转。

三、实务训练

实训：逐步综合结转分步法的计算方法以及成本还原

[资料] 八达集团下属的兴桂公司，生产的产品为甲产品，产品的生产经过3个生产车间加工制成，第一生产车间生产出A半成品，半成品不经过仓库收发，直接转入第二生产车间加工制成B半成品，B半成品经过半成品仓库收发，第三生产车间从半成品仓库领用B半成品继续加工生产出完工产品甲产品。其中，1件甲产品耗用1件B半成品，1件B半成品耗用1件A半成品。原材料于第一车间生产开始时一次投入，第二、第三车间不再投入原材料。各生产车间的月末在产品完工率均为50%。

各生产车间生产成本在完工产品和在产品之间的分配采用约当产量法。B半成品仓库材料的收发采用全月一次加权平均法计算。月初B半成品数量40件，单位成本135元，共计5 400元。

该公司202×年9月生产甲产品的有关成本计算资料如下表：

本月各车间产品产量

单位：件

项目	第一车间	第二车间	第三车间
月初在产品数量	60	25	20
本月投产量或上步转入	40	80	90
本月完工数量	80	90	100
月末在产品数量	20	15	10

各车间月初及本月费用　　单位：元

成本项目		直接材料	半成品	直接人工	制造费用	合计
第一车间	月初在产品成本	2 000.00		120.00	200.00	2 320.00
	本月生产费用	36 800.00		2 400.00	4 800.00	44 000.00
第二车间	月初在产品成本		12 545.00	400.00	240.00	13 185.00
	本月生产费用			6 400.00	9 600.00	16 000.00
第三车间	月初在产品成本		13 289.60	360.00	320.00	13 969.60
	本月生产费用			6 900.00	5 100.00	12 000.00

[要求] 1. 根据所给资料，编制各步成本计算单，采用逐步综合结转分步法计算各步半成品成本及产成品成本。

2. 进行成本还原。

任务二　分项结转分步法的应用

一、工作任务

八达集团下属的雅诗办公设备厂生产 C 产品，需要经过两个生产步骤连续加工生产，按步骤分设第一、第二车间。第一车间（第一步骤）经过生产后生产出 C1 半成品，半成品经过半成品仓库收发。第二车间（第二步骤）从半成品仓库领用 C1 半成品继续加工生产出 C 产成品。企业开设“自制半成品”账户核算所生产的半成品，半成品按实际成本核算，半成品发出按月末一次加权平均法计算成本。该厂采用分项结转分步法进行产品成本计算，按约当产量比例法在完工产品和在产品之间分配成本。原材料在生产开始时一次投入，各生产车间在产品完工程度均为 50%。

202×年 8 月，各车间有关成本资料如表 5-13、表 5-14、表 5-15 所示。

表 5-13　各车间产品产量　　单位：件

项目	第一车间（第一步骤）	第二车间（第二步骤）
	C1 半成品	C 产成品
月初在产品数量	40	10
本月投产产品数量	60	100
本月完工产品数量	80	90
月末在产品数量	20	20

表 5-14　各车间生产成本　　单位：元

成本项目		直接材料		直接人工		制造费用	
		上步转入	本步发生	上步转入	本步发生	上步转入	本步发生
月初在产品成本	一车间		8 000.00		6 000.00		3 000.00
	二车间	1 990.00		3 010.00	3 000.00	1 760.00	1 200.00
本月发生成本	一车间		12 000.00		21 000.00		6 000.00
	二车间				21 800.00		8 500.00

表 5-15　C1 自制半成品月初数据　　金额单位：元

月	日	项目	数量/件	直接材料	直接人工	制造费用	金额合计
8	1	月初结存	40	9 200.00	10 800.00	5 200.00	25 200.00

要求：采用分项结转分步法计算该企业的产品生产成本。

二、必备知识

微课视频
分项结转分步法概述

1. 分项结转分步法的含义

分项结转分步法是指各生产步骤所耗用上一步骤的半成品的成本时，是按照成本项目结转入产品生产成本明细账（或成本计算单）相应的成本项目中。

2. 计算程序

（1）生产成本明细账（或成本计算单）开设时，成本项目一般分设为“上步转入”和“本步发生”两栏，对上步骤转入的成本和本步骤发生的成本分别计算登记。

（2）根据半成品实物流转方式不同，按不同方法计算各步骤所耗上一步骤半成品成本。

若半成品不通过半成品仓库收发方式核算，则上一步骤完工的半成品成本就按照成本项目直接结转到下一步骤生产成本明细账的相应成本项目中即可；若半成品是通过半成品仓库收发，则可采用加权平均法等存货发出的方法计算各生产步骤所耗用上一步骤的半成品成本。加权平均法的计算公式如下：

$$\begin{matrix}\text{某成本项目加权}\\\text{平均单位成本}\end{matrix}=\frac{\text{该成本项目月初结存实际成本}+\text{该成本项目本月入库实际成本}}{\text{月初结存半成品数量}+\text{本月入库半成品数量}}$$

$$\text{发出半成品某项目成本}=\text{发出半成品的实际数量}\times\text{某成本项目加权平均单位成本}$$

（3）第二步骤后的各生产步骤的产品成本明细账中，每一个项目的“上步骤转入”的半成品成本因已全部投入，在完工产品和在产品之间分配时视同原材料在生产开始时一次投入处理方法一样同等分配成本。而“本步骤发生”的成本则按完工程度计算在产品约当产量后再同完工产品一起进行成本分配。

三、工作过程

该企业的产品生产成本核算过程如下：

步骤一：设置生产成本明细账。

按产品名称及其生产步骤开设成本明细账，归集各步骤发生的生产费用，见表 5-16 和表 5-17。

微课视频
分项结转分步法工作过程

表 5-16 基本生产成本明细账

车间名称：第一车间（第一步骤）　　　　产品名称：C1 半成品

202×年		凭证字号	摘要	直接材料		直接人工		制造费用		合计
月	日			上步转入	本步发生	上步转入	本步发生	上步转入	本步发生	
8	1		月初在产品成本		8 000.00		6 000.00		3 000.00	17 000.00
8	31	记×	本月本步骤发生成本		12 000.00		21 000.00		6 000.00	39 000.00
8	31		生产成本累计		20 000.00		27 000.00		9 000.00	56 000.00

表 5-17 基本生产成本明细账

车间名称：第二车间（第二步骤）　　　　产品名称：C 产成品

202×年		凭证字号	摘要	直接材料		直接人工		制造费用		合计
月	日			上步转入	本步发生	上步转入	本步发生	上步转入	本步发生	
8	1		月初在产品成本	1 990.00		3 010.00	3 000.00	1 760.00	1 200.00	10 960.00
8	31	记×	本月本步骤发生成本				21 800.00		8 500.00	30 300.00

步骤二：编制第一生产步骤产品成本计算单。

根据一车间生产成本明细账资料及企业相关生产资料，编制第一生产车间的“产品成本计算单”，见图 5-7。

	A	B	C	D	E
1	产品成本计算单				
2	生产车间：一车间			产量：80件	
3	产品名称：C1半成品	202×年08月31日		金额单位：元	
4	项　目	直接材料	直接人工	制造费用	成本合计
5	月初在产品成本①	8000.00	6000.00	3000.00	17000.00
6	本月生产费用②	12000.00	21000.00	6000.00	39000.00
7	生产费用合计③=①+②	20000.00	27000.00	9000.00	56000.00
8	月末在产品数量④	20	20	20	
9	投料率/完工率⑤	100%	50%	50%	
10	月末在产品约当产量⑥=④*⑤	20	10	10	
11	完工产品产量（台）⑦	80	80	80	
12	完工产量+约当产量⑧=⑦+⑥	100	90	90	
13	单位产品成本（分配率）⑨=③/⑧	200.00	300	100	600.00
14	完工C1半成品成本⑩=⑦*⑨	16000.00	24000.00	8000.00	48000.00
15	月末在产品成本=⑥*⑨	4000.00	3000.00	1000.00	8000.00

图 5-7 产品成本计算单示例

采用约当产量法并运用Excel表计算出第一车间完工C1半成品成本和在产品成本，设定的公式详见产品成本计算单中的项目栏。计算过程及结果见图5-7。

步骤三：填制记账凭证，结转第一步骤完工入库半成品成本。

根据第一车间"产品成本计算单"和产品入库单等原始凭证填制记账凭证（表5-18）。

表5-18　记账凭证

202×年8月31日　　　　第60号

摘要	总账科目	明细科目	借方金额	√	贷方金额	√
结转完工入库	自制半成品	C1半成品	48 000.00	√		
C1半成品成本	基本生产成本	一车间			48 000.00	√
合　计			￥48 000.00		￥48 000.00	

会计主管：肖艺琳　记账：张致远　出纳：　复核：孙思琪　制单：徐璐露　附件：1张

步骤四：登记第一步骤生产成本明细账。

根据记账凭证登记"自制半成品明细账"（表5-19）和"第一车间生产成本明细账"（表5-20）。

表5-19　自制半成品明细账

产品名称：C1半成品　　规格：××　　存放地点：××

金额单位：元

202×年		凭证字号	摘要	数量/件	成本项目			成本合计
月	日				直接材料	直接人工	制造费用	
8	1		月初结存	40	9 200.00	10 800.00	5 200.00	25 200.00
8	31	记60	本月一车间产品入库	80	16 000.00	24 000.00	8 000.00	48 000.00
8	31		累计	120	25 200.00	34 800.00	13 200.00	73 200.00
8	31		加权平均单位成本		210.00	290.00	110.00	
8	31	记61	本月二车间领用	100	21 000.00	29 000.00	11 000.00	61 000.00
8	31		月末结存	20	4 200.00	5 800.00	2 200.00	12 200.00

表5-20　基本生产成本明细账（接表5-16）

车间名称：第一车间（第一步骤）　　产品名称：C1半成品

202×年		凭证字号	摘要	直接材料		直接人工		制造费用		合计
月	日			上步转入	本步发生	上步转入	本步发生	上步转入	本步发生	
8	1		月初在产品成本		8 000.00		6 000.00		3 000.00	17 000.00
8	31	记×	本月本步骤发生成本		12 000.00		21 000.00		6 000.00	39 000.00

表5-20（续）

202×年		凭证字号	摘要	直接材料		直接人工		制造费用		合计
月	日			上步转入	本步发生	上步转入	本步发生	上步转入	本步发生	
8	31		生产成本累计		20 000.00		27 000.00		9 000.00	56 000.00
8	31	记 60	结转产成品成本		-16 000.00		-24 000.00		-8 000.00	-48 000.00
8	31		月末在产品成本		40 000.00		3 000.00		1 000.00	8 000.00

步骤五：填制记账凭证，结转第二步骤领用半成品成本。

根据二车间领用 C1 半成品数量和自制半成品明细账的产品成本数据，计算二车间耗用 C1 半成品成本，如图 5-8 所示。

	A	B	C	D	E	F
1		发出自制半成品成本计算单			发出数量：100件	
2	自制半成品名称：C1半成品	202×年08月31日			金额单位：元	
3	项 目		直接材料	直接人工	制造费用	合计
4		成本①	9200.00	10800.00	5200.00	25200.00
5	结存C1半	数量②	40	40	40	
6		成本③	16000.00	24000.00	8000.00	48000.00
7	入库C1半	数量④	80	80	80	
8		成本⑤=①+③	25200.00	34800.00	13200.00	73200.00
9	半成品合	数量⑥=②+④	120	120	120	
10	C1半成品加权平均单位成本⑦=⑤/⑥		210.00	290.00	110.00	610.00
11	发出C1半成品数量⑧		100	100	100	
12	发出C1半成品成本⑨=⑧*⑦		21000.00	29000.00	11000.00	61000.00

图 5-8 发出自制半成品成本计算单示例

采用加权平均法并运用 Excel 计算 C1 半成品加权平均单位成本和发出 C1 半成品成本，设定的公式详见发出自制半成品成本计算单中的项目栏。计算过程及结果见图 5-8。

根据发出自制半成品成本计算单（图 5-8）填制记账凭证（表 5-21）。

表 5-21 记账凭证

202×年 8 月 31 日 第 61 号

摘要	总账科目	明细科目	借方金额	√	贷方金额	√
二车间领用	基本生产成本	二车间	61 000.00	√		
C1 半成品成本	自制半成品	C1 半成品			61 000.00	√
合 计			¥61 000.00		¥61 000.00	

会计主管：肖艺琳 记账：张致远 出纳： 复核：孙思琪 制单：徐璐露 附件：1 张

步骤六：登记自制半成品明细账和第二步骤生产成本明细账。

根据记账凭证登记自制半成品明细账（表 5-19）和第二车间生产成本明细账（表 5-22）。

表 5-22　基本生产成本明细账（接表 5-17）

车间名称：第二车间（第二步骤）　　　　　　　　　　　　　　　　　　产品名称：C 产成品

202×年		凭证字号	摘要	直接材料		直接人工		制造费用		合计
月	日			上步转入	本步发生	上步转入	本步发生	上步转入	本步发生	
8	1		月初在产品成本	1 990. 00		3 010. 00	3 000. 00	1 760. 00	1 200. 00	10 960. 00
8	31	记×	本月本步骤发生成本				21 800. 00		8 500. 00	30 300. 00
8	31	记 61	本月上步骤发生成本	21 000. 00		29 000. 00		11 000. 00		61 000. 00
8	31		生产成本累计	22 990. 00		32 010. 00	24 800. 00	12 760. 00	9 700. 00	102 260. 00

步骤七：编制第二生产步骤产品成本计算单。

根据第二车间生产成本明细账成本数据和相关资料，计算和编制第二车间产品成本计算单，见图 5-9。

	A	B	C	D	E	F	G	H
1	产品成本计算单							
2	生产车间：二车间							
3	产品名称：C产成品	202×年08月31日					单位：元	
4	项　目	直接材料		直接人工		制造费用		合计
5		上步转入	本步发生	上步转入	本步发生	上步转入	本步发生	
6	月初在产品成本　(a)	1990.00		3010.00	3000.00	1760.00	1200.00	10960.00
7	本月本步骤发生成本(b)				21800.00		8500.00	30300.00
8	本月上步骤发生成本 © (本月耗用C1半成品成本)	21000.00		29000.00		11000.00		61000.00
9	生产成本累计 ①=(a)+(b)+©	22990.00		32010.00	24800.00	12760.00	9700.00	102260.00
10	月末在产品数量 ②	20		20	20	20	20	
11	投料率/完工率　③	100%		100%	50%	100%	50%	
12	月末在产品约当产量④ = ②* ③	20		20	10	20	10	
13	完工产品产量（件）⑤	90		90	90	90	90	
14	完工产量+约当产量 ⑥=④+⑤	110		110	100	110	100	
15	单位产品成本（分配率）⑦=①/⑥	209.00		291.00	248.00	116	97.00	
16	完工甲半成品成本⑧=⑤*⑦	18810.00		26190.00	22320.00	10440	8730.00	86490.00
17	月末在产品成本　⑨=④*⑦	4180.00		5820.00	2480.00	2320	970.00	15770.00

图 5-9　产品成本计算单示例

采用约当产量法并运用 Excel 计算出第二车间完工 C 产成品成本和月末在产品成本，设定的公式详见产品成本计算单中的项目栏。计算过程及结果见图 5-9。

步骤八：填制记账凭证，结转产成品成本，登记相关明细账。

根据第二车间“产品成本计算单”和产品入库单等相关资料，编制记账凭证（表 5-23），并登记第二车间生产成本明细账（表 5-24）和库存商品明细账（略）。

表 5-23　记账凭证

202×年 8 月 31 日　　　　　　　　　　　　　　　　第 62 号

摘要	总账科目	明细科目	借方金额	√	贷方金额	√
结转完工入库	库存商品	C 产品	86 490. 00	√		
C 产成品成本	基本生产成本	二车间			86 490. 00	√

表5-23（续）

摘要	总账科目	明细科目	借方金额	√	贷方金额	√
合 计			¥86 490.00		¥86 490.00	

会计主管：肖艺琳 记账：张致远 出纳： 复核：孙思琪 制单：徐璐露 附件：2 张

表 5-24 基本生产成本明细账（接表 5-22）

车间名称：第二车间（第二步骤） 产品名称：C 产成品

202×年		凭证字号	摘要	直接材料		直接人工		制造费用		合计
月	日			上步转入	本步发生	上步转入	本步发生	上步转入	本步发生	
8	1		月初在产品成本	1 990.00		3 010.00	3 000.00	1 760.00	1 200.00	10 960.00
8	31	记×	本月本步骤发生成本				21 800.00		8 500.00	30 300.00
8	31	记 61	本月上步骤发生成本	21 000.00		29 000.00		11 000.00		61 000.00
8	31		生产成本累计	22 990.00		32 010.00	24 800.00	12 760.00	9 700.00	102 260.00
8	31	记 62	结转产成品成本	-18 810.00		-26 190.00	-22 320.00	-10 440.00	-8 730.00	-86 490.00
8	31		月末在产品成本	4 180.00		5 820.00	2 480.00	2 320.00	970.00	15 770.00

从以上的实例可以看出，采用分项结转分步法，可以直接提供按原始成本项目反映的产成品成本资料，便于从整个企业角度考核和分析产品成本计划的执行情况，不需要进行成本还原。但是，这种方法的成本结转工作比较复杂，尤其是半成品成本通过半成品库收发时，由于半成品明细账上也要按照成本项目分别登记半成品成本，领用时按实际成本结转还需要分成本项目计算加权平均单位成本，故而结转手续更为复杂；同时在各步骤完工产品成本中看不出所耗上一步骤半成品的费用和本步骤加工费用的水平，不便于进行完工产品成本分析。因而，分项结转分步法适用于管理上不要求提供各步骤完工产品所耗上步骤费用和本步骤加工费用资料，但要求按原始成本项目反映产品成本的企业。

【知识与技能训练】

一、选择题（下列选项中有一项或多项是正确的，请将正确的选项填入括号中）

1.（ ）企业中，必须采用逐步结转分步法。

A. 没有自制半成品 B. 有自制半成品对外销售的

C. 有自制半成品直接交给下一生产步骤的 D. 不计算各生产步骤的半成品成本的

2. 逐步结转分步法实际上是（ ）的多次连接应用。

A. 品种法 B. 分批法 C. 分步法 D. 分类法

3. 采用逐步结转分步法，如果半成品完工后，要通过半成品库收发，在半成品入库时，应借记（ ）账户，贷记“基本生产成本”账户。

A. 库存商品 B. 在产品 C. 制造费用 D. 自制半成品

4. 逐步结转分步法的成本计算程序，按各步骤完工的半成品是否经过（　　）而有所不同。

A. 实物转移程序　B. 成本结转程序

C. 半成品成本计算　D. 半成品库进行收发

二、判断题（正确的在括号内打“√”，错误的打“×”）

1.（　　）分步法都可以进行成本还原。

2.（　　）采用逐步分项结转分步法结转半成品成本，可以直接正确提供按原始成本项目反映的企业产品成本资料，而无需进行成本还原。

三、实务训练

实训：逐步分项结转分步法

［资料］八达集团宏桂公司生产 A 产品，经过两个基本生产车间进行加工，在产品按定额成本计价；半成品通过半成品仓库收发。各步骤所耗半成品的收发按加权平均法计算。该公司本月份产量、成本和在产品定额成本及月初结存自制半成品资料如下表。

产品产量记录表　　单位：件

项目	一车间	二车间
月初在产品	100	120
本月投产或半成品	540	520
本月完工产品	500	540
月末在产品	140	100

单位在产品定额成本资料　　单位：元

项目	直接材料	直接人工	制造费用	合计
一车间	100. 00	80. 00	69. 00	249. 00
二车间	130. 00	100. 00	80. 00	310. 00

生产费用资料　　单位：元

成本项目	一车间		二车间	
	月初在产品	本月费用	月初在产品	本月费用
直接材料	10 000. 00	120 000. 00	15 600. 00	
直接人工	8 000. 00	76 000. 00	12 000. 00	24 000. 00
制造费用	6 900. 00	40 800. 00	9 600. 00	26 600. 00
合计	24 900. 00	236 800. 00	37 200. 00	50 600. 00

自制半成品期初资料　　单位：元

摘要	数量	直接材料	直接人工	制造费用	合计
月初余额	110	25 319. 00	15 894. 00	8 381. 00	49 594. 00

[要求] 1. 编制第一车间、第二车间生产成本明细账。
2. 登记自制半成品明细账。

基本生产成本明细账

车间名称：第一车间　　产品名称：甲半成品　　单位：元

项目	直接材料	直接人工	制造费用	合计
月初在产品定额成本				
本期发生费用				
费用合计				
完工半成品成本				
半成品单位成本				
月末在产品定额成本				

自制半成品明细账

产品名称：甲半成品　　单位：元

摘要	数量	直接材料	直接人工	制造费用	合计
月初余额					
本月增加					
合计					
单位成本					
本月减少					
月末余额					

基本生产成本明细账

车间名称：第二车间　　产品名称：甲产品　　单位：元

项目	直接材料	直接人工	制造费用	合计
月初在产品定额成本				
本期本步骤费用				
上车间转入费用				
费用合计				
完工产品成本				
单位成本				
月末在产品定额成本				

任务三　平行结转分步法的应用

一、工作任务

运用平行结转分步法计算完工产品成本。

1. 产品生产及其工艺

青山机械厂是一家生产型号 C6132 普通车床为主的制造企业，设有铸造、加工和装配三个基本生产车间，另设有供汽车间、机修车间两个辅助生产车间。产品生产流程经过三个步骤的生产后形成产成品如下：

铸造车间以生铁为原材料，生产铸铁件，生产完工经检验合格直接转交加工车间；加工车间利用铸造车间转来的铸铁件以及从材料仓库领用各种钢材进行车、铣、刨、磨等工序加工，加工成装配车间使用的各种零部件后，直接转交装配车间，装配车间利用加工车间转来的零部件及从配件仓库领用的外购件，装配成 C6132 型号的通用车床，经检验合格后入成品库。（说明：装配车间生产一台 C6132 型号通用机床耗用加工车间 1 套零部件，加工车间生产 1 套零部件消耗铸造车间 1 件铸件。）

2. 成本核算要求和产品成本计算方法

（1）企业实行厂部和车间两级核算，采用平行结转分步法进行产品成本计算。

（2）产品成本项目开设“直接材料”“直接人工”“制造费用”三个成本项目。

（3）投料方式：原材料在每个步骤开始时一次投入本车间。

（4）企业存货采用实际成本计价法。

（5）基本生产车间按约当产量比例法计算各步骤应计入完工产品成本的份额。

3. 各生产步骤生产情况及在产品完工程度

各生产步骤生产情况及在产品完工程度如表 5-25 所示。

表 5-25　各生产步骤生产情况及在产品完工情况表

项目	铸造车间	加工车间	装配车间
月初在产品台数	2	6	4
本月投产或上车间转入台数	110	102	104
本月完工产品台数	102	104	100
月末在产品数	10	4	8
月末在产品完工程度/%	40	50	50

4. 各生产步骤（车间）产品成本明细账

各生产步骤（车间）产品成本明细账，如表 5-26~表 5-28 所示。

表 5-26 基本生产成本明细账

车间名称：铸造车间（第一步骤）　　　　产品名称：C6132 车床

202×年		凭证字号	摘要	直接材料	直接人工	制造费用	合计
月	日						
12	1		月初在产品成本	4 689.72	3 691.68	4 353.96	12 735.36
12	31	记 67	分配材料费用	169 000.00			169 000.00
12	31	记 68	分配职工薪酬		56 382.12		56 382.12
12	31	记 69	分配制造费用			99 349.16	99 349.16
12	31		本月发生费用合计	169 000.00	56 382.12	99 349.16	324 731.28
			生产成本累计	173 689.72	60 073.80	103 703.12	337 446.64

表 5-27 基本生产成本明细账

车间名称：加工车间（第二步骤）　　　　产品名称：C6132 车床

202×年		凭证字号	摘要	直接材料	直接人工	制造费用	合计
月	日						
12	1		月初在产品成本	9 848.40	4 145.10	3 929.14	17 922.64
12	31	记 67	分配材料费用	410 000.00			410 000.00
12	31	记 68	分配职工薪酬		54 754.20		54 754.20
12	31	记 69	分配制造费用			85 643.42	85 643.42
12	31		本月发生费用合计	410 000.00	54 754.20	85 643.42	550 397.62
			生产成本累计	419 848.40	58 899.30	89 572.56	568 320.26

表 5-28 基本生产成本明细账

车间名称：装配车间（第三步骤）　　　　产品名称：C6132 车床

202×年		凭证字号	摘要	直接材料	直接人工	制造费用	合计
月	日						
12	1		月初在产品成本	3 908.16	3 332.76	3 930.66	11 171.58
12	31	记 67	分配材料费用	189 040.00			189 040.00
12	31	记 68	分配职工薪酬		42 061.44		42 061.44
12	31	记 69	分配制造费用			83 576.28	83 576.28
12	31		本月发生费用合计	189 040.00	42 061.44	83 576.28	314 677.72
			生产成本累计	192 948.16	45 394.20	87 506.94	325 849.30

5. 计算完工产品的成本和单位成本

根据上述资料，运用平行结转分步法计算完工产品（C6132 车床）的成本和单位成本。

二、必备知识

（一）平行结转分步法的含义

平行结转分步法也称不计算半成品成本分步法，它是指在计算各步骤成本时，不计算其所生产半成品的成本，也不计算各步骤所耗上步骤的半成品成本，只计算各步骤生产费用中应计入最终完工产成品的“份额”，将相同产品在各步骤的成本份额平行结转、汇总，计算出该种产成品的成本。

微课视频
平行结转分步法概述

（二）平行结转分步法的特点

平行结转分步法具有分步法的一般特点外，还具有自身的特点。

1. 各生产步骤不计算半成品成本

无论产品在生产工艺上是连续式的多步骤生产，还是装配式的多步骤生产，生产步骤之间有没有半成品收发，各生产费用只核算本步骤的生产费用，不核算其他步骤转入的生产费用。

2. 半成品成本结转与其实物转移相分离

平行结转分步法下归集的生产费用是本步骤发生的加工费用，即使本步骤生产的半成品转入下一步骤，会计上也不结转本步骤半成品成本，也就是说，半成品成本不随半成品实物转移而结转。

3. 生产费用在产成品与广义在产品之间分配，计算各生产步骤应计入完工产品成本生产费用份额

各生产步骤虽然不计算本步骤的半成品成本，但是在本步骤所归集的生产费用中，有一部分属于最终完工的产成品耗费的，应该将本步骤属于产成品成本的份额结转并计入完工产成品成本。平行结转分步法下各步骤在产品是“广义的在产品”，这里的在产品包括：①尚在本步骤加工中的在产品，即狭义在产品；②本步骤已完工转入半成品库的半成品；③已从半成品库转到以后各步骤进一步加工、尚未最后制成产成品的半成品。

4. 汇总各生产步骤应计入完工产品成本的生产费用份额，确定完工产品成本

月末将各生产步骤计算应计入产品成本的生产费用份额汇总后，即可计算出完工产品的总成本，将完工产品总成本除以完工产品数量，即得到完工产品的单位成本。

（三）平行结转分步法的成本计算程序

第一，按产品生产步骤和产品品种设置基本生产成本明细账。

第二，各步骤基本生产成本明细账按成本项目归集本步骤发生的生产费用，不归集耗用上一步骤半成品的成本。

第三，月末，采用适当的方法，将各步骤归集的生产费用在最终完工产品与广义的在产品之间进行分配，计算各步骤应计入产成品成本份额。

第四，将各步骤应计入产成品成本的“份额”平行相加汇总后，计算出产成品总成本和单位成本。平行结转分步法成本计算程序如图 5-10 所示。

第一步骤　产品成本明细账	
生产成本累计	337 466.64
应计入产成品成本份额	283 556.00
在产品成本	53 910.64

第二步骤　产品成本明细账	
生产成本累计	568 320.26
应计入产成品成本份额	509 840.00
在产品成本	58 480.26

第三步骤　产品成本明细账	
生产成本累计	325 849.30
应计入产成品成本份额	306 445.00
在产品成本	19 404.30

产成品成本汇总表	
第一步骤份额	283 556.00
第二步骤份额	509 840.00
第三步骤份额	306 445.00
产成品成本合计	1 099 841.00

图 5-10　平行结转分步法成本计算程序

（四）各生产步骤应计入完工产成品成本份额的计算方法

平行结转分步法成本计算的关键是合理计算各生产步骤所发生的成本多少“份额”应该计入完工产成品的成本中。常用方法有约当产量法和定额比例法等。

1. 约当产量法计算公式

（1）某步骤广义在产品约当产量=该步骤在产品数量×完工率（或投料率）+后续步骤在产品数量+本步骤完工入库半成品数量

（2）某步骤某项目费用分配率=$\dfrac{\text{该步骤该项目费用合计}}{\text{最终产成品数量+该步骤广义在产品约当产量}}$

（3）某步骤某项目应计入产成品成本的份额=最终产成品数量×该步骤该项目费用分配率×单位产成品耗用该步骤半成品数量

2. 定额比例法计算公式

月末广义在产品的定额成本或定额工时=月初广义在产品的定额成本或定额工时+本月投入的定额成本或定额工时-本月完工产成品的定额成本或定额工时

三、工作过程

步骤一：编制各步骤产品约当产量计算表。

根据各生产车间（各步骤）的生产情况及在产品数量和完工程度（或投料程度）编制各生产步骤（车间）广义在产品约当产量计算表，见表5-29。

微课视频
平行结转分步法工作过程

表 5-29　各步骤广义在产品约当产量

项目	直接材料	直接人工	制造费用
铸造车间(第一步骤)广义在产品约当产量	10×100%+4+8=22	10×40%+4+8=16	10×40%+4+8=16
加工车间(第二步骤)广义在产品约当产量	4×100%+8=12	4×50%+8=10	4×50%+8=10
装配车间(第三步骤)广义在产品约当产量	8×100%=8	8×50%=4	8×50%=4

步骤二：编制各个生产步骤产品成本计算单。

根据各生产车间生产成本明细账及各步骤广义在产品约当产量计算表等资料，编制产品成本计算单，计算出各车间应计入完工产成品成本的份额和月末在产品成本的份额，见图 5-11、图 5-12、图 5-13（采用约当产量法并运用 Excel 表计算各车间应计入完工产成品成本的份额和月末在产品成本，设定的公式详见产品成本计算单中的项目栏；计算结果保留小数点后两位）。

	A	B	C	D	E
1	产品成本计算单				
2	生产车间：铸造车间			产量：100台	
3	产品名称：C6132车床	202×年12月31日		金额单位：元	
4	项　目	直接材料	直接人工	制造费用	成本合计
5	月初在产品成本①	4689.72	3691.68	4353.96	12735.36
6	本月生产费用②	169000.00	56382.12	99349.16	324731.28
7	生产费用合计③=①+②	173689.72	60073.80	103703.12	337466.64
8	广义在产品约当产量④	22	16	16	
9	完工产品产量⑤	100	100	100	
10	完工产品产量+广义在产品约当产量⑥=④+⑤	122	116	116	
11	单位产品成本（分配率）⑦=③/⑥	1423.69	517.88	893.99	2835.56
12	应计入完工产品的份额⑧=⑤*⑦	142368.62	51787.76	89399.24	283555.62
13	月末在产品成本⑨=③-⑧	31321.10	8286.04	14303.88	53911.02

图 5-11　铸造车间产品成本计算单示例

	A	B	C	D	E
1	产品成本计算单				
2	生产车间：加工车间			产量：100台	
3	产品名称：C6132车床	202×年12月31日		金额单位：元	
4	项　目	直接材料	直接人工	制造费用	成本合计
5	月初在产品成本①	9848.40	4145.10	3929.14	17922.64
6	本月生产费用②	410000.00	54754.20	85643.42	550397.62
7	生产费用合计③=①+②	419848.40	58899.30	89572.56	568320.26
8	广义在产品约当产量④	12	10	10	
9	完工产品产量⑤	100	100	100	
10	完工产品产量+广义在产品约当产量⑥=④+⑤	112	110	110	
11	单位产品成本（分配率）⑦=③/⑥	3748.65	535.45	814.30	5098.39
12	应计入完工产品的份额⑧=⑤*⑦	374864.64	53544.82	81429.60	509839.06
13	月末在产品成本⑨=③-⑧	44983.76	5354.48	8142.96	58481.20

图 5-12　加工车间产品成本计算单示例

产品成本计算单				
生产车间：装配车间			产量：100台	
产品名称：C6132车床	202×年12月31日		金额单位：元	
项　目	直接材料	直接人工	制造费用	成本合计
月初在产品成本①	3908.16	3332.76	3930.66	11171.58
本月生产费用②	189040.00	42061.44	83576.28	314677.72
生产费用合计③=①+②	192948.16	45394.20	87506.94	325849.30
广义在产品约当产量④	8	4	4	
完工产品产量⑤	100	100	100	
完工产品产量+广义在产品约当产量⑥=④+⑤	108	104	104	
单位产品成本（分配率）⑦=③/⑥	1786.56	436.48	841.41	3064.45
应计入完工产品的份额⑧=⑤*⑦	178655.70	43648.27	84141.29	306445.26
月末在产品成本⑨=③-⑧	14292.46	1745.93	3365.65	19404.04

图 5-13　装配车间产品成本计算单示例

步骤三：平行结转各步骤成本"份额"，汇总计算产成品成本。

根据各生产车间（各步骤）的产品成本计算单所计算的各步骤应计入完工产品成本的份额，平行结转汇总计算完工产品成本，见图 5-14。

产成品成本汇总计算表			产量：100台	
产品名称：C6132车床	202×年12月31日		单位：元	
项目	直接材料	直接人工	制造费用	成本合计
铸造车间转入份额①	142368.62	51787.76	89399.24	283555.62
加工车间转入份额②	374864.64	53544.82	81429.60	509839.06
装配车间转入份额③	178655.7	43648.27	84141.29	306445.26
完工产品总成本④=①+②+③	695888.96	148980.85	254970.13	1099839.94
完工产品产量⑤	100	100	100	
完工产品单位成本⑥=④/⑤	6958.89	1489.81	2549.70	10998.40

图 5-14　产成品成本汇总计算表

步骤四：编制记账凭证，结转完工产品成本。

根据各步骤产品成本计算单和产品成本汇总表等自制原始凭证，填制记账凭证，见表 5-30。

表 5-30　记账凭证

202×年 12 月 31 日　　　　第 70 号

摘要	总账科目	明细科目	借方金额	√	贷方金额	√
结转完工产品成本	库存商品	C6132 车床	1 099 839.94	√		
	基本生产成本	铸造车间			283 555.62	√
	基本生产成本	加工车间			509 839.06	√
	基本生产成本	装配车间			306 445.26	√
合　计			¥1 099 839.94		¥1 099 839.94	

会计主管：王晓菲　记账：黎明　出纳：　复核：夏梦颖　制单：郭家乐　附件：5 张

步骤五：登记各步骤生产成本明细账和库存商品明细账。

根据记账凭证及所附原始凭证登记各生产步骤产品成本明细账见表 5-31～表 5-33，库存商品明细账（略）。

表 5-31　基本生产成本明细账（接表 5-26）

车间名称：铸造车间（第一步骤）　　　　产品名称：C6132 车床

202×年		凭证字号	摘要	直接材料	直接人工	制造费用	合计
月	日						
12	1		月初在产品成本	4 689.72	3 691.68	4 353.96	12 735.36
12	31	记 67	分配材料费用	169 000.00			169 000.00
12	31	记 68	分配职工薪酬		56 382.12		56 382.12
12	31	记 69	分配制造费用			99 349.16	99 349.16
12	31		本月发生费用合计	169 000.00	56 382.12	99 349.16	324 731.28
12	31		生产成本累计	173 689.72	60 073.80	103 703.12	337 466.64
12	31	记 70	结转完工产品成本	-142 368.62	-51 787.76	-89 399.24	-283 555.62
12	31		月末在产品成本	31 321.10	8 286.04	14 303.88	53 911.02

表 5-32　基本生产成本明细账（接表 5-27）

车间名称：加工车间（第二步骤）　　　　产品名称：C6132 车床

202×年		凭证字号	摘要	直接材料	直接人工	制造费用	合计
月	日						
12	1		月初在产品成本	9 848.40	4 145.10	3 929.14	17 922.64
12	31	记 67	分配材料费用	410 000.00			410 000.00
12	31	记 68	分配职工薪酬		54 754.20		54 754.20
12	31	记 69	分配制造费用			85 643.42	85 643.42
12	31		本月发生费用合计	410 000.00	54 754.20	85 643.42	550 397.62
12	31		生产成本累计	419 848.40	58 899.30	89 572.56	568 320.26
12	31	记 70	结转完工产品成本	-374 864.64	-53 544.82	-81 429.60	-509 839.06
12	31		月末在产品成本	44 983.76	5 354.48	8 142.96	58 481.20

表 5-33　基本生产成本明细账（接表 5-28）

车间名称：装配车间（第三步骤）　　　　产品名称：C6132 车床

202×年		凭证字号	摘要	直接材料	直接人工	制造费用	合计
月	日						
12	1		月初在产品成本	3 908.16	3 332.76	3 930.66	11 171.58
12	31	记 67	分配材料费用	189 040.00			189 040.00
12	31	记 68	分配职工薪酬		42 061.44		42 061.44
12	31	记 69	分配制造费用			83 576.28	83 576.28

表5-33(续)

202×年		凭证字号	摘要	直接材料	直接人工	制造费用	合计
月	日						
12	31		本月发生费用合计	189 040.00	42 061.44	83 576.28	314 677.72
			生产成本累计	192 948.16	45 394.20	87 506.94	325 849.30
12	31	记 70	结转完工产品成本	-178 655.70	-43 648.27	-84 141.29	306 445.26
12	31		月末在产品成本	14 292.46	1 745.93	3 365.65	19 404.04

从上面的实例可以看出，平行结转分步法可以同时平行汇总计算产品成本，不用进行成本还原。这样既简化了成本计算，又加速了成本计算进度，但这种方法也有一些缺点。比如，在这种成本计算法下，由于各步骤间不结转半成品成本，实物结转和成本结转不一致，因而不能全面反映各步骤的生产情况，不便于加强车间成本管理。同时，在这种成本法下，不计算半成品成本，不能为分析半成品成本计划的完成情况和计算半成品的销售成本提供资料。

所以，平行结转分步法一般适用于半成品种类较多，逐步结转半成品成本的工作量较大，管理上不要求提供各步骤半成品成本资料的情况。例如，在汽车制造企业中，各生产步骤所生产半成品的种类很多，但半成品外售的情况却较少，在管理上不要求计算半成品成本，因而企业为了简化和加速成本计算工作，在计算产品成本时可以不计算各步骤所生产半成品成本，也不计算各步骤所耗上一步骤的半成品成本，只计算本步骤所发生的各项生产费用以及这些费用中应计入产成品的份额。然后，将各步骤应计入同一产成品成本的份额平行结转、汇总，即可计算出该种产品的产成品成本。

【职业道德与企业伦理】

【案例背景】

单车成本核算——济南考格尔特种汽车有限公司

一、单车成本核算产生的背景

济南考格尔特种汽车有限公司是1993年4月由德国考格尔车辆股份有限公司与济南汽车改装厂组建的合资企业。公司主导产品油罐车、保温冷藏车的销售价格自1997年以来逐年下降，而生产成本居高不下，公司出现经营亏损。面对现状，公司制订了“加强成本管理，向管理要效益”的具体计划和一系列降低成本的措施，在实施过程中，公司还发现原来的成本核算许多不合理的问题：

(1) 原成本计算方法属事后反映型，不能满足成本的事前控制。

(2) 原成本计算方法是按产品品种为成本计算对象，无法反映同一品种的产品不同配制之间的成本差异。

(3) 原成本计算方法中原材料、半成品均采用计划成本价格、不能准确反映产品中材料消耗的实际成本。由于原成本核算方法存在许多不足，其在成本控制中难以发挥作用，在成本考核中难以分清责任。

针对以上存在的问题，公司于2000年4月研究制定了既能适合本企业产品工艺特点，又能满足成本管理需要的《单车成本核算办法》，并于同年6月开始实施。

二、单车成本核算的内容

（1）单车成本核算是以订单编号的产品车为成本核算对象（公司生产的每辆车从接订单起就确定编号），在分步法计算成本的情况下，各车间（按车间步骤）均以订单编号计算完工产品成本和在产品成本。

（2）成本计算期是按月计算。

（3）生产费用在完工产品与在产品之间分配。单车成本核算的各车间是按订单编号归集分配本车间发生的生产费用。

（4）单车成本计算各车间（步骤）成本的结转，采用订单编号按实际成本综合结转，各车间按订单编号计算的完工零部件，总成本的实际成本随实物转入下一步骤（车间），计入成本计算单中自制半成品项目。总装车间计算的完工产品（按编号）成本，就是企业完工产成品的实际成本。

（5）材料收发的计价，按实际采购成本计价。

（6）车间发生费用的归集分配，按订单编号统计实际工时，以此为标准分配生产工人的工资和制造费用。

三、实行单车成本核算取得的经济效果

自2000年6月实行单车成本核算后，公司在降低产品成本方面取得了显著成果，当年就实现了扭亏为盈，实现利润67.3万元；2001年实现利润497.3万元。单车成本核算对降低生产成本，强化成本管理、提高经济效益起到重要的作用。

【问题】成本核算的主要作用就是通过成本核算准确反映盈亏，满足成本管理的需要。实行单车成本核算，是如何解决企业原本存在的成本问题的？

【分析】单车成本核算较好地解决了同一产品品种不同配置产品的成本差异，解决了成本控制与成本核算相互脱节的矛盾，满足了成本管理的需要。

（1）原成本计算方法采用品种法。由于汽车改装企业是根据用户的需求组织生产，同一产品品种用户可以选择不同配置，由于配置不同，材料成本及工时消耗成本差异很大，原方法按品种法归集分配生产费用，故反映不出这些差异。单车成本核算的成本计算对象是按订单编号设置的，归集分配生产费用，不同的配置造成的成本差异反映得很清楚。

（2）原成本核算中原材料、半成品均采用计划成本价格、不能准确反映产品中材料消耗的实际成本。新的成本计算方法材料收发是按实际采购成本计价的，并且主要原材料的采购均按订单编号，月末从微机中按编号调出材料成本明细表，实际耗用同定额对比，分析出采购成本是否合理，以此作为考核的依据。且单车成本核算从每辆车接订单开始，按编号组织生产，充分发挥了成本核算的事前、事中控制作用。

【拓展思考】在推动高质量发展上闯出新路子，在构建新发展格局中展现新作为。“构建高水平社会主义市场经济体制”“建设现代化产业体系”“全面推进乡村振兴”“促进区域协调发展”“推进高水平对外开放”是在党的二十大报告中习近平总书记为加快构建新发展格局、着力推动高质量发展指明的方向。加快构建新发展格局，坚定不移走高质量发展之路，坚定信心、同心同德，埋头苦干、奋勇前进，方能推动经济实现质的有效提升和量的合理增长。

（资料来源：根据2015年第五期《企业管理》考格尔《单车成本核算》改编）

【知识与技能训练】

一、选择题（下列选项中有一项或多项是正确的，请将正确的选项填入括号中）

1. 在平行结转分步法下，完工产品与在产品之间的费用分配，是指下列（　　）二者之间的费用分配。

A. 各步完工半成品与月末加工中的在产品

B. 产成品与月末尚未加工完成的在产品

C. 各步完工半成品与月末各步尚未完工的在产品

D. 产成品与月末各步尚未加工完成的在产品和各步已完工但尚未最终完成的产品

2. 采用平行结转分步法计算产品成本时，不论半成品是否在各生产步骤间直接转移，还是通过半成品库收发，其总分类核算（　　）。

A. 均不通过“自制半成品”账户进行

B. 均通过“自制半成品”账户进行

C. 均在“基本生产成本”明细账内部转账

D. 均设“库存半成品”账户进行

3. 平行结转分步法下，第二生产步骤的在产品包括（　　）。

A. 第一生产步骤完工入库的半成品　　B. 第二生产步骤正在加工的在产品

C. 第二生产步骤完工入库的半成品　　D. 第三生产步骤正在加工的在产品

4. 广义的在产品包括（　　）。

A. 尚在本步骤加工中的在产品

B. 企业最后一个步骤的完工产品

C. 转入各半成品库的半成品

D. 已从半成品库转到以后各步骤进一步加工、尚未最后制成的产成品

5. 关于平行结转分步法，下列说法正确的有（　　）。

A. 成本结转工作量大

B. 能全面地反映各生产步骤的生产耗费水平

C. 不能提供各步的半成品成本资料

D. 在产品的费用在产品最后完工以前，不随实物转出而转出

6. 平行结转分步法与逐步结转分步法相比，缺点有（　　）。

A. 各步骤不能同时计算产品成本　　B. 需要进行成本还原

C. 不能为实物管理和资金管理提供资料　D. 不能提供各步骤的半成品成本资料

二、判断题（正确的在括号内打“√”，错误的打“×”）

1.（　　）在平行结转分步法下，各步完工产品和在产品之间的费用分配，都是指完工产品和广义在产品之间的费用分配。

2.（　　）在平行结转分步法下，各步骤在产品成本与在产品实物量不相一致。

3.（　　）在实际工作中，分步法产品成本计算的步骤与产品的实际生产步骤应完全一致。

三、实务训练

实训：平行结转分步法

［资料］八达集团沿海公司生产的甲产成品，需要经过三个步骤加工完成，其中：第一步骤（一车间）生产A半成品，第二步骤（二车间）生产B半成品，将A半成品和B半成品交第三步骤（三车间）装配成甲产成品。第一步骤材料在生产开始时一次投入，第二步骤材料随加工程度的深化逐步投入。每件产成品由一件A半成品和一件B半成品装配而成。各步骤月末在产品的完工程度均为50%，各步骤生产成本采用约当产量比例法在产成品和广义在产品之间分配。10月份有关成本资料如下：

1. 产量记录资料，见下表。

产量记录

单位：件

项目	第一步骤	第二步骤	第三步骤	
月初在产品	1 000	1 500	2 000	
本月投产	6 000	7 000	5 000	
本月完工	5 000	5 000	4 500	
月末在产品	2 000	3 500	2 500	

2. 月初在产品成本及本月生产费用资料。

月初在产品成本及本月生产费用

单位：元

项目	直接材料	直接人工	制造费用	合计
月初在产品成本				
第一步骤	26 400.00	6 950.00	8 625.00	41 975.00
第二步骤	12 750.00	11 150.00	13 510.00	37 410.00
第三步骤		9 750.00	11 200.00	20 950.00
本月生产费用				
第一步骤	158 600.00	62 925.00	64 500.00	286 025.00
第二步骤	121 500.00	55 080.00	59 880.00	236 460.00
第三步骤		24 350.00	26 200.00	50 550.00

［要求］计算各步骤应计入产成品成本份额和月末在产品成本，并编制产品成本汇总计算表。

1. 各步骤约当产量的计算

各步骤约当产量的计算表

摘要	直接材料	直接人工	制造费用
一步骤的约当产量			
二步骤的约当产量			
三步骤的约当产量			

2. 填制各步骤的成本计算单

成本计算单

生产车间：一车间　　　　单位：元

摘要	直接材料	直接人工	制造费用	合计
月初在产品成本				
本月发生费用				
合计				
该步骤约当产量				
单位成本（分配率）				
计入产品成本的份额				
月末在产品成本				

成本计算单

生产车间：二车间　　　　单位：元

摘要	直接材料	直接人工	制造费用	合计
月初在产品成本				
本月发生费用				
合计				
该步骤约当产量				
单位成本（分配率）				
计入产品成本的份额				
月末在产品成本				

成本计算单

生产车间：三车间　　　　单位：元

摘要	直接材料	直接人工	制造费用	合计
月初在产品成本				
本月发生费用				
合计				
该步骤约当产量				
单位成本（分配率）				
计入产品成本的份额				
月末在产品成本				

3. 填制成本汇总表

产品成本汇总计算表

产品名称：　　　　　　　　　　产量：　　　　　　　　　　　　　　　　单位：元

项目	直接材料	直接人工	制造费用	总成本	单位成本
步骤一					
步骤二					
步骤三					
合计					

项目六 产品成本计算的辅助方法

学习目标

知识目标

1. 了解分类法、定额法的特点及成本计算程序；
2. 熟悉分类法、定额法的适用范围；
3. 熟悉副产品的概念；
4. 掌握分类法及副产品成本的计算方法；
5. 掌握定额法的计算方法。

技能目标

1. 能够根据分类法的概念和特点，确定该方法的适用范围；
2. 能够熟练应用分类法的成本计算程序，组织计算副产品成本；
3. 能够熟练地运用定额法制定定额成本，计算脱离定额成本的差异。

素养目标

1. 通过学习定额法，学生能够了解加强成本管理的重要性；

2. 通过学习定额法与分类法，学生能够了解到根据不同的特点和不同企业规模选择成本计算方法，明白产品成本计算错误会导致产品价格定位错误，从而导致管理层决策错误，从而培养学生的责任心与集体荣誉感；

4. 通过成本差异的计算，培养学生主动思考问题及解决问题的能力。

导入案例

胜利食品厂主要生产和销售各种饼干制品有100多种，饼干产品的生产成本与产品销售一直采用“品种法”，按产品类别计算：口味不同或者形状各异的饼干产品都要分门别类计算。每换一次模具，就产生一个品种。运用单一“品种法”计算生产成本，需要将各项成本费用在各饼干品种之间进行分配，既操作繁杂，效果也不理想。如何创新成本核算方法是会计人员亟须考虑的问题。

现在根据前期的大量数据调研和深入分析，会计人员提出“分类归组”核算设想，并进行试点。

(1) 实行产品统一编号。饼干产品实行了分类归组统一代号后，一目了然，方便产品核对，减少差错，效果很好，产、供、销各个环节都乐于采用。

（2）简化成本计算和销售核算。会计人员将构成产品实体的原材料（占成本约80%以上）和生产工艺技术配比资料基本一致的品种，根据单位实际成本和价格接近的原则予以“分类归组”合并，食品厂的产品从原有100余个品种合并为20个品种，更加方便进行生产成本的计算、考核和分析。其中单独安排生产，不具备分类合并条件的外销、高档产品，如西点、华夫饼、听装、盒装产品，仍然按照“品种法”计算，分别考核分析。这样，既简化了工作的流程，又能保证核算工作质量。饼干生产成本核算，就这样按“分类归组”结合部分产品单一“品种法”分别进行，结果一次试验，一次成功。胜利食品厂从而砍掉了70%以上的烦琐分摊和无效益的计算工作量，提高了核算质量。

“分类归组”核算法的试点运行，胜利食品厂的成本核算达到了简便、迅速、正确和提高效能的目的，受到单位领导的高度赞扬。

那么，胜利食品厂创新成本核算与管理的经验是什么呢？

【工作总任务】

1. 运用分类法计算惠通制造有限公司产品成本；
2. 计算惠通制造有限公司副产品的成本；
3. 运用定额法计算惠通制造有限公司产品成本。

【项目任务知识】

分类法是先按照产品的类别归集生产费用，计算各类完工产品的总成本，然后采用一定标准分配计算类内各种产品成本的一种成本计算方法。分类法与生产的类型没有直接关系，适用于产品的品种及规格繁多，又可以按一定标准分类的车间或企业。分类法是除品种法、分批法、分步法这些基本方法之外的一种辅助计算方法。分类法必须与品种法、分批法或分步法结合起来使用，它不是一种独立的成本计算方法。

在品种法、分批法、分步法和分类法下，其成本核算的共同点是：生产费用的日常核算，均按照生产费用的实际发生额进行，产品的实际成本，也是根据实际生产费用计算。这样，实际费用脱离定额差异及产生的原因，不能在月份内生产费用发生的当时得到反映，只有在月末通过实际资料与定额资料的对比、分析才能得到反映，因而不利于加强定额管理，也不利于及时对产品进行成本控制。因此，在定额成本管理实施比较好的企业，可以采用定额法来计算产品成本。

任务一 一般分类法的应用

一、工作任务

【企业概况】

惠通制造有限公司生产甲、乙、丙三种产品，由于三种产品的生产工艺相似，将其合并为一类（A 类），采用分类法计算成本。该企业月末在产品成本按定额成本计算。原材料费用系数采用材料费用定额标准计算，其他加工费用采用工时定额标准计算（乙产品为标准产品）。202×年 6 月相关资料如下：

微课视频
分类法的应用

产量和单位定额成本资料如表 6-1 所示。

表 6-1 产量和单位定额成本表

202×年 6 月

产品类别	产品名称	产量/件	单位产品原材料定额/元	单位产品工时定额/小时
A 类	甲产品	600	16	40
	乙产品	1 000	20	36
	丙产品	800	24	48

月初在产品成本和本月生产费用及月末在产品成本资料如表 6-2 所示。

表 6-2 月初在产品成本、本月生产费用及月末在产品成本表

202×年 6 月 单位：元

产品类别	直接材料	直接人工	制造费用
月初在产品成本	9 000.00	4 000.00	3 000.00
本月生产费用	47 400.00	28 720.00	21 540.00
月末在产品成本	7 600.00	3 200.00	2 400.00

要求：根据上述材料，采用分类法计算产品成本。

二、必备知识

（一）分类法的特点

与产品成本计算的基本方法相比，分类法主要有以下特点：

1. 成本计算对象

分类法以产品的类别作为成本计算对象，开设成本计算单，归集该类产品的生产费用。归集时，直接费用直接计入，各类产品共同耗用的费用，采用一定的分配标准分配计入，汇总计算出该类产品总成本。

2. 成本计算期

成本计算期由产品成本计算的基本方法决定。如果是大量大批生产，分类法结合品种法或分步法进行成本计算，则应定期在月末进行成本计算；如果与分批法结合运用，成本计算期可不固定，而与生产周期一致。

3. 生产费用在完工产品和在产品之间的分配

将产品按类别设立产品成本明细账，来归集和分配各种生产费用。当生产费用汇集到基本生产成本明细账后，需要采用一定的方法，将生产费用分配到类内不同品种（或规格）产品之间。

（二）分类法的适用范围

分类法可以在各种类型的生产中采用，只要产品品种或规格繁多，并可以按照一定的标准进行分类的企业均可采用。

1. 生产同类产品的企业

同类产品是指产品的结构、性质、用途以及使用的原材料、生产工艺过程等大体相同，规格和型号不一的产品。例如，灯泡厂生产的同一类别不同瓦数的灯泡；无线电元件厂生产的同一类别不同规格的无线电元件等，都可以归为同一类产品。

2. 生产联产品的企业

联产品是指企业利用相同的原材料，在同一生产过程中，同时生产出几种使用价值不同，但具有同等地位的主要产品。例如，炼油厂从原油中可以同时提炼出汽油、煤油和柴油等几种主要产品。各种联产品几乎是同时生产出来的，联产品所负担的生产费用一般需要用间接分配的方法计算确定，必须采用分类法计算各种产品的成本。

3. 生产副产品的企业

副产品是指在生产主要产品的过程中，附带生产出来的一些非主要产品。例如，在炼油过程中产生的渣油、石油焦，面粉厂生产的麦皮等。将主副产品归为一类计算成本，然后将副产品成本按一定方法计价从总成本中扣除，余额即主产品成本。

4. 生产等级产品的企业

等级产品是指企业生产出品种、结构、所用的原材料和工艺过程完全相同但质量不同的产品，可归为一类计算成本。但人为原因造成的等级产品不能采用分类法计算成本。

5. 生产零星产品的企业

除主要产品外，有些企业还生产一些零星产品，这些零星产品在生产工艺以及原材料的消耗上并不一定相近，但它们的品种、规格多，数量少，费用比重小，为了简化核算，这些零星产品也可以归为一类，用分类法计算成本。

（三）分类法核算程序

1. 划分产品类别

根据产品的结构、性能、用途、耗用的原材料和生产工艺过程等特点进行分类，并以每一类产品作为成本计算对象，按产品类别设置成本明细账。

2. 计算类别产品成本

根据各类产品生产特点和成本管理要求，采用某种产品成本计算的基本方法，在成本明细账中按成本项目归集生产费用，计算出各类产品本月完工产品和月末在产品的成本。

3. 计算类内各产品成本

在计算出各类产品成本的基础上，需要采用一定的分配标准，如定额消耗量、定额费用、售价，以及产品的体积、长度和重量等，计算确定类别内各种完工产品的总成本和单位成本。

（四）分类法应用

在实际工作中，为了简化成本计算工作，类内各种产品成本的计算经常采用系数法，即将同类各种产品的分配标准折算成相对固定的系数，然后按照系数来分配同类各项目成本，计算各种产成品成本的方法。系数法的具体计算步骤如下：

1. 选择标准产品

选择标准产品时，一般选择一种产量较大、生产稳定或规格适中的产品作为标准产品，并确定该标准产品的系数为“1”。

2. 计算各种产品的系数

在标准产品选定后，将其他各种产品的分配标准与标准产品的分配标准相比，求出其他产品的分配标准与标准产品的分配标准的比率，即各种产品的系数，计算公式为

某产品系数=该产品分配标准额/标准产品分配标准额

3. 计算总系数

将各种产品的实际产量按系数折算为标准产品产量，即

某产品标准产量（总系数）=该产品实际产量×该产品系数

4. 计算费用分配率

某类产品某项费用分配率=该类完工产品该项费用总额/该类内各种产品标准产量之和

5. 计算类内各种产品的成本

某种产品应分配的某项耗费=该种产品的标准产量(总系数)×该类产品该项费用分配率

三、工作过程

步骤一：计算完工产品成本。

计算 A 类完工产品成本，登记 A 类基本生产成本明细账如图 6-1 所示。

（1）生产费用合计=月初在产品成本+本月生产费用

（2）完工产品成本=生产费用合计-月末在产品成本

基本生产成本明细账

产品名称：A类

202×年 月	日	摘要	直接材料	直接人工	制造费用	合计
6	1	月初在产品成本	9000.00	4000.00	3000.00	16000.00
6	30	本月生产费用	47400.00	28720.00	21540.00	97660.00
6	30	生产费用合计	56400.00	32720.00	24540.00	113660.00
6	30	完工产品成本	48800.00	29520.00	22140.00	100460.00
6	30	月末在产品成本	7600.00	3200.00	2400.00	13200.00

图 6-1　基本生产成本明细账示例

步骤二：计算原材料费用系数。

采用 Excel 计算原材料费用系数（选择乙产品作为标准产品），系数计算表如图 6-2 所示：

（1）某产品原材料费用系数＝该产品单位产品原材料定额÷标准产品单位产品原材料定额

（2）原材料总系数＝产量×原材料费用系数

	A	B	C	D	E
1	系数计算表				
2	202×年6月				
3	产品	产量（件）①	单位产品原材料定额②	原材料费用系数 ③=②/20	原材料总系数 ④=①*③
4	甲产品	600	16	0.8	480
5	乙产品	1000	20	1	1000
6	丙产品	800	24	1.2	960

图 6-2　系数计算表示例

步骤三：编制产品成本计算表。

采用 Excel 计算 A 类产品中甲、乙、丙产品成本，编制产品成本计算表，产品成本计算表如图 6-3 所示：

（1）定额工时＝产量×工时定额

（2）A 类产品直接材料分配率 ＝ A 类完工产品直接材料总额÷A 类各种产品原材料总系数＝48 800÷2440＝20

（3）A 类产品直接人工分配率 ＝ A 类完工产品直接人工总额÷A 类各种产品定额工时＝29 520÷98 400＝0. 3

（4）A 类产品制造费用分配率 ＝ A 类完工产品制造费用总额÷A 类各种产品定额工时＝22 140÷98 400＝0. 225

（5）直接材料成本＝原材料总系数×直接材料分配率

（6）直接人工成本＝定额工时×直接人工分配率

（7）制造费用成本＝定额工时×制造费用分配率

（8）单位成本＝产品总成本÷产量

A类产品成本计算表

202×年6月　　单位：元

项目	产量（件）①	原材料费用系数②	原材料总系数③=①*②	工时定额④	定额工时⑤=①*④	总成本				单位成本⑦=⑥/①
						直接材料	直接人工	制造费用	合计⑥	
分配率						20	0.3	0.225		
甲产品	600	0.8	480	40	24000	9600.00	7200.00	5400.00	22200.00	37.00
乙产品	1000	1	1000	36	36000	20000.00	10800.00	8100.00	38900.00	38.90
丙产品	800	1.2	960	48	38400	19200.00	11520.00	8640.00	39360.00	49.20
合计			2440		98400	48800.00	29520.00	22140.00	100460.00	

图6-3　产品成本计算表示例

【知识与技能训练】

一、选择题（下列选项中有一项或多项是正确的，请将正确的选项填入括号中）

1. 分类法的适用范围（　　）。

A. 是大量大批单步骤生产　　B. 是大量大批多步骤生产

C. 是单件小批单步骤生产　　D. 与企业生产类型没有直接关系

2. 产品品种、规格繁多又可按照一定标准划分为类别的企业或企业的生产单位，适用于采用（　　）计算产品成本。

A. 分批法　　B. 分类法　　C. 分步法　　D. 标准成本法

3. 采用分类法，应当按照（　　）设置生产成本明细账。

A. 产品品种　　B. 产品类别　　C. 联产品　　D. 副产品

4. 分类法适用范围有（　　）

A. 可将产品划分为一定类别的企业或企业的生产单位

B. 企业联产品成本的计算

C. 企业副产品成本的计算

D. 企业等级品成本的计算

二、判断题（正确的在括号内打"√"，错误的打"×"）

1.（　　）分类法不是成本计算的基本方法，它与企业生产类型没有直接关系。

2.（　　）采用分类法计算出的某类产品成本，还应当按照一定的分配标准，分配给类内各种产品。

3.（　　）联产品成本的计算，可以采用分类法。

三、实务训练

实训：产品成本计算的分类法

［资料］惠通制造有限公司生产的A、B、C、D、E五种产品耗用的原材料和产品的生产工艺过程相同，因而归为一类（甲类产品），采用分类法计算产品成本。202×年3月有关成本计算资料如下：

（1）月初在产品成本和本月生产费用（见下表）。

产品成本计算单

产品：甲类产品　　　　202×年 3 月　　　　单位：元

摘要	直接材料	直接人工	制造费用	合计
月初在产品成本	20 000	30 000	18 800	68 800
本月生产费用	146 880	383 040	255 360	785 280
生产费用合计				
本月完工产品总成本				
月末在产品成本				

（2）本月各种产品产量资料和定额资料见下表。

产品系数计算表

产品类别：甲类产品　　　　202×年 3 月

产品	本月实际产量	材料消耗定额	材料系数	材料总系数	工时消耗定额	工时系数	工时总系数
A	200	15			9.6		
B	240	12			8.8		
C	480	10			8		
D	360	9			7.6		
E	300	8			7.2		
合计							

［要求］（1）采用固定在产品成本法计算甲类产品月末在产品成本和本月完工产品成本，完成甲类产品成本计算单。

（2）计算各种产品系数和本月总系数，完成类内各种产品成本计算表。

（3）采用系数分配法计算类内各种产品的成本，完成类内各种产品成本计算表。

类内各种产品成本计算表

产品类别：甲类产品　　　　202×年 3 月　　　　金额单位：元

产品	实际产量	总系数		总成本				单位成本
分配率								
A	200							
B	240							
C	480							
D	360							
E	360							
合计								

任务二　副产品的计算与应用

一、工作任务

【企业概况】

惠通制造有限公司在生产 A 产品的同时，附带生产出了丙副产品，丙副产品分离后需进一步加工才能出售。本月 A 产品及副产品共发生成本 150 000 元，其中，直接材料占 50%，直接人工占 20%，制造费用占 30%。丙副产品进一步加工发生直接人工费 2 000 元，制造费用 2 500 元。本月生产 A 产品 2 500 千克，丙副产品 2 000 千克。丙副产品单位售价为 12 元，单位税金和利润合计为 2 元。

微课视频
副产品的计算与应用

要求：根据上述材料，计算惠通制造有限公司丙副产品成本。

二、必备知识

由于副产品和主要产品是同一原材料经过同一生产过程生产出来的，所以，其成本与主要产品成本在分离步骤前是共同发生的，这也决定了副产品的成本计算就是确定其应负担分离点前的联合成本。又由于副产品的经济价值较小，在企业全部产品中所占的比重也较小，因此在计算副产品成本时，可采用简单的计算方法，确定副产品的成本，然后从分离前联合成本中扣除，其余额就是主要产品成本。

副产品的成本计算方法通常有以下几种：

一是对分离后不再加工的副产品，若价值不大（与主要产品相比），可不负担分离前的联合成本，或以定额单位成本计算其成本。

二是对分离后不再加工但价值较高的副产品，往往以其销售价格作为计算的依据，按销售价格扣除销售税金、销售费用和一定的利润后即得到副产品成本。

三是对于分离后仍需进一步加工才能出售的副产品，如价值较低，可只计算归属于本产品的成本；如价值较高，则需同时负担可归属成本和分离前联合成本，以保证主要产品成本计算的合理性。

三、工作过程

通过 Excel 表格计算副产品成本计算单，如图 6-4 所示。

（1）计算副产品应负担的联合成本 = 2 000×(12−2)−(2 000+2 500) = 15 500（元）

（2）计算直接材料、直接人工及制造费用分摊的联合成本：

直接材料 = 15 500×50% = 7 750（元）

直接人工 = 15 500×20% = 3 100（元）

制造费用 = 15 500×30% = 4 650（元）

A 产品实际总成本 = 150 000 − 15 500 = 134 500（元）

A 产品单位成本 = 134 500 ÷ 2 500 = 53.80（元/千克）

	A	B	C	D	E
1		副产品成本计算单		产量：2000千克	
2	产品名称：丙产品		202×年6月		单位：元
3	成本项目	分摊的联合成本	可归属成本	副产品成本	副产品单位成本
4	直接材料	7750.00	0.00	7750.00	3.875
5	直接人工	3100.00	2000.00	5100.00	2.55
6	制造费用	4650.00	2500.00	7150.00	3.575
7	合计	15500.00	4500.00	20000.00	10.00

图 6-4　副产品成本计算单示例

【特别提示】 为了完成惠通制造有限公司产品成本计算的任务，同学们按分类法的计算程序进行核算时，首先需要学习品种法、分批法、分步法这些基本方法和技能，并将其具体运用。

【知识与技能训练】

一、选择题（下列选项中有一项或多项是正确的，请将正确的选项填入括号中）

1. 企业在生产主要产品过程中，附带生产出的一些非主要产品，称为（　　）。

A. 联产品　　B. 废品　　C. 副产品　　D. 次品

二、判断题（正确的在括号内打“√”，错误的打“×”）

1.（　　）副产品一般价值比较低，不应当负担共同成本。

三、实务训练

实训：副产品成本的计算

［资料］华夏公司生产 A 产品时附带生产副产品，副产品分离后需进一步加工才能出售。202×年 3 月 A 产品及其副产品共发生成本 150 000 元，其中，直接材料占 50%，直接人工占 20%，制造费用占 30%；副产品进一步加工发生直接人工费 2 000 元，制造费用 2 500 元。A 产品期初期末都没有在产品，本月完工入库 A 产品 2 500 千克，副产品 2 000 千克，副产品单位售价为 12 元，单位税费和利润合计为 2 元。

［要求］（1）按副产品既负担可归属成本又负担分离前联合成本（售价减去销售税费和利润）的方法计算丁副产品成本，完成丁副产品成本计算单（见下表）。

副产品成本计算单

产品：丁产品　　产量：2 000 千克　　202×年 3 月　　单位：元

摘要	直接材料	直接人工	制造费用	合计
分摊的联合成本				
可归属成本				
副产品总成本				
副产品单位成本				

（2）计算 A 产品实际总成本和单位成本。

产品成本计算单

产品：A 产品　　产量：2 500 千克　　202×年 3 月　　单位：元

摘要	直接材料	直接人工	制造费用	合计
本月发生生产费用				
结转副产品应负担费用				
A 产品总成本				
A 产品单位成本				

（3）编制结转本月完工产品成本的会计分录。

任务三　定额法的应用

一、工作任务

【企业概况】

惠通制造有限公司生产丙产品，采用定额法计算产品成本。202×年 6 月初在产品 50 件，本月投入 400 件，本月完工 420 件，月末在产品 30 件，原材料在生产开始时一次投入。该企业为简化核算工作，规定该产品的定额变动差异和材料成本差异全部由完工产品承担，脱离定额差异按定额比例在完工产品和在产品之间分配，其他有关资料如下。

微课视频
定额法的应用

（1）本月丙产品单位定额成本资料，如表 6-3 所示。

表 6-3　本月丙产品单位定额成本资料

202×年 6 月　　金额单位：元

产品成本项目	定额耗用量	计划单价	定额成本
直接材料	90 千克	5.00	450.00
直接人工	10 小时	6.00	60.00
制造费用	10 小时	4.00	40.00
合计			550.00

（2）丙产品月初在产品成本如表 6-4 所示。

表 6-4　丙产品月初在产品成本

202×年 6 月　　　　单位：元

产品成本项目	定额成本	脱离定额差异
直接材料	25 000. 00	+2 000. 00
直接人工	3 000. 00	+100. 00
制造费用	2 000. 00	+80. 00
合计	30 000. 00	+2 180. 00

（3）本月实际发生生产费用及定额变动差异如下：本月发生直接材料费用 200 000 元，直接人工费用 26 000 元，制造费用 16 500 元。该企业从本月起将材料定额消耗量由原来的每件 100 千克修订为每件 9 千克，其余定额不变。

要求：根据以上资料计算丙产品成本。

二、必备知识

产品成本计算的定额法，就是为了克服上述几种成本计算方法的弱点，及时反映和监督生产费用和产品成本脱离定额的差异，把产品成本的计划、控制、核算和分析相结合的方法。它是以产品定额成本为基础，加上或减去脱离定额差异、材料成本差异和定额变动差异，来计算产品实际生产成本的一种方法。

（一）定额法的特点

定额法和其他产品成本计算方法不同，它不是一种纯粹的成本核算方法，而是一种将成本核算与成本控制紧密结合的方法。定额法克服了其他产品成本计算方法无法直接反映产品实际成本与定额成本相脱离情况的不足，使企业能够通过产品的成本核算达到对产品成本进行事前和事后控制，强化了企业对产品成本的日常控制，从而更有效地发挥成本核算对于节约生产费用、降低产品成本的作用。定额法的主要特点：

一是以事先制定的产品定额成本作为成本控制目标和计算的基础；

二是将每项生产费用都划分为定额费用和脱离定额差异进行核算；

三是运用定额成本、脱离定额差异和定额变动差异的关系计算产品实际成本；

四是定额法不能单独用于产品成本的计算。

（二）定额法的适用范围

定额法与生产类型没有直接关系，无论何种生产类型，只要具备下列条件，都可采用定额法计算产品成本：

条件一：企业的定额管理制度比较健全，定额管理工作基础较好。

每件二：产品的生产已经定型，消耗定额比较准确、稳定。

（三）定额法的核算程序

第一，按照企业生产工艺特点和管理要求，确定成本计算对象及成本计算的基本方法。

第二，根据有关定额标准，计算各成本项目的定额费用，编制产品定额成本计算表。

第三，生产费用发生时，将实际费用分为定额成本和定额成本差异两部分，分别编制凭证，予以汇总。

第四，按确定的成本计算基本方法，汇集、结转各项费用的定额成本差异，并按一定标准在完工产品与在产品之间进行分配。

第五，将产品定额成本加减所分得的差异，求得产品实际成本。

（四）定额法的应用

1. 制定定额成本

定额成本一般是以产品现行的消耗定额和计划价格或费用的计划分配率为依据并分成本项目计算的。产品的定额成本包括直接材料定额成本、直接人工定额成本、制造费用定额成本，其计算公式分别为

直接材料定额成本=产品直接材料消耗定额×材料计划单价

直接人工定额成本=产品生产工时定额×计划小时工资率

制造费用定额成本=产品生产工时定额×计划小时费用率

产品的定额成本=直接材料定额成本+直接人工定额成本+制造费用定额成本

定额成本的制定一般是通过编制“定额成本计算表”的方式进行的。企业的具体情况不同，其“定额成本计算表”的编制方法也不一样，它主要受产品的结构、产品零部件的多少等因素影响。当产品的零部件较少时，先编制零件的定额成本，然后再汇总部件和产成品的定额成本；当产品的零部件较多时，也可不计算零件定额成本，先编制部件的定额成本，然后汇总编制产成品的定额成本，也可不编制部件的定额成本，直接编制产品的定额成本。

2. 脱离定额差异的计算

脱离定额差异是指生产过程中，各项生产费用的实际支出脱离现行定额或预算的数额，包括材料脱离定额差异计算、直接人工费用脱离定额差异计算和制造费用脱离定额差异计算。计算和分析脱离定额成本的差异是定额法的核心内容。

（1）直接材料脱离定额差异的计算

在各成本项目中，材料费用一般占有较大比重，而且属于直接计入费用，因而有必要也有可能在费用发生的当时就按产品种类来计算定额费用和脱离定额差异进行控制。

直接材料脱离定额差异是指生产过程中产品实际耗用材料数量与其定额耗用量之间的差异，其计算公式为

直接材料脱离定额差异=∑[（材料实际耗用量-材料定额耗用量）×该材料计划单价]

在实际工作中，直接材料定额差异的计算，一般有限额法、切割法、盘存法三种方法。

① 限额法。采用定额法时，原材料的领用一般先应实行限额领料制度。限额范围内的用料应根据限额领料单领用，增加产量发生的超额用料，经办理手续后也可使用限额领料单领用。其他原因超额用料或使用代用材料，一般应填制领料单或代用材料领料单等差异凭证领料。对于材料代用和废料利用，还应在有关限额领料单中说明，并从原定的限额

内扣除。生产任务完成后的余料，应填制退料单。限额领料单中的原材料余额和退料单中的原材料数额，都属于直接材料脱离定额的节约差异。

【案例 6-1】某企业本月投产乙产品 800 件，单位产品 B 材料消耗定额 30 千克，每千克计划单位成本 5 元，超额领料单本月登记数量为 200 千克。则乙产品的 B 材料定额差异为

乙产品 B 材料定额成本 = 800×30×5 = 120 000（元）

乙产品 B 材料脱离定额差异 = 200×5 = 1 000（元）

② 切割法。这种方法要求对于需要切割才能使用的材料（如板材、棒材等），通过材料切割核算单核算用料差异，以控制用料。这种核算单一般应按切割材料的批别开立，单中填明切割材料的种类、数量、消耗定额和应切割成的毛坯数量；切割完成后，再填写实际切割成的毛坯数量和材料的实际消耗量。根据实际切割成的毛坯数量和消耗定额，计算出材料定额消耗量，与材料实际消耗量相比较，可得出用料脱离定额的差异。

【案例 6-2】某企业发出材料 600 千克，切割成 A 种零件（毛坯）120 个，每个零件消耗定额为 3 千克，每千克材料计划单价为 5 元，则定额差异为

定额耗用量：120×3 = 360（千克）

材料定额差异：数量 600-360 = 240（千克）

金额 5×240 = 1 200（元）

③ 盘存法。盘存法是指按期通过盘存核算材料脱离定额差异的方法。其计算方法是：根据期初、期末在产品数量和完工产品数量，计算出产品投产量，乘以直接材料消耗定额，计算出直接材料定额消耗量；再根据限额领料单等计算出直接材料实际消耗量；通过比较，确定出材料脱离定额差异。

盘存法下，可用下列公式计算材料脱离定额差异：

本期投产数量 = 期末在产品数量+本期完工产品数量-期初在产品数量

材料消耗定额 = 本期投产产品数量×材料消耗量定额

直接材料脱离定额差异 =（材料实际耗用量-材料定额耗用量）×材料计划单价

【案例 6-3】某企业生产丙产品耗用 Y 材料。丙产品期初在产品为 60 件，本期完工产品为 2 000 件，期末在产品为 120 件。生产丙产品用原材料系在生产开始时一次投入，丙产品的原材料消耗定额为每件 4 千克，原材料的计划单价为每千克 10 元。限额领料单中载明的本期已实际领料数量为 8 000 千克。车间期初余料为 100 千克，期末余料为 80 千克。有关数据计算如下：

投产产品数量 = 2 000+120-60 = 2 060（件）

原材料定额消耗量 = 2 060×4 = 8 240（千克）

原材料实际消耗量 = 8 000+100-80 = 8 020（千克）

原材料脱离定额差异（数量）= 8 020-8 240 = -220（千克）（节约）

原材料脱离定额差异（金额）= 220×10 = -2 200（元）（节约）

需要指出的是，不论采用哪种方法核算原材料定额消耗量和脱离定额差异，都应分批或定期地将这些核算资料按照成本计算对象汇总，编制原材料定额费用和脱离定额差异汇

总表（其格式见表6-5）。这种汇总表，既可用来汇总反映和分析原材料脱离定额差异，又可用来代替原材料费用分配表登记产品成本明细账，还可以报送管理当局或向职工公布，以便根据发生的原因采取措施，进一步挖掘降低材料费用的潜力。

表6-5 材料定额费用和脱离定额差异汇总表

产品名称： 年 月 日 金额单位：元

原材料类别	材料编号	计量单位	计划单价	定额费用		计划价格费用		脱离定额差异		差异原因
				数量	金额	数量	金额	数量	金额	
原材料										
主要材料										
辅助材料										
合计										

（2）直接人工脱离定额差异的计算

人工费用脱离定额差异的计算因采用的工资制度不同而有所差别。

在计件工资制下，生产工人工资属于直接计入费用，其脱离定额差异的计算与原材料脱离定额差异的计算相似，其计算公式为

直接人工定额费用=计件数量×计件单价

计件单价=计价单位工时的人工费用/每工时产量定额

在计时工资制下，生产工人工资属于间接计入费用，其脱离定额差异不能在平时按照产品直接计算，只有在月末实际生产工人工资确定以后，才可按以下公式计算：

计划单位工时工资=计划产量的定额生产工人工资总额/计划产量的定额生产工时总数

实际单位工时工资=实际生产工人工资总额/实际生产工时总数

某产品定额工资=该产品实际产量的定额生产工时×计划单位工时工资

某产品实际工资=该产品实际产量的实际生产工时×实际单位工时工资

该产品实际工资脱离定额差异=该产品实际工资-该产品定额工资

根据核算资料，按照成本计算汇总编制"定额工资及脱离定额差异表"，表中反映各种产品的定额工资、工资差异以及产生差异的原因。

【案例6-4】某企业生产甲、乙、丙三种产品，本月三种产品实际生产工时为3 850小时，其中甲产品1 650小时、乙产品900小时、丙产品1 300小时；三种产品定额生产工时为3 980小时，其中甲产品1 700小时、乙产品1 000小时、丙产品1 280小时；本月实际产品直接人工费用合计为16 170元；本月计划小时工资率为4（15 290/3 980）元，实际工资率为4.20（16 170/3 850）元。根据以上资料编制直接人工费用定额和脱离定额差异汇总表（图6-5）。

	A	B	C	D	E	F	G	H
1	直接人工费用定额和脱离定额差异汇总表							
2				202×年6月				单位：元
3	产品名称	人工费用定额			实际人工费用			脱离定额差异 ⑦=⑥-③
4		定额工时 ①	计划小时工资②	定额工资 ③=①×②	实际工时 ④	实际小时工资⑤	实际工资 ⑥=④×⑤	
5	甲产品	1700	4	6800.00	1650	4.2	6930.00	130.00
6	乙产品	1000	4	4000.00	900	4.2	3780.00	-220.00
7	丙产品	1280	4	5120.00	1300	4.2	5460.00	340.00
8	合计	3980		15920.00	3850		16170.00	250.00

图 6-5　直接人工费用定额和脱离定额差异汇总表示例

采用 Excel 表编制直接人工费用定额和脱离定额差异汇总表（图 6-5）：

①工人费用定额=定额工时×计划小时工资

②实际人工费用=实际工时×实际小时工资

③脱离定额差异=实际人工费用-人工费用定额

（3）制造费用脱离定额差异的计算

制造费用通常与计时工资一样，属于间接计入费用，发生时先按发生地点进行归集，月末才能直接或分配计入产品成本。在日常核算中，不能按照产品直接计算费用脱离定额的差异，只能根据费用计划、费用项目计算费用脱离计划的差异，据以控制和监督费用的发生。

（4）材料成本差异的分配

在定额法下，材料日常核算都是按计划成本进行的，即材料定额成本和材料脱离定额差异都按材料的计划单位成本计算。因此，在月末计算产品实际成本时，还必须按照下列公式计算产品应负担的材料成本差异。

某产品应分配材料成本差异=（该产品原材料定额成本±原材料脱离定额差异）×材料成本差异率

3. 定额变动差异的计算

定额变动差异，是指由于修订定额或生产耗费的计划价格而产生的新旧定额之间的差额。为了将按旧定额计算的月初生产品的定额成本和按新定额计算的本月投入产品定额成本置于统一基础上，需要按新定额计算月初在产品的定额变动差异，用以调整月初在产品的定额成本。

月初在产品定额变动差异可以将月初在产品按修订后的定额计算的定额成本与修订前定额成本进行比较，计算出定额变动差异；也可根据变动前后单位产品的定额成本，计算一个定额变动系数，再据以确定月初在产品定额变动差异。

定额变动系数=按新定额计算的单位产品定额费用/按旧定额计算的单位产品定额费用

月初在产品定额变动差异=按旧定额计算的月初在产品成本×（1-定额变动系数）

【案例 6-5】A 产品的一些零件从本月 1 日起实行新的原材料消耗定额，单位产品旧的原材料费用定额为 10 元，新的原材料费用定额为 9.6 元。该产品月初在产品按旧定额计算的原材料定额费用为 10 000 元。月初在产品定额变动差异计算结果如下：

系数=9.6/10=0.96

月初在产品定额变动差异=10 000×（1-0.96）=400（元）

需要说明的是，计算定额变动只是为了统一计量基础，并不改变产品成本总额。因此，在定额降低时，应同金额减少定额成本和增加定额变动；在定额提高时，应同金额增加定额成本和减少定额变动。

4. 完工产品与在产品成本的计算

在定额法下，分配成本差异时，应按脱离定额差异、材料成本差异和月初在产品定额变动差异分别进行。差异金额不大，或者差异金额虽大但各月在产品数量变动不大的，可以归由完工产品成本负担；差额金额较大而且各月在产品数量变动也较大的，应在完工产品与月末在产品之间按定额成本比例分配。

分配各种成本差异以后，根据完工产品的定额成本，加减应负担的各种成本差异，即可计算完工产品的实际成本；根据月末在产品的定额成本，加减应负担的各种成本差异，即可计算月末在产品的实际成本。产品实际成本的计算公式为

完工产品实际成本=完工产品定额成本±脱离定额差异±定额变动差异±材料成本差异

三、工作过程

根据以上资料计算丙产品成本如下：

步骤一：计算本月投入产品的定额成本。

本月投入 400 件丙产品的定额成本：

直接材料定额成本=400×450=180 000（元）

直接人工定额成本=400×60=24 000（元）

制造费用定额成本=400×40=16 000（元）

步骤二：计算本月完工产品的定额成本。

本月完工 420 件丙产品的定额成本：

直接材料定额成本=420×450=189 000（元）

直接人工定额成本=420×60=25 200（元）

制造费用定额成本=420×40=16 800（元）

步骤三：计算本月发生脱离定额差异。

直接材料脱离定额差异=200 000-180 000=20 000（元）

直接人工脱离定额差异=26 000-24 000=2 000（元）

制造费用脱离定额差异=16 500-16 000=500（元）

步骤四：计算月初在产品定额变动差异。

月初在产品定额变动差异=（100-90）×5×50=2 500（元）

步骤五：计算材料成本差异。

计算材料成本差异=（180 000+20 000）×（-1%）=-2 000（元）

步骤六：编制产品成本计算单。

根据上述结果，利用 Excel 表编制产品成本计算单，如图 6-6 所示。

产品成本计算单

202×年6月　　　　单位：元

项目	行次	直接材料	直接人工	制造费用	合计
一、月初在产品成本					
定额成本	1	25000.00	1500.00	1000.00	27500.00
脱离定额差异	2	2000.00	100.00	80.00	2180.00
二、月初在产品定额调整					
定额成本调整	3	-2500.00			-2500.00
定额变动差异	4	2500.00			2500.00
三、本月生产费用					
定额成本	5	180000.00	24000.00	16000.00	220000.00
脱离定额差异	6	20000.00	2000.00	500.00	22500.00
材料成本差异	7	-2000.00			-2000.00
四、生产费用合计					
定额成本	8	202500.00	27000.00	18000.00	247500.00
脱离定额差异	9	22000.00	2100.00	580.00	24680.00
材料成本差异	10	-2000.00			-2000.00
定额变动差异	11	2500.00			2500.00
五、差异分配率					
脱离定额差异	12	0.108642	0.077778	0.032222	
六、完工产品成本					
定额成本	12	189000.00	25200.00	16800.00	231000.00
脱离定额差异	13	20533.00	1960.00	541.33	23034.33
材料成本差异	14	-2000.00			-2000.00
定额变动差异	15	2500.00			2500.00
实际成本	16	210033.00	27160.00	17341.33	254534.33
七、月末在产品成本					
定额成本	17	13500.00	1800.00	1200.00	16500.00
脱离定额差异	18	1467.00	140.00	38.67	1645.67

图 6-6　产品成本计算单示例

【知识链接】

定额成本和计划成本

定额成本与计划成本既有相同之处又有不同。二者都是以产品生产耗费的消耗定额和计划价格为依据确定的目标成本；不同之处在于计算计划成本的消耗定额是计划期（一般为一年）内平均消耗定额，也称为计划定额，在计划期内通常不变。定额成本的消耗定额则是现行消耗定额，它应随着技术进步和劳动生产率提高不断修订。计划成本是国家或上级机构对企业下达的指令性指标，企业可以不制订计划成本。定额成本则是企业自行制订的，是企业对当时的产品成本进行自我控制和考核的依据。

【职业道德与企业伦理】

【案例背景】

鸿星尔克捐款事件

一场发生在河南的大雨，使一个在福建的企业火了。

事件的起源是2021年7月21日，鸿星尔克宣布向河南捐赠5 000万元物资，这一消息第二天被网友发现，随后发酵，在其官方微博评论下方，众多网友将一条“感觉你都要倒闭了还捐了这么多”的评论顶上了热评第一。

鸿星尔克（厦门）实业有限公司成立于2000年6月，总部位于厦门。2001年陈小春成为鸿星尔克形象代言人，让其在年轻群体中打响了知名度。2005年11月14日，鸿星尔克在新加坡证券交易所上市，成为业内第一家在海外上市的服装品牌，并迎来高光时刻。营业额也从最初的1 000多万元增长到2008年的28亿元。2005年至2016年，鸿星尔克还是多项国际体育赛事的赞助商。不过，由于产品定位偏差，该品牌通过赞助网球赛事进阶高端市场的尝试并不理想，市场份额不断下滑。此次鸿星尔克重回大众化瞄准了低线城市的定位和渠道下沉的方向。其官网显示，目前在售的鞋款中，大多数都在100~200元，产品定价较低。“鸿星尔克，To Be NO. 1”也在这段时期被很多“80后”“90后”熟知。2008年营收28亿元，2020年营收28.4亿元，也就意味着在中国经济风起云涌的10年间鸿星尔克几乎在原地踏步，它像是很多30岁左右的一代人的老朋友，这群人长大了，然而鸿星尔克没有。

鸿星尔克有一点做得特别好，他们一直在专心做产品，专心去打磨产品的质量，还有一直在坚持做的就是慈善。来看看这组数据：2013年，鸿星尔克与福建省残联基金会携手，捐赠了超过2 500万元的爱心物资；2018年，鸿星尔克向福建省残疾人福利基金会捐赠6 000万元爱心物资；2019年，鸿星尔克向中国残联捐款1亿元；2020年，鸿星尔克向武汉捐赠价值1 000万元的物资；2020年，鸿星尔克捐赠1亿元物资用于扶贫助残；2021年，鸿星尔克捐赠5 000万用于河南水灾。

整个事件其实还有一条暗线：人们对于国货品牌的支持史无前例地增强，从“国货当自强”到“国货已崛起”，消费者愿意为本土品牌买单，年轻人不再去追逐所谓的国际大牌，穿上国产鞋走在中国大地上才更脚踏实地。国货自强，其底层逻辑是国人的文化自信，穿国产代表“土”的时代过去了。什么是好品牌，不是所谓的达人、广告说了算，中国消费者会用手中的人民币投票。

【问题】鸿星尔克捐款反映的现实意义？你对其产品定位有什么样的思考？

【分析】捐款捐物一般以货物为主导，且多为库存商品，既践行了社会责任，又可以提升品牌美誉度，还能在一定程度上解决库存问题，鸿星尔克的里程碑事件，让这个“落寞”的品牌出圈了，还带来了“野性消费”，树立良好民族企业形象。

大众抢购背后体现了“为众人抱薪者，不可使其毙于风雪”的情感表达，良好互动的背后也给其他品牌树立了榜样，促使其他品牌向其看齐，有利于民族品牌的发展，加速国货崛起进程，在看到一个被大众逐渐淡忘的民族企业捐款后心底的感动不由言说，这背后体现的是一个企业大爱无疆，一方有难兼济天下的家国情怀。我们有信心让这样的企业在未来的发展上会越走越远，越来越好。

【拓展思考】“江山就是人民，人民就是江山，人心向背关系党的生死存亡。”习近平总书记在党史学习教育动员大会上强调：“赢得人民信任，得到人民支持，党就能够克服任何困难，就能够无往而不胜。”人民是历史的创造者，是真正的英雄，中国共产党能历经百年波折而奋起，历经百年沧桑而弥新，正是因为我们始终以人民为中心，把全心全意为人民服务作为党的宗旨。任何经济、文化、社会、科技成就等都不能不和人民群众挂钩，任何艰难挑战、机遇选择都离不开人民群众的参与和奉献。企业树立良好的民族企业形象也是感悟人民至上情怀的一种表现。

（资料来源：澎湃新闻．“网红”企业鸿星尔克河南水灾捐赠到位超 3000 万元 多方探寻还原捐赠走红的背后逻辑［EB/OL］．（2021-11-03）［2023-03-01］．https://m.thepaper.cn/baijiahao_15210946.）

【知识与技能训练】

一、选择题（下列选项中有一项或多项是正确的，请将正确的选项填入括号中）

1. 在生产过程中，企业实际发生的费用与定额费用的差异是（　　）。

A. 定额变动差异　　B. 耗用量差异　　C. 费用率差异　　D. 定额差异

2. 原材料脱离定额差异是（　　）

A. 价格差异　　B. 数量差异

C. 原材料成本差异　　D. 一种定额变动差异

3. 制定定额成本的依据是（　　）

A. 本企业现行材料消耗定额、工时消耗定额和费用定额

B. 本企业平均材料消耗定额、工时消耗定额和费用定额

C. 本企业实际材料消耗和工时消耗

4. 按计件单价支付的产品生产工人工资，等于（　　）

A. 定额工资　　B. 脱离定额差异

C. 直接人工费用　　D. 定额变动差异

5. 采用定额法计算产品成本，产品实际成本的组成项目有（　　）

A. 定额成本　　B. 脱离定额成本

C. 材料成本差异　　D. 定额变动差异

6. 定额法成本计算的特点有（　　）

A. 制定定额成本

B. 分别核算符合定额费用和脱离定额的差异

C. 根据月初在产品成本和本月发生生产费用，计算产品实际成本

D. 以定额成本为基础，加减各种差异求得产品实际成本

7. 类内不同品种规格、型号产品之间成本分配的标准有（　　）等。

A. 定额耗用总量　　B. 定额总费用

C. 产品重量、体积　　D. 产品编号顺序

二、判断题（正确的在括号内打“√”，错误的打“×”）

1.（　　）定额法是一种成本计算与成本控制相结合的成本计算方法。

2.（　　）定额法的适用范围与企业的生产类型没有直接关系。

3.（　　）材料项目脱离定额的差异只反映材料耗用数量的差异，价格差异反映在材料成本差异中。

4.（　　）定额变动差异是产品生产过程中费用脱离现行定额的差异。

三、实务训练

实训：产品成本计算的定额法

[资料] 华孚工厂生产的乙产品采用定额法计算产品成本，202×年3月有关成本计算资料如下：

(1) 月初在产品定额成本为40 000元，其中，直接材料20 000元，直接人工7 500元，制造费用12 500元；月初在产品脱离定额的差异为402.5元，其中，直接材料-1 250元，直接人工652.5元，制造费用1 000元。

(2) 本月单位产品直接材料定额成本由上月的500元调整为487.5元。

(3) 本月投入原材料定额成本为190 125元，按计划单位价格和实际消耗量计算的原材料费用为193 750元，材料成本差异率为1.2%；本月实际人工费用为149 340元，人工费用定额为148 125元；本月实际制造费用为243 800元，制造费用定额为246 875元。

(4) 本月乙产品完工入库400件，单位产品定额成本为1 487.50元，其中，直接材料487.50元，直接人工375元，制造费用625元。

[要求] (1) 编制处理本月发生材料费用，分配材料成本差异、分配应付职工薪酬、分配结转制造费用的会计分录。

(2) 按定额成本比例在本月完工产品和月末在产品之间分配脱离定额的差异（材料成本差异和定额变动差异全部由本月完工产品成本负担）。

(3) 计算并结转本月完工产品实际成本，完成乙产品成本计算单。

南山工厂产品成本计算单

产品：乙产品　　产量：400件　　202×年3月　　金额单位：元

项目	行次	直接材料	直接人工	制造费用	合计
一、月初在产品成本					
定额成本	1				
脱离定额差异	2				
二、月初在产品定额调整					
定额成本调整	3				
定额变动差异	4				
三、本月生产费用					
定额成本	5				
脱离定额差异	6				
材料成本差异	7				
四、生产费用合计					

项目	行次	直接材料	直接人工	制造费用	合计
定额成本	8				
脱离定额差异	9				
材料成本差异	10				
定额变动差异	11				
五、差异分配率					
脱离定额差异	12				
六、完工产品成本					
定额成本	12				
脱离定额差异	13				
材料成本差异	14				
定额变动差异	15				
实际成本	16				
七、月末在产品成本					
定额成本	17				
脱离定额差异	18				

项目七 成本报表与分析

学习目标

知识目标

1. 理解成本报表的含义、作用及种类；
2. 掌握商品产品成本报表的编制方法；
3. 掌握主要产品单位成本表的编制方法；
4. 了解期间费用报表的编制；
5. 掌握制造费用明细表的编制。

技能目标

1. 能准确计算企业成本费用并进行分析评价；
2. 能独立编制各类成本报表。

素养目标

1. 通过学习成本报表的编制，学生能够逐渐养成归纳总结的学习习惯，培养细致认真的工作态度；

2. 通过学习对成本报表的分析，学生能够逐渐养成独立思考与分析的能力，做到言而有理，言之有据。

导入案例

包香香公司是一家面包加工企业。随着电商市场的迅速发展与成熟，包香香公司为了增加其品牌的知名度与销售量，通过直播平台对品牌进行大力宣传；采用网络团购的方式进行让利促销，公司的品牌知名度、销售量和市场占有率显著提高。可是，当财务部门核算本年度的公司利润时，却发现利润较同期还下降了百分之五十。通过分析公司本年度成本报表，公司发现，利润的下降主要源于直播平台广告费用的严重超支以及网络团购平台较高的促销费用。

【工作总任务】

1. 编制中山工厂产品成本报表；
2. 运用因素分析法计算有关因素变动对中山工厂材料成本的影响。

【项目任务知识】

企业要全面正确地反映其进行生产经营活动过程中发生的各种资源的耗费及其构成变动情况，必须借助于报表形式展现出来，为企业的相关信息使用者提供成本信息。成本报表是反映企业一定时期产品成本和经营管理费用水平及其构成情况的书面报告文件，是企业的内部报表。由于发生的各种资源的耗费内容广泛，遍及企业生产经营活动的各个环节，同时企业管理对有关企业发生的各种资源的耗费信息要求各有侧重。因此，为满足企业内部对企业发生的各种资源的耗费管理的需要，我们必须从不同的角度去综合反映企业发生的各种资源的耗费的信息，编制各种成本报表。

任务一　产品成本报表的编制

一、工作任务

【企业概况】

八达集团下属的中山工厂生产甲、乙、丙三种产品，其中，甲、乙两种产品为主要产品，丙产品为非主要产品，并且为今年首次生产。本年有关产品产量成本资料见表 7-1。

表 7-1　产品产量成本资料

202×年 12 月　　　　单位：元

项目		甲产品	乙产品	丙产品
产品产量/件	本年计划	3 200.00	1 200.00	900.00
	本年实际	3 500.00	1 100.00	1 000.00
	产品单位成本			
	上年实际平均	900.00	600.00	
	本年计划	720.00	580.00	520.00
	本年实际平均	700.00	585.00	500.00

要求：编制按产品品种类别反映的商品产品生产成本表。

二、必备知识

成本报表是根据企业产品成本和经营管理费用等核算资料为主，并参阅其他有关资料编辑而成的，用来反映和监督企业一定时期产品成本（或经营业务成本）以及经营管理费用的水平及其构成情况的报告文件。

编制和分析成本报表是企业成本会计工作的重要内容之一。成本报表有针对性地、综合反映企业生产经营、技术水平、管理水平情况，对考核各项费用计划的执行情况，掌握成本变动趋势和规律，加强成本管理以及提高经济效益有十分重要的意义和作用。

（一）成本报表的作用

1. 综合反映报告期内的产品成本水平

产品成本是反映企业一定期间内生产经营各方面管理水平高低的一项综合性指标，也就是说，企业的供应、生产和销售各个环节的经营管理水平，最终都直接或者间接地反映到产品成本中来。利用成本报表的资料，能够及时发现企业在各项工作中存在的问题，寻求降低产品成本的途径，提高企业经济效益。

2. 综合评价和考核各环节成本管理的业绩

根据成本报表所提供的信息资料，经过有关指标计算、分析和对比，可以明确各相关部门、相关人员执行成本计划和费用预算的情况，评价和考核其业绩，并且针对不同情况，进行奖惩和激励，从而促进企业良性循环发展。

3. 有利于企业加强成本管理

分析成本报表资料，可以揭示成本差异对产品成本升降的影响程度以及发现产生差异的原因和责任，从而可以有针对性地采取措施，把注意力放在解决那些属于不正常的、对成本有重要影响的关键性差异上，从而有利于企业加强成本控制和成本管理。

4. 为制订成本计划提供决策依据

企业根据报告年度产品成本的实际水平，结合报告年度成本计划执行的情况，考虑计划年度中有利因素和不利因素，来制订新年度的成本计划。所以说本期成本报表所提供的资料，是制订下期成本计划的重要参考资料。同时，管理部门也根据成本报表资料来对未来时期的成本进行预测，为企业制定正确的经营决策提供必要的依据。

（二）成本报表的种类

成本报表不是对外报送或公布的会计报表，因此，成本报表的种类、项目、格式和编制方法由企业自行确定。企业主管部门为了对本系统所属企业的成本管理工作进行指导，给国民经济管理部门提供所需成本数据，也可以要求企业将其成本报表作为会计报表的附表上报。在这种情况下，企业成本报表的种类、项目、格式和编制方法，也可以由主管部门会同企业共同规定。

工业企业编制的成本报表，一般有以下几种：

一是商品产品成本表。

二是主要产品成本表。

三是制造费用明细表。

四是期间费用明细表。

（三）成本报表的编制要求

1. 数据真实

数据真实，是指报表中的各项数据必须真实可靠，不能任意估计，更不允许弄虚作假、篡改数字。因此，企业在编制报表前，应将所有的经济业务登记入账，并核对各种账簿之间的记录，做到账账相符；清查财产、物资，做到账实相符。然后再依据有关账簿的记录编制报表。报表编制完毕后，还应检查各个报表中相关指标的数字是否一致。

2. 计算正确

计算正确，是指报表中的各项数据的计算要客观正确，成本报表有大量的数据计算，要求编制过程中表内数据计算要认真仔细，全面严谨，不漏记错记，不疏忽失误，且取数应准确真实，不得以计划数、估计数、定额数代替实际数。

3. 内容完整

内容完整，是指主要报表种类应齐全，应填列的报表指标和文字说明必须全面，表内项目和表外补充资料，无论根据账簿资料直接填列，还是分析计算填列，都应当完整无缺，不得任意取舍。注意保持各成本报表计算口径一致，计算方法如有变动，应在附注中说明。对定期报送的主要成本报表，还应有分析、说明生产成本和费用升降情况、原因、措施的文字材料。

4. 报送及时

成本报表有些定期编制，有些不定期编制，无论是定期编制还是不定期编制，都要求及时编制，及时反馈。所谓编报及时，是指根据企业管理部门的需要迅速提供各种成本报表。只有这样，才能及时地对企业成本完成情况进行检查和分析，从中发现问题，以便及时采取措施加以解决，以充分发挥成本报表应有的作用。要做到这一点，要求企业不仅要做好日常成本核算工作，还要注意整理、收集有关的历史成本资料、同行业成本资料、统计资料以及成本计划资料、费用预算资料等。

（四）商品产品成本报表

1. 商品产品成本报表的内容

商品产品成本报表是反映企业在报告期内生产的全部商品产品（包括可比产品和不可比产品）的总成本以及各种主要商品产品的单位成本和总成本的报表。

微课视频
产品成本报表的编制

根据商品产品成本表所提供的材料，可以考核全部商品产品和主要商品产品成本计划的执行结果，分析各种可比产品成本降低任务的完成情况。商品产品成本报表将全部商品划分为可比产品和不可比产品两大类，并分别列出它们的单位成本、本月总成本、本年累计总成本。

可比产品是指去年或者以前年度正式生产过，具有较完备成本资料的产品；不可比产品是去年或者以前年度未正式生产过的产品，因而没有成本资料。. 对于去年试制成功，今年正式投产的产品，也应作为不可比产品。

2. 商品产品成本报表的编制方法

(1)“产品名称”项目，应按企业规定的主要商品产品的品种分别列示，每项注明各品种的名称、规格和计量单位。

（2）“实际产量”项目，应根据成本计算单等资料所记录的本月和年初累计至本月末止的各种主要商品产品实际产量填列。

（3）“单位成本”项目，应按上年度或以前年度报表资料、本期成本计划资料和本期实际成本资料分别计算填列。

①“上年实际平均”，反映各种主要可比产品的上年实际平均单位成本。应分别根据上年度本表所列各种可比产品的全年实际平均单位成本填列。

②“本年计划”，反映各种主要商品产品的本年计划单位成本。应根据年度成本计划的有关数字填列。

③“本月实际”，反映本月生产的各种商品产品的实际单位成本。应根据有关产品成本计算单中的资料，按下列公式计算填列：

某产品本月实际单位成本=某产品本月实际总成本/某产品本月实际产量

④“本年累计实际平均”，反映年初累计至本月末企业生产的各种商品产品的实际单位成本。应根据成本计算的有关数字，按下列公式计算填列：

某产品本年累计实际平均单位成本=某产品本年累计实际总成本/某产品本年累计实际产量

（4）“本月总成本”项目，按本月实际产量分别乘以上年实际平均单位成本、本月计划单位成本和本月实际单位成本的积填列。

①“按上年实际平均单位成本计算”，是用本月实际产量乘以上年实际平均单位成本计算填列。

②“按本年计划单位成本计算”，应根据本月实际产量乘以本年计划单位成本计算填列。

③“本月实际”，应根据本月产品成本计算单的资料填列。

（5）“本年累计总成本”项目，应按自年初到本月末止的本年累计产量分别乘以上年实际平均单位成本、本年计划单位成本和本年累计实际平均单位成本的积填列。可比产品按上年实际平均单位成本本年可比产品成本降低额计算的可比产品总成本实际总成本。

（6）补充资料中，可根据计划、统计和会计等有关资料计算后填列。其中，可比产品的成本降低额和可比产品的成本降低率，可以按下列公式计算后填列：

可比产品的成本降低额=可比产品按上年实际平均单位成本计算的本年度累计总成本合计-可比产品本年度累计总成本合计

可比产品的成本降低率=可比产品的成本降低额/可比产品按上年实际平均单位成本计算的本年度累计总成本合计×100%

可比产品成本降低率的“本年计划数”，应根据年度成本计划填列，可比产品成本的“超支额”和“超支率”，应在“降低额”和“降低率”项目内以“-”表示。

（五）主要产品单位成本报表

1. 主要产品单位成本报表的内容

主要产品是指企业经常生产、在企业全部产品中所占比重较大，能概括反映企业生产经营面貌的那些产品。

主要产品单位成本表是反映企业在报告期内生产的各种主要产品单位成本水平和构成情况的报表。该表应按主要产品分别编制，是对产品成本表（按产品种类反映）所列各种主要产品成本的补充说明。利用此表，可以按照成本项目分析和考核主要产品单位成本计划的执行情况；可以按照成本项目将本月实际和本年累计实际平均单位成本，与上年实际平均单位成本和历史先进水平进行对比，了解单位成本的变动情况；可以分析和考核各种主要产品的主要技术经济指标的执行情况，进而查明主要产品单位成本升降的具体原因。

2. 主要产品单位成本报表的编制方法

主要产品单位成本报表是按产品的成本项目分别反映产品单位成本及各成本项目的历史先进水平、上年实际平均、本年计划、本月实际和本年累计实际平均的成本资料。主要产品单位成本报表的格式见表 7-2。

表 7-2　主要产品单位成本表

20××年 12 月

产品名称：甲产品　　　　产品单价：860 元

本月实际产量：25 件　　　　本年累计计划产量：200 件

本月实际产量：30 件　　　　本年累计实际产量：300 件

成本项目	历史先进水平	上年实际平均	本年计划	本年实际	本年累计实际平均
直接材料	509	532	528	520	535
直接人工	81	86	82	75	78
制造费用	140	142	140	145	150
产品单位成本	730	760	750	740	763
主要技术经济指标	耗用量	耗用量	耗用量	耗用量	耗用量
A 材料/千克	19	21	20	18	18
B 材料/千克	32	33	32	30	34

编制主要产品单位成本报表是为了考核各种主要产品单位成本计划的执行情况，了解单位成本的构成，分析各个成本项目的变化及其原因，以便寻找差距，挖掘潜力，降低成本。本报表的编制方法如下：

（1）基本部分的产品名称、规格、计量单位、产量，根据有关产品成本计算单填列。

（2）各成本项目的历史先进水平的数字，根据企业的成本历史资料填列。

（3）各成本项目的上年实际平均单位成本的数字，根据上年度的成本资料填列。

（4）各成本项目的本年计划单位成本的数字，根据本年计划资料填列。

（5）各成本项目的本期实际单位成本的数字，根据实际成本资料填列。

（6）各成本项目的本年累计实际平均单位成本的数字，根据本年各项目总成本除以累计产量后的商数填列。

（六）制造费用明细表

1. 制造费用明细表的内容

制造费用明细表是反映企业在一定时期内为组织和管理生产所发生的费用总额和各明细项目数额的报表。利用制造费用明细表可以考核企业制造费用的构成和变动情况，考核制造费用预算执行结果，以便进一步采取降低费用的措施，达到控制成本的目的。

制造费用明细表的结构是按规定的制造费用项目，分别反映“上年同期实际数”“本年计划数”和“本年实际数”。通过本年实际与上年实际比较，可了解制造费用各项目的变动情况；通过本年实际与本年计划比较，可以反映制造费用计划完成情况及节约或超支的原因。制造费用明细表如表 7-3 所示。

表 7-3　制造费用明细表

20××年 12 月　　　　单位：元

费用项目	本年计划数	上年同期实际数	本月实际数	本年累计实际数
职工薪酬				
折旧费				
修理费				
办公费				
水电费				
机物料消耗				
低值易耗品推销				
租赁费				
差旅费				
保险费				
停工损失				
在产品盘亏和毁损				
其他				
合计				

2. 制造费用明细表的编制方法

（1）“本年计划数”，应根据成本计划中的制造费用计划填列。

（2）“上年同期实际数”，应根据上年同期制造费用明细表的累计实际数填列。

（3）“本月实际数”，应根据制造费用账户所属各基本生产车间制造费用明细账的本月合计数汇总计算填列。

（4）“本年累计实际数”，应根据各车间制造费用明细账的本月末累计数汇总计算填列。

（七）期间费用报表

1. 期间费用报表的内容

期间费用报表是反映企业在报告期内发生的管理费用、财务费用和销售费用的报表。利用期间费用报表所提供的资料，可以考核期间费用计划或预算的执行情况，分析各项费用的构成和增减变动情况，以便进一步采取措施，压缩开支，不断降费用水平。

期间费用报表一般包括管理费用、财务费用和销售费用明细表。它们的结构基本相同，都是按照规定的费用项目，分别反映“本年计划数”“上年实际数”“本年实际数”，这样便于用本年实际数分别同本年计划数和上年实际数进行比较，以便加强对费用的控制和管理。管理费用、财务费用和销售费用明细表分别见表 7-4、表 7-5 和表 7-6。

表 7-4　管理费用明细表

编制单位：　　　　　　　　　　20××年 12 月　　　　　　　　　　单位：元

项目	本年计划数	上年实际数	本年实际数
职工薪酬			
差旅费			
办公费			
保险费			
修理费			
物料消耗			
运杂费			
包装费			
折旧费			
其他			
合计			

表 7-5　财务费用明细表

编制单位：　　　　　　　　　　20××年 12 月　　　　　　　　　　单位：元

项目	本年计划数	上年实际数	本年实际数
利息支出			
金融机构手续费			
汇兑损失			
其他			
合计			

表 7-6　销售费用明细表

编制单位：　　　　　　　　　　20××年 12 月　　　　　　　　　　单位：元

项目	本年计划数	上年实际数	本年实际数
职工薪酬			
差旅费			
办公费			
保险费			
修理费			
物料消耗			
运杂费			
包装费			
折旧费			
其他			
合计			

2. 期间费用报表的编制方法

（1）“本年计划数”，应根据本年度各项费用预算填列。

（2）“上年实际数”，应根据上年度本表的“上年实际数”相应数字填列。如果表内所列费用项目和上年度的费用项目在名称和内容上不相一致，应对上年度的各项数字按本年度表内项目的规定进行调整。

（3）“本年实际数”，应根据本年度“管理费用明细账”“财务费用明细账”和“销售费用明细账”中各项费用的累计数填列。

三、工作过程

步骤一：填列各种产品的产量及单位成本

根据表 7-1 产品产量成本资料表，分别填列甲、乙、丙三种产品的产量及单位成本如表 7-8 所示。

步骤二：填列各种产品的实际产量总成本

甲产品：按上年实际平均单位成本计算的总成本 = 3 500×900 = 3 150 000（元）

按本年计划单位成本计算的总成本 = 3 500×720 = 2 520 000（元）

本年实际的总成本 = 3 500×700 = 2 450 000（元）

乙产品：按上年实际平均单位成本计算的总成本 = 1 100×600 = 660 000（元）

按本年计划单位成本计算的总成本 = 1 100×580 = 638 000（元）

本年实际的总成本 = 1 100×585 = 643 500（元）

丙产品：按本年计划单位成本计算的总成本 = 1 000×520 = 520 000（元）

本年实际的总成本 = 1 000×500 = 500 000（元）

步骤三：填列全部产品的实际产量总成本

按上年实际平均单位成本计算的总成本 = 3 150 000+660 000 = 3 810 000（元）

按本年计划单位成本计算的总成本 = 2 520 000+638 000+520 000 = 3678 000（元）

本年实际的总成本 = 2 450 000+643 500+500 000 = 3 593 500（元）

商品产品成本报表的编制，采用 Excel 编制，设定的公式详见图 7-1。

商品产品成本报表

202×年12月

编报单位：中山工厂　　单位：元

产品名称	计量单位	实际产量		单位成本				本月总成本			本年累记总成本		
		本月①	本年累计②	上年实际平均③	本年计划④	本月实际⑤=⑨/①	本年累计实际平均⑥=⑫/②	按上年实际平均单位成本计算⑦=①*③	按本年计划单位成本计算⑧=①*④	本月实际⑨	按上年实际平均单位成本计算⑩=②*③	按本年计划单位成本计算⑪=②*④	本年实际⑫
可比产品合计	件							129000.00	108200.00	113000.00	3810000.00	3158000.00	3093500.00
其中：甲产品	件	110.00	3500.00	900.00	720.00	750.00	700.00	99000.00	79200.00	82500.00	3150000.00	2520000.00	2450000.00
乙产品	件	50.00	1100.00	600.00	580.00	610.00	585.00	30000.00	29000.00	30500.00	660000.00	638000.00	643500.00
不可比产品合计													
丙产品	件	50.00	1000.00		520.00	500.00	500.00		26000.00	25000.00		520000.00	500000.00
其他													
全部商品产品制、造成本									134200.00	138000.00		3678000.00	3593500.00

图 7-1　商品产品成本报表示例

实务中，可运用 Excel 表编制按照产品品种类别反映的产品生产成本表，设定的公式详见产品生产成本表，计算过程及结果如图 7-2 所示。

	A	B	C	D	E	F	G	H	I	J	K
1	产品生产成本表										
2	编制单位：中山工厂						202×年12月				单位：元
3	产品名称		计量单位	产量		单位成本			实际产量总成本		
4				本年计划①	本年实际②	上年实际平均 ③	本年计划④	本年累计实际平均⑤	按上年实际平均单位成本计算⑥=②*③	按本年计划单位成本计算⑦=②*④	本年实际⑧=②*⑤
5	主要产品	甲产品	件	3200.00	3500.00	900.00	720.00	700.00	3150000.00	2520000.00	2450000.00
6		乙产品	件	1200.00	1100.00	600.00	580.00	585.00	660000.00	638000.00	643500.00
7	非主要产品	丙产品	件	900.00	1000.00		520.00	500.00		520000.00	500000.00
8	合计								3810000.00	3678000.00	3593500.00

图 7-2　产品生产成本表示例

【知识与技能训练】

一、选择题（下列选项中有一项或多项是正确的，请将正确的选项填入括号中）

1. 成本报表是服务于（　　）的报表。

A. 企业债权人　B. 企业管理者　C. 有关管理当局　D. 各有关投资人

2. 企业成本报表一般包括（　　）。

A. 产品生产成本表　B. 主要产品单位成本表

C. 制造费用明细表　D. 各种期间费用明细表

3. 下列报表不属于成本报表的是（　　）。

A. 产品生产成本表　B. 制造费用明细表

C. 利润表　D. 管理费用明细表

4. 产品生产成本表一般分为按（　　）两种。

A. 成本项目反映　B. 要素费用反映

C. 产品品种反映　D. 产品类别反映

5. 按产品品种和类别编制的产品生产成本表，一般包括（　　）等指标。

A. 产品产量　B. 产品单位成本

C. 期末在产品　D. 产品生产总成本

6. 按照产品品种反映的产品生产成本表应该按（　　）。

A. 可比产品和不可比产品分别编制

B. 可比产品和不可比产品合并在一起编制

C. 历史先进水平设置栏目编制

D. 成本项目和产品品种混合编制

7. 按品种反映的产品生产成本表中，所反映上年成本资料的产品是（　　）。

A. 库存商品　B. 已销售商品　C. 可比产品　D. 不可比产品

8. 期间费用明细表包括（　　）。

A. 制造费用明细表　B. 管理费用明细表

C. 销售费用明细表　D. 财务费用明细表

9. 企业编制成本报表的主要依据是（　　）。
A. 报告期的成本账簿资料　　B. 以前年度的会计报表资料
C. 本期成本计划及费用预算资料　　D. 计划统计资料、业务计算资料
10. 主要产品单位成本表应当反映该主要产品的（　　）。
A. 历史先进水平单位成本　　B. 上年实际平均单位成本
C. 本年计划单位成本　　D. 本年实际平均单位成本

二、判断题（正确的在括号内打“√”，错误的打“×”）

1.（　　）成本报表是一种内部管理会计报表，一般不对外报送和公开。
2.（　　）由于成本指标的特殊性，成本报表只能定期编制。
3.（　　）成本报表的格式和内容应当具有统一性，以便统计、汇总和社会公众理解。
4.（　　）不同企业的成本报表可以存在差异。
5.（　　）产品生产成本表只能按成本项目编制。
6.（　　）制造费用明细表只汇总企业基本生产单位的制造费用，不反映辅助生产单位的制造费用。
7.（　　）成本报表项目中不包括在“库存商品”账户中核算的期末结存产品。
8.（　　）成本报表不包括期间费用明细表和制造费用明细表。

三、实务训练

实训：编制产品生产成本表

［资料］某企业生产甲、乙、丙三种产品，其中甲、乙产品为可比产品，丙产品为不可比产品。该企业202×年12月有关产品生产情况资料如下表所示。

产品生产情况表

202×年12月　　单位：元

项目	可比产品（甲）	可比产品（乙）	不可比产品（丙）
单位生产成本			
上年实际平均	600	420	
本年计划	580	400	270
本月实际	555	414	276
本年累计实际平均	573	417	273
生产量/件			
本月实际	90	105	60
本年累计实际	765	960	630
本年计划	720	890	650

［要求］根据上述资料编制产品生产成本表，产品生产成本表如下表所示。

商品产品成本报表

编报单位：　　　　　　　　202×年 12 月　　　　　　　　单位：元

产品名称	规格	计量单位	实际产量		单位成本				本月总成本			本年累计总成本		
			本月	本年累计	上年实际平均	本年计划	本月实际	本年累计实际平均	按上年实际平均单位成本计算	按本年计划单位成本计算	本月实际	按上年实际平均单位成本计算	按本年计划单位成本计算	本年实际
可比产品合计	件													
其中：A 产品	件													
B 产品	件													
不可比产品合计														
C 产品	件													
其他														
全部商品产品制造成本														

任务二　成本报表的分析

一、工作任务

中山工厂有关资料如表 7-7 所示。运用连环替代法计算确定各因素变动对材料成本总额的影响程度。

表 7-7　中山工厂有关资料

项目	计量单位	计划数	实际数
产品产量	件	40	42
材料单耗	千克	20	18
材料单价	元	10	12
材料成本总额	元	8 000	9 072

二、必备知识

（一）成本分析的含义

成本报表分析是为了满足企业管理需要，以成本会计报表为基础，结合其他有关的成本计划和统计核算资料，采取一定的方法解剖成本变动的原因、经营管理存在的问题及业绩的一种管理活动。

（二）成本分析的方法

成本报表分析所使用的技术方法是多种多样的，可以采用会计方法、统计方法和数学方法等。而这些方法往往不是孤立的，在成本报表分析中，可以将各种分析方法结合使用。常见的成本报表分析方法有：比较分析法、比率分析法和因素分析法等。

1．比较分析法

比较分析法是把两个经济内容相同、时间或空间地点不同的经济指标相减从而进行分析的一种方法。比较分析法是日常分析工作中最常用的一种方法。它是通过实际数与基数的对比来揭示实际数与基数之间的差异，以便了解差距与不足的一种成本分析方法。

由于分析者的目的不同，对比的基数也有所不同。一般来说对比的基数有计划数（预算数）、定额数、以往年度同期实际数，以及本企业历史最好水平和国内国外同行业先进水平。

比较分析法是一种根据绝对数来进行比较分析的方法，只适用于同类型企业、同质指标进行对比分析。采用比较分析法时，应注意进行对比的成本指标，在经济内容、计算方法、计算期间和影响指标形成的客观条件等方面的可比性。如果相比的指标之间有不可比因素，应先按可比的路径进行调整，然后再进行对比。

2．比率分析法

比率分析法是通过计算各项指标之间的比率，分析说明经济业务相对效益的一种数量分析方法。这是成本报表分析的常用方法之一。比率分析法具体分为相关指标比率分析法、构成比率分析法和趋势比率分析法三种。

相关指标比率分析法，是针对两个性质不相同但又相关联的指标的比率进行数量分析的方法，如销售收入与利润的比率即销售收入利润率指标等。

构成比率是某项经济指标的各个组成部分占总体的比重。例如，构成销售费用的各项费用分别与销售费用总额对比，计算销售费用的构成比率。这种分析方法又称比重分析法。

趋势比率分析法是指对某项经济指标不同时期的数值进行对比，求出比率，分析其增减速度和发展趋势的一种分析方法。由于计算时采用的基期数值不同，趋势比率又分为定基比率和环比比率两种形式。

3．因素分析法

因素分析法是将某一综合经济指标分解为若干相互联系的因素，计算分析每个因素对综合经济指标变动影响程度的一种分析方法。

进行因素分析通常采用连环替换或差额计算的方式。差额计算法是连环替代法的一种简化形式，从计算原理上看，二者是一致的。

微课视频
因素分析法

连环替代法是根据因素之间的内在依存关系，依次测定各因素变动对经济指标差异影响的一种分析方法。连环替代法的分析程序为：

第一，分解指标因素并确定因素的排列顺序。

将影响某项经济指标完成情况的因素，按其内在依存关系，分解其构成因素，并按一定的顺序排列这些因素。

第二，逐次替代因素。

每次将其中一个因素由基期数替换成分析期数，其他因素暂时不变。每个因素替换为分析期数后不再返回为基期数。后面因素的替换均是在前面因素已经替换成分析期数的基础上进行的。如此类推，有几个因素需要替换几次，逐一进行替换。

第三，确定影响结果。

每个因素替换以后，均会得出一个综合指标的结果，将每个因素替换以后的结果与替换以前的结果相减，即可得出该替换因素变动对综合指标的影响数额。

第四，汇总影响结果。

将已计算出来的各因素的影响额汇总相加与综合指标变动的总差异比较，确定其计算的正确性。

（三）商品产品成本表的分析

前面已经讲述商品产品成本表按报表的结构和作用不同分为两大类：一类是按成本项目反映的商品产品成本表；另一类是按产品种类反映的商品产品成本表。这两类商品产品成本表的分析方法也有区别，下边分别说明。

1. 按成本项目反映的商品产品成本表的分析

按成本项目反映的商品产品成本表，一般可以采用比较分析法、构成比率等方法进行分析。这些分析方法共同优点是能阐明成本升降的程度，但都需要对引起变动的原因作进一步具体分析。

2. 按产品种类反映的商品产品成本表的分析

（1）按产品种类反映的商品产品成本表的分析，可以用本年实际成本与计划成本进行对比，确定全部产品和各主要产品实际成本与计划成本的差异，分析成本计划的执行情况，然后再进一步做具体深入的原因分析。这种分析方法与按成本项目反映的商品产品成本表中讲述的分析方式相同，这里简略。

（2）按产品种类反映的商品产品成本表的分析，可以采用本年实际成本与上年实际成本进行对比分析，查明可比产品成本本年较上年的变动情况以及可比产品成本降低计划执行情况。

这里应强调指出，进行这方面分析的时候，必须正确划分可比产品与不可比产品的界限，如实反映费用情况，保证分析结果的正确性。可比产品成本的变动情况分析，可以按产品品种进行，也可以按全部可比产品进行。一般采用对比分析法，分析全部可比产品和各种可比产品本年实际成本与上年实际成本的差异，确定成本升降的情况。可比产品成本降低计划执行情况的分析，一般按全部可比产品综合进行。

（四）主要产品单位成本表的分析

前边阐述的产品生产成本分析，主要是针对全部产品成本计划完成情况进行分析。此外，还应对主要产品单位成本进行具体分析，使分析工作更加深入具体。

主要产品单位成本表分析，应从两方面进行，一是对主要产品单位成本进行一般分析；二是按其成本项目进行具体分析。

1. 主要产品单位成本的一般分析

主要产品单位成本一般分析，主要采用对比分析法，以本月实际单位成本与计划单位成本、上年实际、全年累计实际平均、历史最高水平进行对比分析，确定单位成本升高还是降低的幅度。在此基础上再按成本项目分别进行比较分析。主要产品单位成本表的一般分析法与产品生产成本表一般分析相似。

2. 主要产品单位成本分项目分析

一般来说，产品单位成本的高低，受同期生产技术水平、生产组织状况、经营管理水平和采取的技术组织措施的影响。对单位产品成本分项目进行分析，能查明成本升降的具体原因，采取相应措施，挖掘降低成本的潜力。在可能的条件下，也可以在厂际之间同类产品单位成本之间进行对比分析，找出差距，不断降低本企业的生产成本。主要产品单位成本分项目分析包括直接材料费、直接人工费用和制造费用项目分析等内容。

（五）各种费用表的分析

各种费用表泛指企业生产经营活动过程中发生的制造费用、管理费用、销售费用和财务费用。编制的制造费用表，它属于生产成本费用表；编制的管理费用表、销售费用表、财务费用表属于期间费用表。这些费用表编制方法前边已经讲述过基本相同，其分析方法也相似。各种费用明细表进行分析时所采用的方法，主要是对比分析法和构成比率分析法。

采用对比分析法进行分析时，一般先将本期实际数与上年同期实际数（或将本年累计实际数与计划数）对比分析，确定其差异，然后分析产生差异的具体原因。上述对比分析应该按照费用项目进行。但由于各种费用表中费用项目较多，分析时应该选择差异较大或费用比重较大的项目，进行重点分析。

由于各种费用表中费用的性质和用途不同，应该根据各种费用的不同性质和用途具体分析，不能简单地把超过计划的费用支出都看作不合理的。反之，对费用的减少也要作具体分析，应结合费用支出的经济效益进行评价。例如环境保护费的节约，势必造成恶化自然环境，最终影响生产正常进行，因而，这类费用的节约应视为不合理的。

采用构成比率分析法时，可以将本月实际和本年累计实际的构成比率与本年计划构成比率（或上年同期实际构成比率）进行对比，确定其差异和与上年同期的变动，判断其是否合理。也可以将构成比率与企业生产技术特点相联系，分析构成是否合理。

三、工作过程

步骤一：分解指标因素并确定因素的排列顺序。

根据表 7-7 资料，材料成本 = 产品产量×材料单耗×材料单价

材料计划成本 = 40×20×10 = 8 000（元）

材料实际成本 = 42×18×12 = 9 072（元）

分析对象 = 9 072−8 000 = 1 072（元）

步骤二：逐次替代因素。

材料计划成本 = 40×20×10 = 8 000（元）

第一次替代：42×20×10 = 8 400（元）

第二次替代：42×18×10 = 7 560（元）

第三次替代：42×18×12 = 9 072（元）

步骤三：确定影响结果。

由于产品产量增加，对材料成本的影响：8 400−8 000 = 400（元）

由于材料单耗减少，对材料成本的影响：7 560−8 400 = −840（元）

由于材料单价增加，对材料成本的影响：9 072−7 560＝1 512（元）

步骤四：汇总影响结果并分析。

以上产品产量、材料单耗及材料单价三个因素共同影响，使材料总成本上升了 1 072（400−840+1 512＝1 072）元。

【职业道德与企业伦理】

【案例背景】

压缩成本，科技创新

2011 年，在全球制造业遭遇严冬的季节，美的集团提出了“成本效率管控”“效率驱动”方案。美的以前的盈利模式属于“要素驱动型”，靠大规模、低成本盈利。但是这种模式与当前大的经济环境已不相适应，传统家电市场的国内、国际需求量都不能和 10 年前相提并论，企业不能单靠规模获取利润，而要回归到如何降低成本、提高效率与科技创新的根本上。美的集团通过对集团内部相关成本报表的梳理，对比发达国家相关企业的成本结构、相关费用占比等，查找发现可压缩成本的关键环节，例如，以前一个部门 100 个人，现在能否借鉴发达国家的企业降到 50 个人；库存周转率能否再提高，交货期能否再次缩短。让美的全体员工参与到降低成本、提高效率的活动中，将各项成本指标一一分解，以求建立全员、全方位、全过程的责任成本管理体系，各部门为部门成本报表的第一责任人。应用这一方案，美的对空调、冰箱、洗衣机的营销进行了整合，整合后销售规模扩大，营销费用降低，2011 年上半年公司销售费用率同比下降 3%，管理费用下降了 0.5%，而降低的销售、管理等费用均投入到集团的科技创新中，科技创新成为美的集团永恒的旗号。

【问题】美的集团对成本报表的分析运用了哪种成本报表的分析方法？请具体分析说明。

【分析】美的集团通过对企业内部成本报表的梳理，和对比发达国家相关企业的成本结构，相关费用占比等体现了成本报表分析方法中的比较分析法，以本企业的成本结构和国内国外同行业先进水平进行对比分析。通过实施相关措施后公司销售费用率同比下降 3%，管理费用下降了 0.5%运用了成本报表分析方法中的比率分析法中的趋势比率分析法，对销售费用和管理费用在不同时期的数值进行对比，求出比率，分析其增减速度和发展趋势。美的集团发现了众多可以压缩成本的环节，对于企业来说压缩成本就是在营利，并且压缩出来的成本全部投入到科学技术的创新中，既掌握了新技术引领市场新潮流，也成了国内企业勇于科技创新的典范，彰显大国工匠精神。

【拓展思考】“依法保护民营企业产权和企业家权益，促进民营经济发展壮大。”党的二十大提出，要坚持把发展经济的着力点放在实体经济上。企业要抓住能源转型发展机遇期，努力在新领域蹚出新路，坚定发展信心，抢抓发展机遇，突破关键节点，全力爬坡过坎，加快打造产业集群。

（资料来源：搜狐新闻网. 美的如何有效降成本？[EB/OL].（2021-09-14）[2023-03-02]. https://www.sohu.com/a/489865649_121123529.）

【知识与技能训练】

一、选择题（下列选项中有一项或多项是正确的，请将正确的选项填入括号中）

1. 常见的成本报表分析方法不包括以下（　　）。

A. 比较分析法　　B. 比率分析法　　C. 因素分析法　　D. 随机比较法

2. 比较分析法是一种根据（　　）来进行比较分析的方法。

A. 相对数　　B. 绝对数　　C. 实际数　　D. 预算数

3. 比率分析法具体分为（　　）三种方法。

A. 相对比率分析法　　B. 相关指标比率分析法

C. 构成比率分析法　　D. 趋势比率分析法

二、判断题（正确的在括号内打"√"，错误的打"×"）

1.（　　）连环替代法是根据因素之间的内在依存关系，依次测定各因素变动对经济指标差异影响的一种分析方法。

2.（　　）一般来说，产品单位成本的高低，与同期生产技术水平、生产组织状况、经营管理水平等没有关系。

3.（　　）凡是超过计划的费用支出都是不合理的。

三、实务训练

实训：连环替代法

［资料］某企业 2021 年和 2022 年有关材料费用、产品产量、材料单耗和材料单价资料如下：

	2021 年	2022 年
材料费用/元	5000	5940
产品产量/件	100	110
材料单耗/千克	5	6
材料单价/元	10	9

［要求］根据上述资料使用连环替代法分析产品产量、材料单耗和材料单价变动对材料费用的影响。

项目八 成本管理与控制

学习目标

知识目标

1. 掌握作业成本法、标准成本法的概念及其含义；
2. 掌握作业成本法下产品成本的计算方法；
3. 掌握标准成本法下成本差异的计算与分析；
4. 能够进行标准成本法下的账务处理。

技能目标

1. 具有能独立进行产品成本差异分析的能力；
2. 具有灵活运用各种方法进行成本计算与分析的能力；
3. 能借助 Excel 表格完成各项费用的分配。

素养目标

1. 通过计算各道作业，培养团队协作精神；
2. 通过 Excel 表格辅助完成各项费用的分配和计算，在工作中善于创新和运用。

导入案例

某公司的两条高产量生产线最近遇到了很大的竞争压力，迫使管理层将其产品价格降至目标价格以下。经研究发现，此压力来自传统的生产成本法扭曲了产品的价格，那么具体问题出在哪里？

该公司有三种复杂的电路板，分别被称为Ⅰ号、Ⅱ号、Ⅲ号电路板。Ⅰ号电路板是最简单的，该公司每年销售 10 000 块；Ⅱ号电路板仅仅比Ⅰ号电路板复杂点，公司每年销售 20 000 块；Ⅲ号电路板是最复杂的低销量产品，每年仅销售 4 000 块。公司采用分批成本法计算每种产品的成本。

经重新评估，采用作业成本法对公司的三条生产线的获利能力进行了重新分析。分析结果表明：Ⅲ号电路板的作业成本远远高于市场销售价格。当年公司管理层改变了生产结构，取消了Ⅲ号电路板的生产，加大了营利能力最高的Ⅰ号、Ⅱ号电路板的生产。

分析： 随着技术的进步，机器自动化程度的提高，使得产品成本结构发生巨大变化。制造费用在产品成本中所占的比重越来越大，而直接人工在产品总成本中所占比重大幅下降，若分配越来越多与工时不相关的费用，会导致成本信息扭曲。

【工作总任务】

1. 作业成本法实例及操作。
2. 标准成本法实例及操作。

【项目任务知识】

作业成本法是指以“作业消耗资源，产品消耗作业”为原则，按照资源动因将资源费用追溯或分配至各项作业，计算出作业成本，然后再根据作业动因，将作业成本追溯或分配至各成本对象，最终完成成本计算的成本管理方法。作业成本法的核心问题：制造费用的归集和分配。

标准成本法，是指预先确定标准成本，并以实际成本与标准成本相比，用以揭示成本差异，并对成本差异进行分析，据以加强成本控制的一种成本方法。标准成本法不单纯是一种成本计算方法，而是一种集成本计算、成本分析与成本控制为一体的成本管理系统，它包括标准成本的制定、差异分析和成本差异的账务处理三大部分。

任务一　作业成本法

一、工作任务

八达集团下属的桂华公司生产A、B、C、D四种产品，202×年7月，产品生产所消耗的直接材料、直接人工已经计入有关产品成本中，产品有关生产资料如表8-1所示。

表8-1　202×年7月A、B、C、D成本资料

项目	A产品	B产品	C产品	D产品
产量/件	300	1 000	400	800
直接材料/元	6 300.00	27 000.00	15 000.00	38 000.00
直接人工/元	7 000.00	25 000.00	14 200.00	17 800.00

制造费用总额为53 300元，要求按照作业成本法核算A、B、C、D四种产品的成本。

二、必备知识

（一）作业成本法概述

1. 作业成本法的概念

作业成本法是指以“作业消耗资源，产品消耗作业”为原则，按照资源动因将资源费用追溯或分配至各项作业，计算出作业成本，然后再根据作业动因，将作业成本追溯或分配至各成本对象，最终完成成本计算的成本管理方法。

它通过对所有与产品相关联作业活动的追踪分析，为尽可能消除“不增值作业”，改进“增值作业”，改进增加顾客价值，提高决策、计划、控制的科学性和有效性，最终达到提高企业市场竞争能力和营利能力的目的。

作业成本法的核心问题：制造费用的归集和分配。

2. 作业成本法的有关概念

（1）作业及作业中心。作业，是企业为了提供产品或劳务所消耗的人力、技术、原材料、方法和环境等资源的集合体。

作业又可称为活动，是企业生产产品的各种活动。例如，加工零件、检验零件、生产准备、运输物料、编写数控代码、更改工艺等。作业按受益范围通常分为单位作业、批别作业、产品作业和维持作业。

①单位作业。单位作业是指使单位产品受益的作业，这类作业每生产一个单位产品需要作业一次，作业是重复进行的，而且所消耗的资源大致相当，所耗成本与产品数量成正比例变动，如直接材料、直接人工等。

②批别作业。批别作业是指使一批产品受益的作业，这类作业每生产一批产品需要作业一次，例如对每批产品的检验、调整设备、材料处理、订单处理等。当生产批数越多时，成本就越多，但与产量多少无关。

③产品作业。产品作业是指使某种产品的每一个单位都受益的作业，或者说是为维持某特定生产线的作业这种作业的目的是服务于各种产品的生产与销售，与产品产量及批次无关，但与产品品种成正比例变动，如编写零件数控代码、测试线路等。

④维持作业。维持作业是指为维持企业整体生产能力而执行的作业。例如，工厂管理，照明、财产占用等，它与产量、批次、品种数无关。

作业中心是指生产过程中某道工序或某个部门。作业中心是成本汇集中心，更是责任考核中心。传统的作业中心是指材料采购、产品生产和产品销售。

（2）作业链和价值链。作业链是企业为了满足顾客而尽建立的一系列有序的作业集合体。从产品设计到产品售出，整个生产经营过程由系列前后有序的作业构成，将它们连接起来就形成一条作业链，一个企业的作业链，可以表示为“研究与开发→设计→生产→销售→售后服务”。

价值链是作业链的价值表现，在作业链上存在这样一种关系：“资源→作业→产品”，即产品耗用作业，作业耗用资源，每完成一项作业就要消耗一定量的资源，同时又有一定价值量的产生转移到下一项作业，照此逐步结转下去，直到最后一个步骤形成产品提供给顾客。作业的转移伴随着价值的转移，最终产品是全部作业的集合，同时也表现为全部有关作业的价值集合，从生产经营环节上看作业链，是从货币和价值的角度反映的作业链。

（3）成本动因。成本动因是引发成本发生的动机和原因，也称为驱动因素，可以是一个事件、一项活动或作业。成本动因又表现为两种形式即资源动因和作业动因。

①资源成本动因。资源成本动因就是资源被各种作业消耗的方式和原因，是将资源成本分配到作业中心的标准，反映了作业对资源的消耗情况。例如，检验费的多少与检验部门的检验时间有关，那么，可以按照检验的时间向有关方面（各作业中心）分配检验费用，这时的检验时间就成为一个资源动因。

②作业成本动因。作业成本动因就是各项作业被企业最终产品消耗的方式和原因，是将作业中心的成本分配到产品或劳务中的标准，它反映了产品消耗作业的情况。例如，如果在各种产品或劳务的每份订单上所耗用的费用基本相当，那么就可以按照订单份数来向各种产品或劳务分配订单作业成本。在这里，订单的份数就是一项作业动因。成本动因举例：机器钻孔作业中人工按工时分配到钻孔作业，电力按实际计量计入钻孔作业，维修按维修时间分配计入钻孔作业。成本分配到产品的标准为各产品需要钻孔的数量。这里的小时是资源动因，钻孔数量是作业动因，如图 8-1 所示。

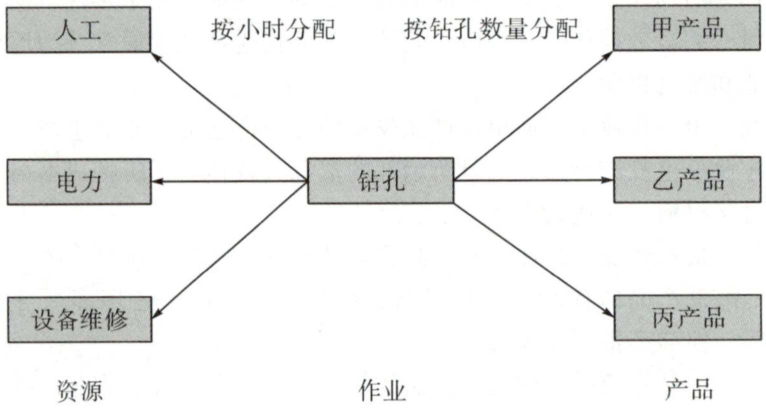

图 8-1　成本动因

（二）作业成本法基本程序

1. 作业成本计算的原理

作业成本计算的基本原理是，作业消耗资源，产品消耗作业。“成本动因”理论，即企业的间接费用的发生是由企业产品生产所必需的各种作业“驱动”的，其发生多少与企业产品生产量无关，而只与“驱动”其发生的作业的数量相关。因此，在作业成本计算中发生的成本按作业的消耗量进行分配，如维修成本引发的动因是“维修”这一作业，其成本就按产品所消耗的维修作业量进行分配。

作业成本法在计算产品成本时，不是一步把资源越过作业分配到产品，而是通过作业链分析，找出作业与资源、产品与作业的关系，进而恰当地进行成本费用的分配。

作业成本法对直接材料和直接人工成本的核算与传统计算方法差别不大。作业成本法对制造费用的核算可以表述为：依据不同的成本动因分别设置作业中心；以不同的作业中心向成本库归集制造费用成本；将各作业成本库归集的制造费用成本分别按照不同成本动因的分配标准在各种产品或劳务之间分配，分摊该成本库中的作业成本，然后分别汇总各种产品或劳务的总成本，计算各种产品或劳务的单位成本。

2. 作业成本计算的基本程序

（1）确定作业，划分作业中心，建立作业成本库。作业是作业成本计算法的核心。确定作业就是将与间接费用发生的有关作业活动进行分类。不同类型的企业，不同产品的生产，其作业内容不同，成本计算的基础也就不完全相同。分析企业生产经营过程的全貌，将企业描述为一个相互关联的"作业链"，并确定各项作业的成本动因，按照作业成本动因建立作业成本库。

（2）以作业中心为成本库归集费用。成本库按作业中心设置，每个成本库所代表的是一个作业中心的作业引发的成本，为了减少费用的归集和分配次数，简化作业成本计算过程，可以将成本动因相同或同质的若干作业的费用进行归集，构成同质成本库。企业在生产经营活动中，发生的直接材料、直接人工等直接费用可直接归集于各产品，而发生的制造费用应分别按各项作业活动归集到该作业中心的成本库中。

（3）确定作业成本动因，并确定各成本动因的分配率。作业成本动因是指将作业成本库的成本分配到产品或劳务中的标准，当各作业成本库建立后，从作业成本库的多个作业动因中选择出恰当的作业动因作为该成本库的代表成本动因，并计算成本动因分配率。

某成本库分配率＝该成本库归集的成本总数÷该成本库成本动因耗用总数

（4）计算完工产品或劳务的成本。将各产品或劳务归集的直接费用，加上从各作业成本库分配而来的作业成本，可得到各产品或劳务的总成本。作业成本法的成本计算的流程如图 8-2 所示：

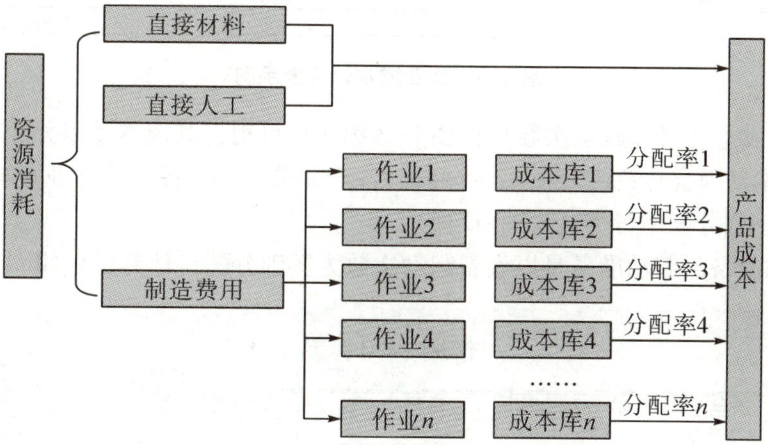

图 8-2 作业成本法的成本计算流程

三、工作过程

步骤一：确定作业，划分作业中心，建立作业成本库。

由于本任务计算产品成本采用作业成本法，产品的制造费用按生产过程涉及的作业确定为材料准备、启动准备、折旧维修、供电（动力）、质量检验共五项作业，建立五个成本库。

步骤二：确定其成本动因。

确定产品制造费用的成本动因分别为：材料搬运次数、设备启动次数、机器工时、检验数量。制造费用各项作业成本及成本动因如图 8-3 所示。

制造费用作业项目	作业成本动因	作业成本（元）	各产品作业成本动因				
			A产品	B产品	C产品	D产品	合计
材料准备作业	搬运次数	8800.00	3	4	9	4	20
起动准备作业	设备起动次数	5500.00	2	8	9	6	25
折旧维修作业	机器工时	33020.00	900	2000	1000	1300	5200
供电作业	机器工时	3380.00	900	2000	1000	1300	5200
质量检验作业	检验数量	2600.00	12	10	40	38	100

制造费用各项作业成本及成本动因一览表　202×年7月

图 8-3　制造费用各项作业成本及成本动因一览表示例

步骤三：确定各成本动因的分配率，分配各项作业成本。

（1）材料准备。材料准备成本是以材料搬运次数为基础分配，计算过程如图 8-4 所示。

作业成本计算表　202×年7月　作业项目：材料准备

产品名称	作业成本动因（搬运次数）	成本动因分配率	分配额（元）
A产品	3	440	1320.00
B产品	4	440	1760.00
C产品	9	440	3960.00
D产品	4	440	1760.00
合计	20		8800.00

图 8-4　作业成本计算表示例

产品作业成本动因（搬运次数）由图 8-3 第 4 行可得，其成本动因分配率＝搬运作业成本÷作业成本动因合计数＝8 800÷20＝440，各产品分配额＝各产品作业成本动因（搬运次数）×成本动因分配率可得（B 列×C 列）。

（2）起动准备。起动准备是以设备起动次数为基础分配，计算过程如图 8-5 所示。

作业成本计算表　202×年7月　作业项目：起动准备

产品名称	作业成本动因（设备起动次数）	成本动因分配率	分配额（元）
A产品	2	220	440.00
B产品	8	220	1760.00
C产品	9	220	1980.00
D产品	6	220	1320.00
合计	25		5500.00

图 8-5　起动准备示例

产品作业成本动因（设备起动次数）由图 8-3 第 5 行可得，其成本动因分配率＝起动作业成本÷作业成本动因合计数＝5 500÷25＝220，各产品分配额＝各产品作业成本动因（起动次数）×成本动因分配率可得（B 列×C 列）。

（3）折旧维修。折旧维修是以机器工时为基础分配，计算过程如图 8-6 所示。

	A	B	C	D
1	作业成本计算表			
2	202×年7月 作业项目：折旧维修			
3	产品名称	作业成本动因（机器工时）	成本动因分配率	分配额（元）
4	A产品	900	6.35	5715.00
5	B产品	2000	6.35	12700.00
6	C产品	1000	6.35	6350.00
7	D产品	1300	6.35	8255.00
8	合计	5200		33020.00

图 8-6　折旧维修示例

产品作业成本动因（机器工时）由图 8-3 第 6 行可得，其成本动因分配率 = 折旧维修作业成本÷作业成本动因合计数 = 33 020÷5 200 = 6.35，各产品分配额 = 各产品作业成本动因（机器工时）×成本动因分配率可得（B 列×C 列）。

（4）供电作业。供电作业是以机器工时为基础分配，计算过程如图 8-7 所示。

	A	B	C	D
1	作业成本计算表			
2	202×年7月　作业项目：供电作业			
3	产品名称	作业成本动因（机器工时）	成本动因分配率	分配额（元）
4	A产品	900	0.65	585.00
5	B产品	2000	0.65	1300.00
6	C产品	1000	0.65	650.00
7	D产品	1300	0.65	845.00
8	合计	5200		3380.00

图 8-7　供电作业成本计算示例

产品作业成本动因（机器工时）由图 8-3 第 7 行可得，其成本动因分配率 = 供电作业成本÷作业成本动因合计数 = 3 380÷5 200 = 0.65，各产品分配额 = 各产品作业成本动因（机器工时）×成本动因分配率可得（B 列×C 列）。

（5）质量检验。质量检验是以检验数量为基础分配，计算过程如图 8-8 所示。

	A	B	C	D
1	作业成本计算表			
2	202×年7月　作业项目：质量检验			
3	产品名称	作业成本动因（检验数量）	成本动因分配率	分配额（元）
4	A产品	12	26	312.00
5	B产品	10	26	260.00
6	C产品	40	26	1040.00
7	D产品	38	26	988.00
8	合计	100		2600.00

图 8-8　质量检验成本计算示例

产品作业成本动因（机器工时）由图 8-3 第 8 行可得，其成本动因分配率 = 质量检验作业成本 ÷ 作业成本动因合计数 = 2 260 ÷ 100 = 26，各产品分配额 = 各产品作业成本动因（检验数量）× 成本动因分配率可得（B 列 × C 列）。

（6）汇总各成本目标的成本。作业成本的汇总表如图 8-9 所示。

	A	B	C	D	E	F
1	作业成本分配汇总表					
2	202×年7月				单位：元	
3	作业项目	A产品	B产品	C产品	D产品	合计
4	材料准备作业	1320.00	1760.00	3960.00	1760.00	8800.00
5	起动准备作业	440.00	1760.00	1980.00	1320.00	5500.00
6	折旧维修作业	5715.00	12700.00	6350.00	8255.00	33020.00
7	供电作业	585.00	1300.00	650.00	845.00	3380.00
8	质量检验作业	312.00	260.00	1040.00	988.00	2600.00
9	合计	8372.00	17780.00	13980.00	13168.00	53300.00

图 8-9　作业成本分配汇总表示例

由图 8-3 至图 8-8 作业成本计算的分配额可得各项作业成本。

步骤四：计算完工产品。产品成本汇总表，如图 8-10 所示。

	A	B	C	D	E	F	G
1	产品成本汇总表						
2	2023年7月					单位：元	
3	产品名称	直接材料①	直接人工②	制造费用③	总成本 ④=①+②+③	完工数量⑤	单位成本 ⑥=④÷⑤
4	A产品	6300.00	7000.00	8372.00	21672.00	300	72.24
5	B产品	27000.00	25000.00	17780.00	69780.00	1000	69.78
6	C产品	15000.00	14200.00	13980.00	43180.00	400	107.95
7	D产品	38000.00	17800.00	13168.00	68968.00	800	86.21
8	合计	86300.00	64000.00	53300.00	203600.00	—	—

图 8-10　产品成本汇总表示例

产品成本汇总表中直接材料，直接人工成本、完工数量由表 8-1 A、B、C、D 成本资料获取，制造费用由图 8-9 作业成本的汇总表第 9 行获取。

【知识链接】

作业成本法与传统成本法的区别

（1）成本计算对象不同。传统成本法以“产品”为中心，归集生产费用，计算产品成本；作业成本法以“作业”为中心，形成了以作业为核心的成本核算对象体系，作业成本会计不仅关注产品成本，而且更多关注产品成本产生的原因及其形成的全过程。

（2）成本计算程序不同。传统成本法按部门归集制造费用，然后按照某一分配标准把成本分配到产品中，将各项费用在各成本计算对象之间进行分配，计算产品成本；作业成本法将资源按一定的资源动因，归集到作业库里，形成作业成本，然后将作业成本通过选择多样化的分配标准分配间接费用，从而使成本的可归属性大大提高。

（3）成本核算范围不同。传统成本法的核算范围是产品成本，只包括与生产产品直接相关的费用（直接材料、直接人工、制造费用等）。而作业成本法的核算范围不仅包括产品成本，也包括与产品生产没有直接关系的一些合理、有效的费用（如采购人员工资、质量检验费、物料搬运费等）。

（4）费用分配标准不同。传统成本法对于间接制造费用的分配，采用的是财务变量标准；而作业成本法对于间接制造费用的分配，作为标准的既可以是财务变量，也可以是非财务变量。

（5）提供的成本信息不同。传统成本法提供的是企业最终产品的成本相关信息；而作业成本法不但提供了产品成本信息，还提供了作业成本、动因成本信息。成本资料报告了产品生产各个环节的成本形成过程，为成本控制和相关决策提供了价值资料。

【知识与技能训练】

一、选择题（下列选项中有一项或多项是正确的，请将正确的选项填入括号中）

1. 作业成木法的成本计算是以（　　）为中心的。

A. 产品　　B. 作业　　C. 费用　　D. 资源

2. （　　）是作业成本的核心内容。

A. 作业　　B. 产品　　C. 资源　　D. 成本动因

3. 传统成本计算法的计算对象为（　　）。

A. 资源　　B. 作业中心　　C. 费用　　D. 最终产品

4. 作业按受益范围通常分为（　　）。

A. 单位作业　　B. 批别作业　　C. 产品作业　　D. 过程作业

5. 成本动因选择主要考虑的因素有（　　）。

A. 成本计量　　B. 成本动因与所耗资源成本的相关程度

C. 成本库　　D. 成本中心

6. 关于作业成本法优点说法正确的是（　　）。

A. 作业成本法有利于提高成本信息质量，完全克服传统成本分配主观因素影响

B. 作业成本法有利于分析成本升降的原因

C. 作业成本法有利于完善成本责任管理

D. 作业成本法有利于成本的预测和决策

二、实务训练

实训（一）：作业成本法下成本计算方法

［资料］中兴工厂生产 A、B 两种产品，其中 A 产品 1 000 件，B 产品 300 件，其作业情况数据如下表所示。

A 产品、B 产品作业成本及成本动因一览表　　金额单位：元

作业中心	资源耗用	动因	动因量（A 产品）	动因量（B 产品）	合计
材料处理	19 000.00	移动次数	500	300	800
材料采购	27 000.00	订单件数	380	220	600
使用机器	36 000.00	机器小时	1 250	750	2 000
设备维修	24 000.00	维修小时	850	350	1 200
质量控制	21 000.00	质检次数	300	200	500
产品运输	17 000.00	运输次数	60	40	100
合计	144 000.00				

［要求］按作业成本法计算 A、B 两种产品的成本，并填制 A 产品、B 产品作业成本计算表。

A 产品、B 产品作业成本计算表　　金额单位：元

作业中心	成本库	动因量	动因率	A 产品	B 产品
材料处理	19 000.00	800			
材料采购	27 000.00	600			
使用机器	36 000.00	2 000			
设备维修	24 000.00	1 200			
质量控制	21 000.00	500			
产品运输	17 000.00	100			
合计总成本	144 000.00				
单位成本					

实训（二）：作业成本法下成本计算方法

［资料］喜洋服装制造企业采用作业成本法核算产品成本。该企业某月发生直接材料成本 32 000 元，其中 A 产品耗用 18 000 元，B 产品耗用 14 000 元；直接人工成本 19 000 元，其中 A 产品应负担 11 000 元，B 产品应负担 8 000 元；制造费用 64 000 元。经分析该企业的作业情况如下表所示。

作业成本及成本动因一览表　　金额单位：元

作业中心	资源分配	成本动因	动因量	
			A 产品	B 产品
材料整理	16 000.00	处理材料批数	10	30
质量检验	12 000.00	检验次数	10	15
机器调试	22 000.00	调试次数	80	120
使用机器	14 000.00	机器小时数	20	80

[要求]

(1) 计算各作业中心的成本动因率，并填制作业成本及动因率计算表。

作业成本及动因率计算表 金额单位：元

作业中心	资源分配	成本动因	动因量			动因率
			A 产品	B 产品	合计	
材料整理	16 000.00	处理材料批数				
质量检验	12 000.00	检验次数				
机器调试	22 000.00	调试次数				
使用机器	14 000.00	机器小时数				

(2) 分别将作业中心的资源成本分配到各产品，并填制作业成本计算表。

作业成本计算表 金额单位：元

作业中心	动因量		动因率	资源成本分配	
	A 产品	B 产品		A 产品	B 产品
材料整理					
质量检验					
机器调试					
使用机器					
合计					

(3) 假定该企业的当月产量为 A 产品 500 件，B 产品 400 件，期初期末在产品为零，计算这个月完工产品总成本和完工产品单位成本，并填制产品成本计算表。

产品成本计算表 金额单位：元

项目	A 产品	B 产品
直接材料		
直接人工		
制造费用		
完工产品总成本		
完工产品数量		
完工产品单位成本		

任务二 标准成本法

一、工作任务

桂华有限公司根据成本管理要求，对 E 产品成本采用标准成本法核算，要求：首先，确定 E 产品的标准成本；其次，在期末进行成本差异分析；最后对成本及差异进行账务处理。

二、必备知识

（一）标准成本法的类型

标准成本是根据历史成本资料，通过一定的经济技术分析所预先确定的制造（生产）某种产品的成本水平。标准成本按其制订的标准不同，通常可以分为以下几种：

1. 理想标准成本

理想标准成本是以企业的生产技术和经营管理、设备的运行和工人的技术水平都处于最佳状态为基础所制订的单位产品成本。它是排除了一切失误、浪费、机器的闲置等因素，根据理论上的耗用量、价格以及最高的生产能力制定的标准成本。这种标准不考虑现实可能性，一般难以达到，在实际工作中很少采用，不过，它可以作为成本水平的追求目标。

2. 正常标准成本

正常标准成本是在正常生产经营条件下应该达到的成本水平，它是根据正常的耗用水平、正常的价格和正常的生产经营能力利用程度制订的标准成本。这种标准成本在制订时根据以往的实际成本的平均值，排除异常或偶然事件影响的平均水平，既能反映过去经营活动实际成本的平均，又能考虑未来变动趋势。这是一种经过努力可以达到的成本，在生产技术和经营管理条件变动不大的情况下，它是一种可以较长时间采用的标准成本。

3. 现实标准成本

现实标准成本是在现有的生产条件下应该达到的成本水平，它是根据现在所采用的价格水平、生产耗用量以及生产经营能力利用程度而制订的标准成本。

这种标准成本最接近实际成本，最切实可行，通常认为它能激励工人努力达到所制订的标准并为管理层提供衡量的标准。

它与正常标准成本不同的是，需要根据现实情况的变化不断进行修改，而正常标准成本则可以保持一段较长时间固定不变。

（二）标准成本的制订

产品的生产成本包括产品在生产中耗用的直接材料、直接人工和制造费用三大部分，制订单位产品的标准成本，应分别根据直接材料、直接人工和制造费用三大项进行。

单位产品标准成本 = 单位产品标准消耗量×标准价格

1. 直接材料标准成本的制订

直接材料的标准成本等于各种材料耗用量的标准和各种材料价格标准的乘积之和。其中直接材料价格标准的确定是以正常生产条件下形成产品实体的材料数量与在正常范围内允许发生的损耗及不可避免的废品所耗用的材料数量为依据，企业应为产品耗用不同的直接材料分别制订标准耗用量；直接材料价格标准是指取得某种材料所应支付的单位材料价格，包括买价和采购费用，是取得材料的完全成本。

直接材料标准成本 = ∑（单位产品材料消耗标准×材料价格标准）

2. 直接人工标准成本的制订

在计件工资形式下，直接人工的标准成本就是计件单价。直接人工的标准成本等于产品单位工作时间耗用量标准与工资率标准的乘积。其中：直接人工数量标准是在现有生产技术条件下生产单位产品需要的工作时间，包括工艺过程的时间与必要的间歇或停工时间及不可避免的废品时间；直接人工的价格标准是指现行的工资福利标准确定的每一单位工作时间的工资率。

直接人工标准成本 = 单位产品工时标准×小时工资率标准

3. 制造费用标准成本的制订

制造费用一般是按责任部门编制制造费用预算的形式进行的，制造费用标准成本等于生产单位产品的直接，人工小时数乘以制造费用分配率标准。根据成本性态划分，制造费用分为固定性制造费用和变动性制造费用。

固定性制造费用标准分配率 = 固定性制造费用预算÷标准总工时

变动性制造费用标准分配率 = 变动性制造费用预算÷标准总工时

制造费用标准成本 = 固定性制造费用标准分配率×单位产品标准工时+
变动性制造费用标准分配率×单位产品标准工时

4. 单位产品标准成本的制订

单位产品的标准成本是在直接材料标准成本、直接人工标准成本、制造费用标准成本的基础上汇总而成的。

（三）标准成本差异的计算与分析

在实际生产经营活动过程，由于受各种因素的影响，实际成本与标准成本往往不同，实际成本与标准成本之间的差额，称为标准成本差异。实际成本高于标准成本的差异称为超支差异，也称为不利差异，用正数表示；实际成本低于标准成本的差异称为节约差异，也称为有利差异，用负数表示。企业对标准成本差异的计算分析，目的就是发现问题，找出原因和对策，消除不利差异，发展有利差异，实现对产品成本的有效控制。

标准成本差异发生的原因归纳起来有数量差异和价格差异两方面，因而差异的分析，也要从消耗数量和价格两个因素入手，制订标准成本按照成本项目进行，标准成本差异的分析也按成本项目进行。标准成本差异内容如图 8-11 所示。

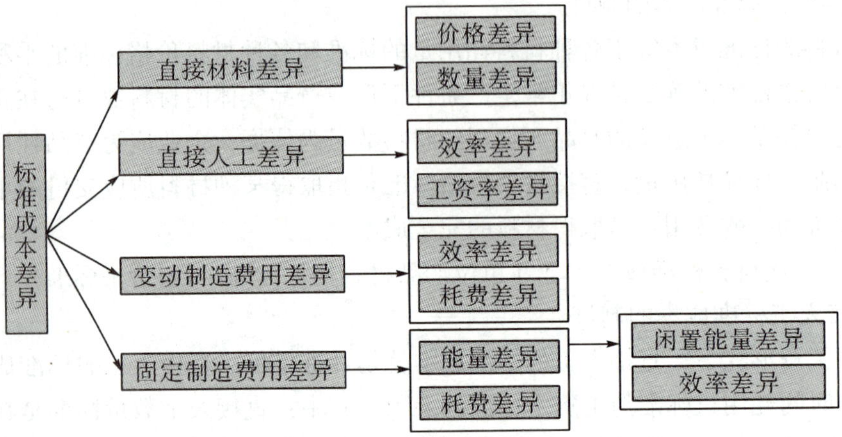

图 8-11　标准成本差异

1. 直接材料成本差异的计算与分析

直接材料成本差异是指一定产量产品的直接材料实际成本与直接材料标准成本之间的差异。该项差异形成的基本原因有两个：一个是材料价格脱离标准（价差），另一个是材料用量脱离标准（量差）。有关计算公式如下：

直接材料成本差异=直接材料实际成本-直接材料标准成本

=实际数量×实际价格-标准数量×标准价格

（1）直接材料数量差异是直接材料实际耗用量同标准耗用量之间的差异，直接材料数量差异是企业生产部门在生产产品时材料消耗过程中形成的，反映了生产部门的成本控制业绩，一般情况下，该差异的责任方为生产部门。

直接材料数量差异=（实际数量-标准数量）×标准价格

（2）直接材料价格差异是直接材料的实际价格与标准价格之间的差异，直接材料的价格差异是在采购过程中形成的，应由采购部门负责对其说明，并需要进行具体分析和调查，才能明确真正原因和责任。

直接材料价格差异=实际数量×（实际价格-标准价格）

2. 直接人工成本差异的计算与分析

直接人工成本差异，是指直接人工实际成本与标准成本之间的差额。它也被区分为“价差”和“量差”两部分。有关计算公式如下：

直接人工成本差异=直接人工实际成本-直接人工标准成本

=实际工时×实际工资率-标准工时×标准工资率

（1）直接人工数量差异是指实际工时脱离标准工时而导致的差异，其差额按标准工资率计算确定金额，又称人工效率差异。直接人工效率差异是由生产活动相关的因素造成的，应由生产部门负责。

直接人工效率差异=（实际工时-标准工时）×标准工资率

（2）直接人工价格差异是指实际工资率脱离标准工资率而导致的差异，其差额按实际工时计算确定金额，又称为直接人工工资率差异。直接人工工资率差异应由安排工人工作的劳动人事部门和生产部门负责。

直接人工工资率差异 = 实际工时 ×（实际工资率 - 标准工资率）

3. 变动制造费用成本差异的计算与分析

变动制造费用成本差异是指一定产量产品的实际变动制造费用与标准变动制造费用之间的差额。它也可以分解为“价差”和“量差”两部分，价差是指变动制造费用的实际小时分配率脱离标准，按实际工时计算的金额，反映耗费水平的高低，称为耗费差异。量差是指实际工时脱离标准工时，按标准的小时费用率计算确定的金额，反映工作效率变化引起的费用节约或超支，称为变动费用效率差异。

有关计算公式如下：

变动制造费用成本差异 = 实际变动制造费用 - 标准变动制造费用

变动制造费用效率差异 =（实际工时 - 标准工时）× 变动制造费用标准分配率

变动制造费用耗费差异 = 实际工时 ×（变动制造费用实际分配率 - 变动制造费用标准分配率）

4. 固定制造费用成本差异的计算与分析

固定制造费用成本差异是指一定期间的实际固定制造费用与标准固定制造费用之间的差额。固定制造费用是固定成本，它在一定业务量范围内不随业务量的变动而变动。实际产量与标准产量的差异会对单位产品应负担的制造费用产生影响。

固定制造费用标准成本差异 = 固定制造费用实际成本 - 固定制造费用标准成本

固定制造费用成本差异分析有二因素分析法和三因素分析法。

（1）二因素分析法。二因素分析法是将固定制造费用差异分为耗费差异和能量差异。固定制造费用耗费差异是指固定制造费用实际金额与固定制造费用预算金额之间的差额。在考核时不考虑业务量的变动，以原来的预算数作为标准，实际超过预算即超支。

固定制造费用耗费差异 = 固定制造费用实际数 - 固定制造费用预算数

固定制造费用能量差异是固定制造费用预算与固定制造费用标准成本的差额，是指在固定预算不变的情况下，由于实际产量和计划产量不同而造成的差额，它反映实际产量标准工时未能达到生产能最而造成的损失，其差异与现有生产能力的利用程度有关。

固定制造费用能量差异 = 固定制造费用预算数 - 固定制造费用标准成本

= (预算工时 - 实际产量标准工时) × 固定制造费用标准分配率

（2）三因素分析法。三因素分析法是将固定制造费用的成本差异分为耗费差异、效率差异和闲置能量差异三部分。耗费差异的计算与二因素分析法相同。不同的是将二因素分析法中的“能量差异”进一步分解为两部分：一部分是实际工时未达到标准能量而形成的闲置能量差异；另一部分是实际工时脱离标准工时而形成的效率差异。

（四）标准成本法下的会计账务处理

采用标准成本法进行账务处理时，对产品的标准成本与成本差异应分别进行核算。针对各种成本差异，应另设置各个成本差异账户进行核算。对平时领用的原材料、发生的直接人工费用和各种变动、固定制造费用应先在“直接材料”“直接人工”和“制造费用”账户进行归集。月底计算、分析成本差异后，再将实际费用中的标准成本转入各个相应账户。

1. 标准成本法下账户设置及处理方法

（1）“生产成本”“制造费用”“库存商品”登记标准成本。无论是借方和贷方均登记实际数量的标准成本，其余额亦反映这些资产的标准成本。

（2）设置成本差异账户分别记录各种成本差异。在标准成本法下，需要加设各项标准成本差异科目：“直接材料数量差异”“直接材料价格差异”“直接人工效率差异”“直接人工工资率差异”“变动制造费用效率差异”“变动制造费用耗费差异”“固定制造费用耗费差异”“固定制造费用能量差异”“固定制造费用效率差异”等。在日常业务核算时，按标准成本记入“生产成本”“制造费用”“库存商品”账户，将实际成本脱离标准成本的差异分别记入有关差异账户，各差异账户借方登记超支差异，贷方登记节约差异。

（3）各会计期末对成本差异进行处理。各成本差异账户的累计发生额，反映了本期成本控制的业绩。在月末（或年末）对成本差异的处理方法有两种：

结转本期损益法，又称直接结转法。就是指将本期发生的各种成本差异全部转入“主营业务成本”账户，由本期的销售产品负担，不再分配给期末在产品和期末库存产成品。

采用这种方法的依据是确信标准成本是真正的正常成本，成本差异是不正常的低效率和浪费造成的，应当直接体现在本期损益之中，使利润能体现本期工作成绩的好坏。此外，这种方法的财务处理比较简便。但是，如果差异数额较大或者标准成本制订得不符合实际的正常水平，则不仅使存货成本严重脱离实际成本，而且会歪曲本期经营成果。因此，在成本差异数额不大时采用此种方法为宜。

调整销货成本与存货成本法，又称递延法。将本期的各种成本差异，按标准成本的比例分配给期末在产品、期末产成品和本期已销售产品。本期发生的成本差异，应由存货和销货成本共同负担。

有些费用计入存货成本不一定合理，如闲置能量差异是一种损失，并不能在未来换取收益，作为资产计入存货成本明显不合理，不如作为期间费用在当期处理。

目前，西方企业一般采用直接结转法。

三、工作过程

步骤一：制订E单位产品的标准成本，应分别从直接材料、直接人工和制造费用三大项进行确定。

1. 直接材料标准成本的制订

根据桂华公司E产品生产情况，第一车间只生产E一种产品，且E产品只耗用一种甲材料，甲材料的标准消耗量和标准单价运用Excel表计算，设定的公式见图8-12列示。

	A	B
1	E产品直接材料标准成本计算表	
2	**标　准**	**甲材料**
3	价格标准（元/千克）	
4	发票单价①	14.00
5	运费②	1.00
6	保险费③	0.50
7	装卸检验费④	0.50
8	每千克材料标准单价⑤=①+②+③+④	16.00
9	用量标准（千克/件）	
10	产品用量⑥	15
11	允许损耗量⑦	3
12	单位产品标准用量⑧=⑥+⑦	18
13	单位产品直接材料标准成本（元/件）⑨=⑤×⑧	288.00

图 8-12　E 产品直接材料标准成本计算表示例

2. 直接人工标准成本的制订

桂华公司第一车间基本生产工人 40 人，每人每月工作 22 天，每天工作 8 小时，其直接人工标准计算及结果如图 8-13 所示。

	A	B
1	E产品直接人工标准成本计算表	
2	**标准**	**第一车间**
3	基本生产工人人数（人）	40
4	每人每月工时（小时）	176
5	出勤率	1
6	每人每月平均可用工时（小时）	176
7	每月总工时（小时）	7040（40×176）
8	每月工资总额（元）	197120.00
9	小时标准工资率（元/小时）	28.00（197120/7040）
10	单位产品工时（小时）	
11	理想作业时间	15
12	调整设备时间	0.6
13	其他必要时间	0.4
14	单位产品标准工时	16（15+0.6+0.4）
15	单位产品直接人工标准成本	448.00（28.00×16）

图 8-13　E 产品直接人工标准成本计算表示例

3．制造费用标准成本的制订

运用 Excel 计算 E 产品变动制造费用标准成本，设定的公式见图 8-14 所示。

	A	B
1	E产品变动制造费用标准成本计算表	
2	标准	第一车间
3	变动制造费用项目预算（元）	
4	运输费	2000.00
5	动力费	10000.00
6	维护费	4500.00
7	直接人工费	4200.00
8	其他	420.00
9	小计①	21120.00
10	生产量标准（小时）②	7040
11	变动制造费用项目的标准价格（元/小时）③=①÷②	3.00
12	变动制造费用项目的用量标准（小时）④	16
13	单位产品标准变动制造费用（元）⑤=③×④	48.00

图 8-14　E 产品变动制造费用标准成本计算表示例

E 产品变动制造费用标准成本计算表中生产量标准（小时）由图 8-13 中第 7 行每月总工时（小时）获取，变动制造费用项目的用量标准（小时）由图 8-13 中第 14 行变动制造费用项目的用量标准（小时）获取。E 产品固定制造费用标准成本运用 Excel 计算，设定的公式见图 8-15 所示。

	A	B
1	E产品固定制造费用标准成本计算表	
2	标准	第一车间
3	固定制造费用预算（元）	
4	折旧费	31000.00
5	保险费	3000.00
6	办公费	400.00
7	管理人员工资	18000.00
8	其他	400.00
9	小计①	52800.00
10	预算总工时（小时）②	7040
11	固定制造费用标准分配率（元/小时）③=①÷②	7.50
12	单位产品的标准工时（小时）④	16
13	单位产品固定制造费用标准成本⑤=③×④	120.00

图 8-15　E 产品固定制造费用标准成本计算表示例

E 产品固定制造费用标准成本计算表中预算总工时（小时）由图 8-13 中第 7 行每月总工时（小时）获取，单位产品的标准工时（小时）由图 8-13 中第 14 行变动制造费用项目的用量标准（小时）获取。

4. 单位产品标准成本的制订

将直接材料标准成本、直接人工标准成本、制造费用标准成本进行汇总，如图 8-16 所示。

E单位产品标准成本计算表			
成本项目	用量标准①	价格标准（元）②	标准成本（元）③=①×②
直接材料：甲材料	18	16.00	288.00
直接人工	16	28.00	448.00
变动制造费用	16	3.00	48.00
固定制造费用	16	7.50	120.00
单位E产品标准合计	-	-	904.00

图 8-16 E 单位产品标准成本计算表示例

直接材料、直接人工、变动制造费用、固定制造费用的用量标准与价格标准分别由图 8-12~图 8-15 获取。

步骤二：成本差异的计算与分析。

桂华公司 7 月生产 E 产品 420 件，直接材料、直接人工、变动制造费用、固定制造费用的实际用量与单价如图 8-17 所示。

E单位产品成本差异计算表							
项目	实际生产量	实际（单位产品）		实际成本	标准（单位产品）		标准成本
		实际用量	单价（分配率）		标准用量	标准单价（分配率）	
直接材料	420	20	15.40	129360.00	18	16.00	120960.00
直接人工	420	14	30.00	176400.00	16	28.00	188160.00
变动制造费用	420	14	3.40	19992.00	16	3.00	20160.00
固定制造费用	420	14	8.00	47040.00	16	7.50	50400.00
合计	-	-	-	372792.00	-	-	379680.00
成本差异				-6888.00			

图 8-17 E 单位产品成本差异计算表示例

注：成本差异=实际成本-标准成本。

通过表 8-18 可以看出，E 产品本月耗用甲材料发生 8 400 元超支差异。由于生产部门耗用材料超过标准，导致超支 13 440 元，应查明材料用量超标的具体原因，以便改进工作，节约材料耗费。从材料价格看，材料价格降低节约了 5 040 元，抵消了一部分由于材料超标耗用形成的成本超支，这是材料采购部门的工作成绩，也应查明原因，以便巩固和发扬成绩。

E单位产品材料成本差异计算与分析表				
材料成本差异=实际材料成本-标准材料成本	129360.00-120960.00=8400.00			
具体分析：	验证：13440.00+（-5040.00）=8400.00			
直接材料的用量差异=②-①				13440.00
直接材料价格差异=③-②				-5040.00
标准成本=生产数量×单位产品标准用量×标准单价①	420.00	18.00	16.00	120960.00
实际耗量的标准成本=生产数量×单位产品实际用量×标准单价②	420.00	20.00	16.00	134400.00
实际成本=生产数量×单位产品实际用量×实际单价③	420.00	20.00	15.40	129360.00

图 8-18 E 单位产品材料成本差异计算与分析表示例

图 8-19 的计算结果表明，直接人工成本差异实际比标准节约 11 760 元，为有利差异。该差异由直接人工效率差异和直接人工工资率差异共同形成。针对人工效率来看节约了 23 520 元，这是企业生产部门的工作成绩，也应查明原因，以便巩固和发扬成绩。工资率差异的提高，应从人事、劳资以及生产部门分析原因，看是否与人事、工资制度调整有关，还是由于停工待料等非生产工时造成的，应进一步落实责任，调动有关责任方的积极性。

	A	B	C	D	E
1	E单位产品直接人工成本差异计算与分析表				
2	直接人工差异=实际直接人工成本-标准直接人工成本	176400.00-188160.00=-11760.00			
3	具体分析：	验证：-23520.00+11760.00=-11760.00			
4	直接人工效率差异=②-①	-23520.00			
5	直接人工标准成本=生产数量×单位产品标准工时×标准工资率①	420.00	16.00	28.00	188160.00
6	实际工时的标准成本=生产数量×单位产品实际工时×标准工资率②	420.00	14.00	28.00	164640.00
7	直接人工工资率差异=③-②	11760.00			
8	直接人工实际成本=生产数量×单位产品实际工时×实际工资率③	420.00	14.00	30.00	176400.00

图 8-19　E 单位产品直接人工成本差异计算与分析表示例

从以上计算结果可以看出，变动制造费用效率差异是有利差异，主要是由于是工作效率提高造成成本节约，这是生产部门的工作业绩，希望生产部门继续巩固和发扬。而耗费差异是不利差异，生产部门应分析原因，安排好生产，降低一些不增值的费用，从而降低工资率，如图 8-20 所示。

1	E单位产品变动制造费用成本差异计算与分析表				
2	变动制造费用差异=实际变动制造费用-标准变动制造费用	19992.00-20160.00=-168.00			
3	具体分析：	验证：-2520.00+2352.00=-168.00			
4	变动制造费用项目数量差异=②-①	-2520.00			
5	变动制造费用标准成本 =生产数量×单位产品标准工时×标准变动制造费用分配率①	420.00	16.00	3.00	20160.00
6	实际工时的变动制造费用标准成本=生产数量×单位产品实际工时×标准变动制造费用分配率②	420.00	14.00	3.00	17640.00
7	变动制造费用项目价格差异=③-②	2352.00			
8	变动制造费用实际成本 = 生产数量×单位产品实际工时×实际变动制造费用分配率③	420.00	14.00	3.40	19992.00

图 8-20　E 单位产品变动制造费用成本差异计算与分析表示例

由图 8-21 的计算结果，该公司本月的 E 产品的固定制造费用节约 3 360 元，主要原因是实际产量小于计划产量，同时提高了生产效率，二者的共同作用降低了耗费；但由于实际产量低于预计生产量，也造成能量差异超支了 2 400 元。

	A	B	C	D	E
1	E单位产品固定制造费用成本差异计算与分析表（二因素分析）				
2	固定制造差异=实际成本固定制造费用-标准固定制造费用	47040.00-50400.00=-3360.00			
3	二因素分析法：	验证：-5760.00+2400.00=-3360.00			
4	固定制造费用耗费差异=固定制造费用实际成本-固定制造费用预算总额=②-①	-5760.00			
5	固定制造费用预算总额①	440.00	16.00	7.50	52800.00
6	固定制造费用实际成本②	420.00	14.00	8.00	47040.00
7	固定制造费用能量差异=③-④				2400.00
8	预计产量固定制造费用标准成本=预计生产量×单位产品标准工时×固定制造费用标准分配率③	440.00	16.00	7.50	52800.00
9	实际产量固定制造费用标准成本=实际生产量×单位产品标准工时×固定制造费用标准分配率④	420.00	16.00	7.50	50400.00

图 8-21　E 单位产品固定制造费用成本差异计算与分析表（二因素分析）示例

图 8-22 的计算结果表明，该公司本月的 E 产品的固定制造费用节约 3 360 元，主要原因是实际产量小于计划产量，同时提高了生产效率，二者的共同作用降低了耗费；但由于实际产量低于预计生产量，也造成能量差异超支了 2 400 元。

	A	B	C	D	E
1	E单位产品固定制造费用成本差异计算与分析表（三因素分析）				
2	固定制造差异=实际成本固定制造费用-标准固定制造费用	47040.00-50400.00=-3360.00			
3	三因素分析法：	验证：（-5760.00）+8700.00+（-6300.00）=-3360.00			
4	固定制造费用耗费差异=固定制造费用实际成本-固定制造费用预算总额=②-①	-5760.00			
5	固定制造费用预算总额①	440.00	16.00	7.50	52800.00
6	固定制造费用实际成本②	420.00	14.00	8.00	47040.00
7	固定制造费用闲置能量差异=③-④				8700.00
8	预算工时固定制造费用标准成本=预计生产工时×固定制造费用标准分配率③	440.00	16.00	7.50	52800.00
9	实际工时固定制造费用标准成本=实际生产工时×固定制造费用标准分配率④	420.00	14.00	7.50	44100.00
10	固定制造费用效率差异=⑥-⑤				-6300.00
11	实际产量标准成本=实际产量×单位产品标准工时×固定制造费用标准分配率⑤	420.00	16.00	7.50	50400.00
12	实际产量标准成本=实际产量×单位产品标准工时×固定制造费用标准分配率⑥	420.00	14.00	7.50	44100.00

图 8-22　E 单位产品固定制造费用成本差异计算与分析表（三因素分析）示例

步骤三：标准成本法下的账务处理。

根据当月桂华公司“生产成本”账户无期初余额，本月投产的 420 件产品全部完工入库，根据步骤一、步骤二的资料中的计算结果账务处理如下：

（1）E 产品生产直接材料

借：生产成本——E 产品	120 960	
直接材料数量差异	13 440	
贷：直接材料价格差异		5 040
原材料——甲材料		129 360

（2）E 产品直接人工

借：生产成本——E 产品	188 160	
直接人工工资率差异	11 760	
贷：直接人工效率差异		23 520
应付职工薪酬		176 400

（3）E 产品变动制造费用

借：制造费用	20 160	
变动制造费用耗费差异	2 352	
贷：变动制造费用效率差异		2 520
原材料、应付职工薪酬等		19 992

（4）固定制造费用标准成本差异（以三因素分析法为例）计算结果：

借：制造费用	50 400	
固定制造费用能量差异	8 700	
贷：固定制造费用耗费差异		5 760

固定制造费用效率差异　　6 300
原材料、应付职工薪酬等　　47 040

（5）根据以上账务处理，按标准成本汇总并分配本月制造费用：

借：生产成本——E 产品　　70 560
　贷：制造费用　　70 560

（6）按标准成本结转本月完工的 420 件 E 产品：

借：库存商品——E 产品　　379 680
　贷：生产成本——E 产品　　379 680

（7）将全部标准成本差异转入本月“主营业务成本”账户：

借：直接材料价格差异　　5 040
　直接人工效率差异　　23 520
　变动制造费用效率差异　　2 520
　固定制造费用耗费差异　　5 760
　固定制造费用效率差异　　6 300
　贷：主营业务成本　　6 888
　　直接材料数量差异　　13 440
　　直接人工工资率差异　　11 760
　　变动制造费用耗费差异　　2 352
　　固定制造费用能量差异　　8 700

通过结转处理，月末各差异账户均无余额。

【职业道德与企业伦理】

【案例背景】

作业成本法——厦门三德兴公司

一、企业背景及问题的提出

厦门三德兴公司为生产硅橡胶按键的企业，主要给遥控器、普通电话、移动电话、计算器和计算机等电器设备提供按键。1985 年 11 月开始由新加坡厂商在厦门设厂生产，1999 年被美国 TT 工业集团控股。厦门三德兴公司年总生产品种约 6 000 种，月总生产型号 300 多个，每月总生产数量多达 2 000 万件，月产值为人民币 1 500 万元，员工约 1 700 人。企业的生产特点为品种多、数量大、成本不易精确核算。

厦门三德兴公司在成本核算和成本管理方面大致经过两个阶段：

第一阶段（1980—1994 年）：无控制阶段。1994 年以前，国内外硅橡胶按键生产行业的竞争很少，产品的质量和价格完全控制在生产商手里，厦门三德兴公司作为国内主要的硅橡胶按键的生产商之一，在生产管理上最主要的工作是如何尽可能地增加产量，基本上没有太多地考虑成本核算与成本管理的问题。

第二阶段（1994—2000 年年底）：传统成本核算阶段。从 1994 年开始，硅橡胶按键行业的竞争者增多，由于通信电子设备的价格下降，硅橡胶按键产品的价格也不断下降。成本核算问题突出，在这个阶段，公司主要采用传统成本法进行核算。1997 年下半年的亚洲金融风暴造成整个硅橡胶按键市场需求量的大幅度下降，产品价格一跌再跌，公司的成本核算及管理变非常重要和敏感。硅橡胶生产过程复杂化，已经无法按照传统成本法对每个产品分别进行合理、准确的成本核算，企业行政管理、技术研究等非生产性活动成本在总成本中所占的比重不断提高，此类成本在传统成本法下难以进行合理的分配。传统成本法变得不适用。

二、作业成本法在企业的实际运用

厦门三德兴公司实施的作业成本法包括以下三个步骤：

（1）确认主要作业，明确作业中心。根据厦门三德兴公司产品的生产特点，从公司作业中划分出备料、油压、印刷、加硫和检查五种主要作业。

（2）选择成本动因，设立成本。①备料作业。该作业很多工作标准或时间的设定都是以重量为依据。所以选择产品的重量作为该作业的成本动因。②油压作业。该作业的制造成本主要表现为电力的消耗和机器的占用，选择油压小时作为该作业的成本动因。③印刷作业。选择印刷道数作为该作业的成本动因。④加硫作业。选择产品的加硫小时作为该作业的成本动因。⑤检查作业。选择检查小时作为该作业的成本动因。

（3）最终产品的成本分配。根据所选择的成本动因，对各作业的动因量进行统计，再根据该作业的制造成本求出各作业的动因分配率，将制造成本分配到相应的各产品中去。然后根据各产品消耗的动因量算出各产品的总作业消耗及单位作业消耗。最后将所算出的单位作业消耗与直接原材料和直接人工相加得出各个产品的实际成本。

【问题】请尝试对比三德兴公司的传统成本法与作业成本法。

【分析】根据上述步骤，选择三德兴公司在 2000 年 9 月份的生产数据，对 378 种型号的产品分别进行计算。可以看出：

（1）传统成本法对成本的核算与作业成本法对成本的核算有相当大的差异。

（2）在传统成本法下完全无法得到的各作业单位和各产品消耗作业的信息却可以在作业成本法中得到充分的反映。

（3）对于在传统成本法中核算为亏损而在作业成本法下核算为不亏损的产品型号，可以通过作业成本法来了解成本分配的信息。

（4）通过作业成本法的计算，可以了解到在公司总的生产过程中，哪类作业的消耗最多，哪一类作业的成本最高，从而知道从哪个途径来降低成本，提高生产效率。

【拓展思考】党的二十大报告明确提出，要“促进民营经济发展壮大”“支持中小微企业”。民营经济是我国经济发展的“主力军”，制造业是我国的“家底”。要以学习贯彻党的二十大精神为动力，保持定力、坚定信心，进一步完善思路举措，集中精力办好自己的事，以民营经济高质量发展新成效为我国现代化建设提供有力支撑。要做强主业、稳健发展，坚持以实业为本，鼓励引导民营企业实实在在抓经营、心无旁骛谋发展，聚焦主业、延伸链条、提升价值，在风险挑战前站稳脚跟，在埋头苦干中增长实力。要强化创新、提升能级，坚持科技是第一生产力、人才是第一资源、创新是第一动力，通过创新提升技术工艺、拓展产品体系、提高产品质量，掌握核心竞争力，赢得发展主动权。

（资料来源：360 文库，https://wenku.so.com/d/2cc757ab12c55f9b16565c3560353166.）

【知识与技能训练】

一、选择题（下列选项中有一项或多项是正确的，请将正确的选项填入括号中）

1. “成本差异＝实际成本－标准成本”，其中的“标准成本”的含义是（　　）

A. 单位产品标准消耗量　　B. 单位产品标准成本

C. 预算产量的标准成本　　D. 实际产量的标准成本

2. 根据其适用期间应该发生的价格、效率和生产经营能力利用程度等预计的标准成本称为（　　）。

A. 理想标准成本　　B. 现行标准成本

C. 基本标准成本　　D. 正常标准成本

3. 依据理论上的业绩标准、生产要素的理想价格和可能实现的最高生产经营能力利用水平而制订的标准成本是（　　）。

A. 基本标准成本　　B. 理想标准成本

C. 正常标准成本　　D. 理行标准成本

4. 甲公司是一家日用品生产企业，生产单一产品，按正常标准成本进行成本控制，公司预计下一年度的原材料采购价格为 10 元/千克，运输费为 2 元/千克，运输过程中的正常损耗为 3%，原材料入库后的储存成本为 1 元/千克，该产品的直接材料价格标准为（　　）元。

A. 12.36　　B. 12.37　　C. 13.40　　D. 13

5. 二因素分析法下的固定制造费用的能量差异，在三因素分析法中被进一步分为（　　）。

A. 能量差异和耗费差异　　B. 能量差异和效率差异

C. 耗费差异和效率差异　　D. 价格差异和数量差异

6. 某公司生产单一产品，实行标准成本管理。每件产品的标准工时为 3 小时，固定制造费用的标准成本为 6 元/件，企业生产能量为每月生产产品 400 件。7 月份公司实际生产产品 350 件，发生固定制造费用 5 250 元，实际工时为 1 100 小时。根据上述数据计算，7 月份该公司固定制造费用效率差异为（　　）元。

A. 100　　B. 150　　C. 200　　D. 300

7. 下列成本差异中，通常不属于生产部门责任的是（　　）。

A. 直接人工工资率差异　　B. 直接人工效率差异

C. 直接材料用量差异　　D. 变动制造费用效率差异

8. 以下关于变动制造费用效率差异的计算公式中，正确的是（　　）。

A. 变动制造费用实际数－变动制造费用预算数

B.（实际工时－标准产量标准工时）×变动制造费用标准分配率

C.（生产能量－实际工时）×变动制造费用标准分配率

D.（实际工时－实际产量标准工时）×变动制造费用标准分配率

9. 在确定直接人工正常标准成本时，标准工时不包括（　　）。

A. 设备意外故障产生的停工时间

B. 必要的工间休息

C. 每日例行设备调整时间

D. 不可避免的废品所耗用的工时

10. 使用三因素分析法分析固定制造费用差异时，固定制造费用的效率差异反映（　　）。

A. 实际耗费与预算金额的差异

B. 实际工时脱离生产能量形成的差异

C. 实际工时脱离实际产量标准工时形成的差异

D. 实际产量标准工时脱离生产能量形成的差异

11. “标准成本”一词在实际工作中的含义有（　　）。

A. 单位产品标准消耗量　　B. 单位产品标准成本

C. 预算产量的标准成本　　D. 实际产量的标准成本

12. 下列有关变动制造费用的用量标准的表述中，不正确的有（　　）。

A. 变动制造费用的用量标准与直接材料的用量标准相同

B. 变动制造费用的用量标准与固定制造费用的用量标准相同

C. 变动制造费用的用量标准只能是直接人工工时标准

D. 变动制造费用的用量标准可以是机器工时标准

13. 下列因素中，会影响直接材料数量差异大小的有（　　）。

A. 单位材料实际价格

B. 单位材料标准价格

C. 实际产量下直接材料的标准耗用量

D. 实际产量下直接材料的实际耗用量

二、判断题（正确的在括号内打“√”，错误的打“×”）

1.（　　）制造费用标准成本的制定，应以各责任部门为单位，但不需要区分固定费用和变动费用来编制费用预算。

2.（　　）固定制造费用的三因素分析法，将固定制造费用差异分为效率差异、耗费差异和生产能力利用差异。

3.（　　）在标准成本制度下，材料数量差异和材料价格差异都属于材料成本差异，可记入“材料成本差异”账户进行核算。

4.（　　）在标准成本制度下，为了正确计算各种产品的实际成本，应选择恰当的分配标准将各种成本差异在各种产品之间进行分配。

5.（　　）标准成本制度并非一种单纯的成本计算方法，它是把成本计划、控制、计算和分析相结合的一种会计信息系统和成本控制系统。

三、实务训练

实训（一）：标准成本法的应用

[资料]

（1）盛达公司生产A产品需使用一种直接材料A材料。本期生产A产品200件，耗用A材料900千克，A材料的实际价格为每千克100元。假设A材料的标准价格为每千克110元，单位A产品的标准用量为每5千克A材料。

（2）盛达公司本期生产A产品200件，实际耗用人工8 000小时，实际工资总额80 000元，平均每工时10元。假设标准工资率9元，单位产品的工时耗用标准为28小时。

（3）盛达公司本期生产A产品200件，实际耗用人工8 000小时，实际发生变动制造费用20 000元，变动制造费用实际分配率为每直接人工工时2.5元。假设变动制造费用标准分配率为3元，标准耗用人工6 000小时。

（4）盛达公司本期预算固定制造费用为2 400元，预算工时为1 000小时，实际耗用工时1 200小时，实际固定制造费用为2 600元，标准工时为1 100小时。

[要求]

（1）根据资料（1），计算A材料的成本差异。

（2）根据资料（2），计算直接人工成本差异。

（3）根据资料（3），计算变动制造费用差异。

（4）根据资料（4），采用三因素分析法，计算固定制造费用差异。

实训（二）：标准成本法的应用

[资料] 甲公司是一家制造业企业，只生产和销售防滑瓷砖一种产品。产品生产工艺流程比较成熟，生产工人技术操作比较熟练，生产组织管理水平较高，公司实行标准成本制度，定期进行标准成本差异分析。甲公司生产能量6 000平方米，2019年9月实际生产5 000平方米。其他相关资料如下：

（1）实际消耗量如下表所示。

实际消耗量表

项目	直接材料	直接人工	变动制造费用	固定制造费用
实际使用量	24 000千克	5 000人工小时	8 000机器工时	8 000机器工时
实际单价	1.5元/千克	20元/小时	15元/小时	10元/小时

（2）标准成本资料如下表所示。

标准成本资料表

项目	用量标准	价格标准
直接材料	5 千克/平方米	1.6 元/千克
直接人工	1.2 小时/平方米	19 元/小时
变动制造费用	1.6 小时/平方米	12.5 元/小时
固定制造费用	1.5 小时/平方米	8 元/小时

[要求]

（1）计算直接材料的价格差异、数量差异和成本差异。

（2）计算直接人工的工资效率差异、人工效率差异和成本差异。

（3）计算变动制造费用的耗费差异、效率差异和成本差异。

（4）计算固定制造费用的耗费差异、能量差异、效率差异和成本差异。

（5）计算产品成本差异总额和单位成本差异。

参考文献

[1] 财政部. 企业产品成本核算制度（试行）[Z]. 2013.

[2] 财政部会计资格评价中心. 初级会计实务 [M]. 北京：经济科学出版社，2022.

[3] 财政部会计资格评价中心. 中级会计实务 [M]. 北京：经济科学出版社，2022.

[4] 王永丽，张首楠. 成本会计实务 [M]. 成都：西南财经大学出版社，2019.

[5] 张桂春. 成本核算与管理 [M]. 2 版. 北京：高等教育出版社，2020.

[6] 丁增稳，余畅. 成本会计实务 [M]. 北京：高等教育出版社，2020.

[7] 李爱红. 成本核算与管理 [M]. 北京：高等教育出版社，2020.